담을 두른 공원

서울 도심공원 민족지연구를 통해 본
도시 공공 공간의 의미

이 저서는 인천대학교 2020년도 자체연구비(인문 연구촉진 지원사업) 지원에 의하여 연구 되었음

담을 두른 공원

서울 도심공원 민족지연구를 통해 본
도시 공공 공간의 의미

이강원 지음

學古房

The Park of Walls
The Meaning of Urban Public Space

by Lee Kangwon

서 문

좋은 민족지(ethnography)들이 출판되지 못한 채로 남겨져 있다. 출판되기에 충분히 좋은 민족지임에도 불구하고, 인류학자들의 겸손함과 민족지 형식이라는 생소함이 합쳐져서 국내의 일반 독자들에게 읽힐 기회를 잘 얻지 못하고 있다. 나는 인류학의 석사 및 박사 학위논문으로 작성된 여러 훌륭한 민족지들을 알고 있다. 이러한 민족지의 출판이 활발해 져서 민족지 자료를 토대로 한 인류학 이론이 국내 학계에서 빈번히 시도되었으면 하는 바람이다.

이 책 역시 학위논문으로 작성되었지만 출판에 이르지 못했던 민족지였다. 학위논문으로 제출되었던 원고를 시간이 지난 후에 일반 독자를 위한 출판에 맞게 수정한 것이다. 탑골공원에서 현지연구를 했으며, 민족지연구 방법을 활용해서 도시의 공공 공간의 의미를 밝히고 있다. 이 책의 출판이 '숨겨진' 좋은 민족지들이 출판되어 독자들에게 손쉽게 읽힐 수 있는 길을 넓히는데 도움이 되었으면 한다.

민족지의 현재, 즉 필자가 참여관찰과 심층면담을 포함하는 현지연구를 한 시점은 2003년 봄부터 여름까지였다. 그리고 이 책의 원고를 학위논문으로 제출한 시점은 2004년 여름이었다. 이미 17년이 지난 지금에야 이 책이 출판되면서 민족지적 현재와 독자가 읽는 시점은 시간상 멀리 떨어져 있다. 이 시간적 거리 때문에 나는 이 책의 출판을 망설여 왔다. 이미 탑골공원과 그 주변의 종로3가와 종묘공원은 현지연구를 하던 때와는 많이 변화했다. 최근, '탑골'은 SNS상에서 밈현상으로 진화해서 '뉴트로 문화'로 소비되고 있다.

인류학에서는 다른 인류학자의 현지에 답사해서 민족지 속의 현지가 정말로 그러한지를 확인함으로서 선행 민족지 연구를 검증하고 그 타당성에 의문을 제기함으로써 논쟁이 진행되는 경우가 있다. 아마도 다른 인류학자가 현재의 탑골공원을 방문해서 이 책에 기술하고 있는 내용들을 검증해 본다면, 여러 부분에서 일치하지 않는 점을 발견하게 될지도 모른다. 그래서 즉각적으로 민족지의 현지를 확인해 볼 수 있을 때 민족지가 출판되는 것이 인류학자에게 당당한 일이 될 것이다. 이와 같은 망설임에도 불구하고 내가 이 책을 출판하기로 한 것은 다음과 같은 이유이다.

우선, 필자는 학부에서 인류학 민족지 방법론을 가르쳐 왔다. 민족지 연구방법을 학생들에게 가르치면서, 필자가 어떤 민족지를 어떻게 썼는지를 학생들에게 보여주고 싶은 마음이 컸다. 내가 쓴 민족지이기에 민족지 곳곳에서 어떤 방법을 활용했고 그 전후 상황이 어떠했으며 그때 어떤 심경이었는지 생생하게 학생들에게 전달할 수 있다고 생각했다. 무엇보다도 학생들의 연령보다 약간 많은 나이에 이 책이 다루는 탑골공원을 연구를 했다는 점에서 민족지 속 필자는 현재와 지금의 학생들과 조금이라도 비슷한 나이에 속했다. 세대 간 차이가 있음에도 불구하고, 학생들과 비슷한 나이에 민족지연구를 하면서 체험했던 사건과 그 감정들을 전달하고 싶었다.

다음으로, 이 책은 심층면담에 더해서 여러 참여관찰 자료들을 포함하고 있다. 참여관찰을 하는 방법, 그 자료를 민족지에 배치하는 스타일, 현장에서 사람들의 행동과 관계와 심리를 묘사하는 글쓰기에 대해 학생들에게 좋은 예시가 되리라 생각한다. 현지사람과의 면담을 중심으로 작성된 민족지나, 질적 연구를 쉽게 접할 수 있지만, 참여관찰을 본격적으로 활용한 민족지는 최근에도 찾아보기가 쉽지 않다. 도시 공간에서 현지연구 실습을 할 학생들에게 참고할 수 있는 선행연구가 되었으면 한다.

또한 이 책은 도시 공간에 대한 인류학적 관심에서 시작한 연구지만, 도시연구, 문화지리학과도 그 관심과 쟁점에서 밀접하게 연관되어 있다. 책의 마지막에는 '바람직하지 않은 행위'를 순환시키는 권력을 감금, 탈주, 전유, 배제의 순서로 제안하고 있다. 이에 대한 이론화는 이 책의 후속 연구로 남겨 둔다.

아울러, 현지연구를 하던 시기에는 생각해 본 적이 없지만, 이 글을 작성하는 지금에는 이 민족지가 하위문화 민족지의 좋은 사례가 될 수 있다고 생각한다. 주로 남성 노인 세대가 주도하는 하위문화이자 특정한 도시 공간에만 존재하는 하위문화이기도 하다. 단지 '그' 공간에서만 통용되는 '공유된 무관심'으로서의 문화에 대한 이야기라고도 할 수 있다.

필자는 탑골공원을 포함하는 서울 도심의 공공 공간으로 걸어서 독자를 안내하는 안내자 역할을 자처하면서 이 책을 시작한다. 부디 이 책이 도심 공공 공간의 문화에 대한 친절한 안내책자가 되었으면 하는 바람이다.

2021년 3월 22일 인천 송도에서.

차 례

The Park of Walls: The Meaning of Urban Public Space

I

공공 공간의 의미

The Park of Walls: The Meaning of Urban Public Space1

1. 근대 도시의 이상과 현실

도시란 평범한 소시민들이 창조적이며 존엄한 삶을 누릴 수 있는 장소가
되어야 한다(Short 2000:15).

이 말은 너무나도 평범한 말이고 당연한 말이다. 하지만, 현실 속의
도시가 그러한 장소가 되고 있는지에 대해 확신을 할 수 없다는 점에
서 필자는 이 말을 새겨듣지 않을 수 없다. 도심에 자리 잡은 공원을
연구하고 있는 이 책이 사람이 중요시되어야 할 장소를 대상으로 하고
있다는 점에서 위의 주장과 현실이 얼마나 큰 간격을 두고 있는지를
보여줄 본보기가 될 것이기 때문이다. 공원은 인간이 필요로 하는 풍
부한 다양성을 약속하는 공간으로 근대도시계획 속에서 필수항목으로
등장했다. 하지만, 누구에게나 열려있는 곳으로 마련된 이 공간이 단
순히 문화와 의사소통의 장으로 그치는 것이 아니라, 문화를 주조하고

의사소통을 방향 지우는 수단이 되면서, 누군가에게는 닫힐 수 있다는 점을 책의 서두에서 미리 언급해 두지 않을 수 없다. 그래서 이 책에 등장하는 주인공은 공원을 이용하는 평범한 소시민들에 한정되지 않는다. 아니, 이들은 주인공 보다는 오히려 '도시의 문젯거리'로 취급되고, 이들보다 더 거물급 주인공으로 등장한 일부의 사람들이, 이 장면 저 장면을 휘저으며 공원의 '문'을 열고 닫는 모습들을 보여줄 것이다. 그럼에도 불구하고, 이 책은 닫힌 공원의 문으로부터 밀려난 '평범한 소시민'들에게서 눈을 떼지는 않는다. 이들은 '안'과 '밖'을 나누는 공원 담장에도 아랑곳하지 않고, 무시되고 단순화되고 억눌러진 풍부한 다양성을 공원 밖 다른 장소들 여기저기에 포진 시켜 놓음으로써 공원을 넘실대는 문화 속의 고립된 섬으로 만들어 놓기 때문이다.

이상의 몇 가지 힌트들만으로도 아마 필자와 함께 걸어갈 공원에 대한 윤곽을 파악하기에 충분할 줄로 안다. 이 책이 다루고 있는 대상은 탑골공원이라는 작은 공원이다. 언뜻 보기에 하나의 평범한 공원으로 서울의 종로에 면한 오래된 공원에 불과하다. 솔직히 말해서 공원 자체는 못생겼다. 종로에 붙은 혹처럼 보이기도하고 거대한 엄지손가락으로 눌러서 생긴 작은 공터같이 보이기도 한다. 하지만, 서울의 많은 사람들이 이 공원을 애지중지 했고 정부와 몇몇 단체들이 큰 의미를 부여한 전력(前歷)이 있는 공원이라는 점에서 평범한 공원이라고 보기는 어렵다. 이 공원은 한때 노인들을 비롯한 각양각색의 사람들이 놀이판을 벌이며 시끄럽게 정치적 시위를 하는 모습들로 하루라도 조용할 날이 없었다. 하지만 지금은 더 이상 그런 다양한 쓰임새를 가진 공원이 아니라는 점이 드러나고 있다. 이러한 변화가 어떤 사람들에게는 아주 당연하다고 여겨질 것이고, 또 어떤 사람들에게는 터무니없다고 여겨질 것이다. 공원의 연구자는 그런 모순들을 참작할 수밖에 없다. 필자의 임무는 그런 일들이 실제로 일어났으며 그것이 서울을 사는 한 사람 혹은 여러 사람의 생활에 관계되는 일이기 때문에 그러한 일들이 어떤 과정을 통해 일어났는지, 그 결과가 무엇인지를 밝히는 것이다.

필자는 위와 같은 일들이 진행되는 과정 중에 공원의 의미와 그 경관의 변화에서 나타나는 경합의 과정을 밝히고자 한다. 그럼으로써 근대도시의 공공 공간이 도시민들에게 어떤 의미를 갖고 있으며, 이들의 문화와 공공 공간이 무슨 관련을 맺고 있는가에 대해 기술할 생각이다. 근대도시의 공공 공간은 누구에게나 개방되어 있고 자유롭게 순환되고 있는 근대도시의 활력적인 이미지를 대표해 왔다. 거리, 광장, 공원 등은 사회적 배경이 다른 사람들이 마주치고 즉각적인 집회와 축제들이 열리는 곳으로, 개방성과 접근성을 그 이상으로 하고 있다. 하지만, 그러한 근대도시의 이상이 완벽하게 실현된 적은 없다. 그렇다고 그 이상이 현실과는 아무런 관련이 없는, 말 그대로 '이상'으로만 남아 있던 적도 없다. 공공 공간에 특정한 의미를 부여하고 그 쓰임새를 한정함으로써 공간 내에서의 행위를 통제하는 국가나 지배 집단의 시도가 계속되는 중에도, 개인적인 혹은 사회적인 이유에 따라 전혀 다른 의미로 공공 공간을 이용하는 사람들이 끝없이 발을 들여 놓고 있기 때문이다. 그래서 공공 공간은 불확정적이다. 그 곳은 사적인 주택이나 상점과는 달라서, 사회의 변화에 따라 공공 공간을 이용하는 사람들과 그들의 행위는 변화한다. 그 개방성과 접근성으로 말미암은 불확정성은 공공 공간의 의미가 무엇인가에 대해 어떠한 궁극적인 합의도 이루어져 있지 않다는 점을 암시한다. 그 공간을 무엇에 써야 할지, 누가 점유해야 할지, 어느 것도 정해진 것이 없다. 단, 모두가 이용할 수 있도록 서로의 차이에 대해 존중해야 한다는 이상에 토대를 두고 있다는 점만이 남는다. 따라서 공공 공간의 의미는 항상 협상 중에 있게 된다. 여기서, 공공 공간에 단일한 의미가 부여되거나, 그 쓰임이 몇 가지에 한정되거나, 어떤 집단을 배제하거나 하는 결과가 나타나는 경우, 공공 공간의 근대적 이상에 반하는 불평등과 배제의 과정이 진행되고 있다는 점을 반영한다는 것이 책이 풀어보려는 문제의 실마리인 것이다. 따라서 공공 공간의 의미가 경합되는 과정을 살펴보는 것은 그 사회의 다양한 집단, 즉 차이를 갖고 있는 사람들이 공간의 의미에 대해 협상해온 궤적을 밟는 일이며, 현재의 도시 사회에서 어떤 집단들의 문화가 그 협상에 참여하고 있는지를 밝히는 것이다.

위와 같은 시각을 출발점으로 삼아, 이 책은 세 부분으로 나뉘어 전개된다. 첫째는 탑골공원의 탄생과 그 역사를 의미의 경합이라는 시각을 통해 구성했다. 탑골공원의 역사는 서울이 근대도시로서의 면모를 갖추어 가는 과정과 밀접한 관련을 맺어 왔다. 서울이 근대도시로서의 첫발을 내딛는 도시계획 속에서 탑골공원이 도입되는 대한제국기, 탑골공원이 경성의 조선인들의 거주지를 대표하고 종로와 함께 차별의 대상이 되었던 일제강점기, 그리고 민주주의 혁명의 무대가 되는 동시에 독재정권의 국가 만들기의 장이 되었던 6,70년대로의 전개를 다루었다. 각 시기별로 공원의 의미의 변화를 밝히는 동시에, 현재까지 탑골공원을 이용하고 있는 사람들의 문화와 행위에 영향을 주는 역사적 요소들을 발굴했다.(II장)

둘째는 서울의 현대 도시사회질서가 탑골공원에 반영됨으로써 나타나는 배제의 논리를 다루었다. 우선, 자신들의 일상을 통해 공원을 전유하고 있던 사람들이 공원에 부여 하고 있던 의미들을 역사적인 배경과 거시적인 경제 및 사회구조의 변화와의 관계 속에서 기록했다.

그리고 이들의 공원 이용방식에 대해 문제를 제기하는 논리와 '성역화 사업'을 통해 이질적인 공원 이용방식들을 제거하고 공원에 일관된 위상을 부여하는 과정을 다룬다.(III장) 공공 공간의 내재적 특성은 이질성에 있다. 따라서 공공 공간에서 어떤 행위나 사람들을 배제하는 논리는, 개방성과 접근성이라는 근대도시의 이상을 포기하지 않는 이상, 완전하게 목적을 이룰 수 없으며 공공 공간은 다시 경합의 장으로 되돌아 갈 수밖에 없다.

셋째는 탑골공원의 '성역화 사업'으로 공원에서 배제된 자들이 탑골공원을 재전유하거나 다른 도심공간을 전유하는 과정을 다루고 있다. 그리고 새로운 이용자들이 공원에 다양한 의미를 부여하는 한편, 공원의 의미를 단일화 하려는 시도들이 계속됨으로써 공원의 의미와 그 쓰임새에 대한 경합이 지속되고 있음을 제시했다.(IV장)

2. 실천된 장소로서의 도시 공간

공간과 시간이 어떤 관계를 맺고 있는가는 도시 공간 연구의 접근법에서 선결되어야할 문제로 논란의 대상이 되어 왔다. 특히, 공간과 시간 중에서 한 요소만을 부각시키고 다른 요소를 배경에 머물게 함으로써 공간과 시간을 대립관계에 위치시키는 시각이 도시공간의 접근법에 반복적으로 채택되어 왔다. 공간과 시간이 질적으로 다르다는 전제하에서 도시공간을 다루어온 연구들을 검토하고 도시공간의 현상을 더욱 풍부하게 기술할 수 있도록 하는 공간과 시간의 관계에 대한 시각에 대해 검토할 필요가 있다.

도시에 대한 공간위주의 접근은 서로 다른 시간들이 공간에 병렬

(juxtaposition)하고 있는 이미지를 강조한다. 즉, 시간적인 깊이를 고려하지 않고 이질적인 과정을 겪어온 것들이 공존하는 곳으로 도시를 다룬다. 이러한 시각에 따르면, 다양한 기원을 가진 시간들은 현재에서 한꺼번에 나타나고 있으며, 그 다양성이 재현되는 것은 공간이라는 점에 초점을 둔다. 결국, 시간적인 다양성은 공간에 나란히 놓여진다. 이는 시간에 중점을 둔 역사주의자들에 대한 비판을 출발점으로 하고 있는 포스트모던 도시론에서 가장 두드러지게 나타난다. 포스트모던 도시론의 논자들은 현대가 '공간의 시대', '동시성의 시대', '병렬의 시대'가 될 것이라는 푸코의 논지를 따라서(Foucault 1986:22), 오랜 기간 공간의 가치를 절하해온 역사주의에 비평을 가하는 것으로 논의의 출발점을 잡았다.[1] 그리고 20세기 중반을 시간 중심의 접근법에서 공간 중심의 접근법으로 이동하는 시기로 진단하면서, 공간을 도시연구의 중심에 놓고 있다(Harvey 1994:239). 포스트모던 도시론의 특성은 도시를 '순간적인 파편들의 나열'로 표현함으로써 일종의 콜라주 (collage)로 그려낸다는 점이다.[2] 사람들이 도시의 공간에서 움직이는 동안 서

1) "베르그송부터였던가, 그 전부터였던가? 공간은 죽은 것, 고정된 것, 비변증법적인 것, 정지된 것으로 간주되었다. 반면에 시간은 풍요로움, 비옥함, 생생함, 변증법적인 것으로 간주되었다"(Foucault 1980:72, Soja 1997:21에서 재인용).

2) 예를 들면, 소자(Edward. Soja)는 보르헤스의 『알렙』을 로스앤젤레스를 기술하기 위해 사용한다. "나는 그 장려한 찰나 속에서 황홀하거나, 또는 셀 수 없을 정도로 수많은 경이로운 광경들을 보았다. 가장 놀라왔던 것은 서로 겹치거나 투명해져 버리는 법 없이 모든 것들이 같은 지점 속에 위치해 있다는 사실이었다. 내 눈이 보았던 것은 동시적인 것이었다. 그러나 내가 글로 옮기는 것은 연속적이다"(Borges 2003:229). 보르헤스의 '알렙'처럼 로스앤젤레스는 따라잡기가 극도로 어렵고 특히 '다른 공간들'(Other Spaces)로 가득 차 있어서 전통적인 분석과 해석으로는 묘사될 수 없다는 결론에 이른다(Soja 1997:279). 비슷한 방식으로, 하비(David Harvey)는 조나단 래

로 다른 시간의 순간들을 가로지르게 되며, 공간의 표면에서 여러 시간들을 경험하게 된다. 그 파편적인 특성 때문에 도시를 하나의 근본적인 특징으로 설명할 수 없다는 결론에 이르고, 도시의 역사적 발전보다는 특정 공간의 표상에 관심을 갖고 그 곳의 거주자의 권리를 중시함으로써 일반화된 도시발전론과는 거리를 둔다. 따라서 이전에는 역사가 해방의 주된 원동력이었다면, 오늘날 사람들의 행동을 좌지우지 하는 것은 시간보다는 공간, 즉, '역사 만들기'보다는 '공간 만들기'라는 점을 강조한다(Harvey 1994, Soja 1997, Shields 1989, Canclini 1995). 이런 점에서 공간을 비활성적인 배경에 머물게 하는 것을 거부하는 동시에, 역사만을 풍부함의 원천으로 보는 것도 거부한다. 하지만, 포스트모던 도시론은 모든 시간들을 공간화하고 있다는 점에서 공간과 시간을 이분법적으로 보는 전제에서 출발하고 있다. 역사주의의 시간/공간 이항 대립 모델을 전도시키는 데는 성공했지만 공간의 병렬을 강조하기 위해 시간의 역동성을 희생시켰다는 점에서 공간과 시간의 대립적 관계는 극복하지 못했다. 따라서 시간의 변화를 겉보기에 의미 없는 병렬된 공간으로 만들어 버림으로써 역사적 연속성을 포기하고 역사를 강탈하는 것으로 비판이 가능하다.

시간에 중점을 두고 도시공간에 접근하는 연구들은 공간의 수평적인 배열에 대항하는 수직적인 깊이로서 시간의 개념을 중시한다. 시간은 장소를 '두껍게' 만들고, 하나의 공간은 다양한 시간의 경로가 새겨진 장이 된다. 시간을 공간화 하는 포스트모던적인 콜라주와는 달리, 시간

이번(J.Raban)의 『부드러운 도시』(Soft City)로 거슬러 올라간다. 레이번은 지도나 통계수치 속에, 도시사회학이나 인구학, 건축학 연구논문 속에 자리 잡은 '딱딱한 도시'(hard city)보다는 우리가 상상하고 있는 도시, 즉 환상과 신화, 열망과 악몽이 교차하는 '부드러운 도시'야말로 더욱 실제적인 것이라고 주장했다(Harvey 1994:22).

이 역동적인 위치를 차지하고 공간은 그 시간의 경로를 켜켜이 쌓아두고 있는 저장고(container)로 다뤄진다. 따라서 역동적인 투쟁의 장인 기억(시간)과는 반대로, 공간은 '집합적 기억'(collective memory)의 저장고 역할을 함으로써 정체성을 공간화하고 안정된 상태에 이르도록 하는 수단정도에 머문다. 도시 공간 역시 기념비나 상징 공간의 조성을 통해 사건에 대한 기억을 특정한 장소에 재현하고 기억을 연속적인 것으로 조작하는데 이용된다(Halbwachs 1992, Nora 1996, Yoneyama 1999). 이들은 현실적인 시간은 생생하게 경험되지만, 공간을 통해 표현되는 추상적 시간이 그러한 생생함을 빼앗는다는 점을 경계한 베르그송(Henry Bergson)의 논지를 따르고 있다. 즉, 공간과 시간을 질적으로 전혀 다른 것으로 간주하면서, 공간의 변화가 양적인 성격에 따라 비연속적인 사물을 창조하는 반면, 시간은 지속(durée)[3]으로서 질적인 특성을 갖고 있다는 전제 하에서 논의를 전개한다(Deleuze 1996). 따라서 '기억의 장소'에 대한 연구자들은 포스트모던적인 콜라주가 시간을 공간화 함으로써 지속이라는 시간의 질적인 특성을 공간이라는 고정된 저장고에 가두어버리는 결과를 낳을 수 있다는 점을 경계했다. 그러나 이러한 시각 역시 비활성적인 것으로서의 공간과 역동적인 것으로서의 시간에 대한 이분법을 전제하는 한계에 직면한다. 시간과 공간의 이원론적인 구분을 통해, 그 둘의 관계를 대립관계로 놓고 시간을 특화시키고 있음을 알 수 있다. 결국, 기억의 역동성을 중시하는 이면에는 공간을 고정되고 비활성적인 것으로 간주하는 대가를 치를 수밖에 없었다.

---

3) "현재에서 지속의 각 순간은 공간과 만난다. 지속과 함께 사라지는 순간은 그 자체로서는 사라지지만, 공간에 흔적을 남긴다"(Bergson 2002:102)라는 베르그송의 말에서 지속은 순간이며 공간은 흔적이라는 시간과 공간의 이분법적 시각이 드러난다.

나아가, 공간이 저장고로서의 안전성을 보증할 수 있는가에 대해서도 의문을 제기할 수 있다. 도시공간이 시간들의 재현이 아니라, 실재하는 사건들이 존재하는 곳으로서 의도된 재현과 일치하지 않는 다양한 경험들이 출몰할 수 있다는 점을 간과하고 있다.

'기억의 장소'에 대한 논의는 포스트모던 도시론이 간과하고 있는 시간의 역동성을 부각시켰다는 점에서 한 걸음 나아갔다고 할 수 있다. 하지만, 시간은 활성화 되었음에 반해, 공간은 여전히 시간의 저장고로서의 역할에 머물고 있다. 따라서 공간과 시간의 이항대립을 넘어서 공-시간의 상호관계를 통해 공간과 시간을 모두 역동성과 실천이라는 측면에서 접근하는 시각에 주목하게 된다. 드 세르토(de Certeau)는 공간이 "방향과 속도를 갖는다"는 점을 강조함으로써 공간을 "실천된 장소"로 정의한다.[4] '기억의 장소'에 역사를 새기는 것은 의미들이 통제되는 적절한 장소를 형성하는 것을 의미한다. 하지만, 그 통제의 그물망은 너무 성기기 때문에, 통제되지 않는 많은 것들이 빠져나가버리는 헛수고의 질서일 수 있다. 역사적 위상이 부여된 장소는 그 상상적인 특성 때문에 실제 세계의 이질적 요소의 출몰에 시달리게 되는

---

4) 이 책에서 '공간'과 '장소'에 대한 정의는 드 세르토의 논의를 따른다. 장소(place lieu)는 "적절한"규칙들이 지켜지는 곳으로 같은 장소에 이질적인 요소가 있을 수 없다. 하나의 장소에는 하나의 위상만이 부여된다. 하나의 장소는 분명한 위치를 갖고 있고 안정적이다. 이에 반해, 공간(espace)은 방향, 속도, 시간의 변수를 고려해야만 설명이 가능하다. 다양한 요소들이 움직이며 교차하는 점들로 구성되어 있으므로 방향지우고, 위치지우고, 시간화 하는 다각적인 요소들에 의해 생산된 결과로 나타난다. 따라서 장소와 공간의 관계는 단어 자체와 단어의 발화의 관계와 유사하다. 공간은 상황과 맥락에 의해 변형되기 때문에, 장소처럼 "적절한" 하나의 목소리나 안전성을 갖고 있지는 않다. 짧게 말해, 공간은 실천된 장소이다(de Certeau 1984:117).

것이다. 오히려, 잊혀진 이야기들과 뭔지 모를 장면들을 만들어내는 장소가 나타나면서 더 이상 '박물관'으로서의 역할을 할 수 없게 되는 결과에 이를 수 있다는 점을 강조했다. 다루기 힘든 기억들이 콜라주처럼 병렬되기 시작하면, 그 장소는 더 이상 상징적인 통일성을 형성할 수 없기 때문에, 역사의 장으로 포섭되지 못한 이질적인 기억의 난입이 일관성의 붕괴를 가져온다(de Certeau 1984:85-87). 이러한 일이 벌어지는 순간은, 기억 속의 공간을 직접 발로 밟을 때 그 공간에서 직접 마주친 것이 기억과 갑작스럽게 연계되는 때이다.[5] 드 세르토는 질서를 만들고 지식을 축적하는 '기억의 장소'에 도전하고 있음을 알 수 있다. 그는 도시의 공간에서 보이는 장소와 보이지 않는 질서는 항상 마주치면서 갈등하고 있으며, 그 과정에서 장소의 기억은 변질될 수밖에 없다는 점을 강조한다. 결국, 공간은 시간 혹은 기억의 안정성을 보증하는 것이 아니라 불안정한 도발이 일어나는 곳이며, 공간은 단순히 시간의 저장고에 머무는 것이 아니라 시간과의 상호관계를 지속함으로써 시간과 마찬가지로 실천된다는 점을 알 수 있다.[6]

---

5) 의식이 아닌, '체험된 세계'를 중심에 두고 있다는 점에서 메를로 - 퐁티 (Merleau- Ponty)와 드 세르토는 일치한다. 특히 메를로-퐁티는, "체험된 세계가 베르그송의 내부성처럼 소박한 의식에 의해 완전히 무시되는 것은 아니다"라고 주장하고, 베르그송이 "의식이 신체와 세계에 관여되어 있다는 이유를 보지 못 한다"는 점을 지적했다(Merleau-Ponty 2002:113, 139).

6) 드 세르토는 공-시간 관계의 이질성의 가능성을 열어두었으나 그 사회적 배경에 따른 차이의 이유에 대해서는 언급하고 있지 않다. '도시 속 걷기'의 다양성을 강조하기는 했으나 '걷기'의 서로 다른 사회적, 공간적 실천, 즉 누가 걷고, 어떻게, 왜 그들이 걷고 있으며, 어떤 상황 하에서 걷고 있는지에 대해서는 언급하지 않았다. 드 세르토는 사회적 배경을 가진 사람들에 의해 수행되는 특정한 걷기를 논의하기보다는, 도시 속에서 걷기라는 바로 그 행위를 다루고 있다. 또한, 그는 도시 속 걷기에서 타자성과 전술적 측면, 특히 주변화 된 젠더의 걷기를 강조하고 있는데, 이를 통해 그의 분석이

이로써 공간과 시간의 대항관계는 폐기된다. 이제 역동적인 시간이 안정적인 공간의 상태와 대립되는 것이라고도 할 수 없다. 그보다는 '동질적인 공간과 시간'이 '복수의 공간과 시간'과 대항되는 것(Crang & Travlou 2001)으로 대항관계의 항들을 수정할 필요가 있다. 공간은 단순히 기억을 보존하기 위해 있는 투명하고 텅 빈 저장고에 머물지 않고, 기억에 혼란을 가져올 수 있는 불투명한 요소들을 숨겨두고 있다. 기억을 장소에 부착시켜 새로운 공간을 조성하는 데서 도시공간의 논의는 그치지 않고, 공간을 이루고 있는 이질적인 기억들이 공간에 출몰하는 과정에서 기억이 변질되고 수정되는 과정까지 검토할 필요가 생긴다. 그리고 그 변질된 기억은 공간의 의미를 새롭게 구성해나간다는 점에 주목할 수 있다. 르페브르는 "개인적이고 사회적인 목적을 위한 공간의 자유로운 전유(appropriation)"와 "국가, 계급과 같은 권력을 통한 공간의 지배(dominance)" 사이의 대립과 갈등의 역사로서 도시공간을 설명하고 있다(Lefebvre 1991:164-168, Harvey 1994:298). 나아가서, 그는 공-시간의 '동질화 경향과 이질화 경향간의 투쟁'을 주제로 도시공간에서의 '리듬'을 연구했다.[7] 즉, 도시공간은 정치, 경제적 지배에 의해 생긴 동질적인 리듬과, 상이한 언어, 문화, 섹슈얼리티를 통해 생긴 이질적인 리듬들간의 투쟁의 장이라는 것이다. 그리고 리듬의 차이는 종족성, 계급, 젠더, 섹슈얼리티의 '차이'로서 인간의 생생한

사람들의 서로 다른 실천 양식에 대한 논의의 출발점은 열어 놓았다고 볼 수 있다(Simonsen 2000:221).

7) 르페브르는 '리듬'분석의 특성이 공간과 시간의 불가분성에 있음을 강조한다. 여기서, '리듬'이란, 일정한 공 - 시간에 반복적으로 나타나는 사람들이나 집단들의 움직임들로 정의될 수 있다. 그리고 집단간 리듬의 차이는 정신적인 것, 감각적인 것, 사회적인 것이 육체를 통해 나타나는 것이라는 점에서 육체 - 사회 - 공시간의 구분을 극복하고자 했다.

경험적인 공간 속에서 이루어지는 육체들 간의 조우에서 그 차이가 부각된다는 점을 제시했다(Lefebvre 1996:223). 이처럼, 동질화와 이질화의 경합은 도시공간에 대한 논의의 출발점을 이룬다.

　여기서, 역사를 공간화한 박물관, 역사적 사건을 공간화한 거리 및 공원의 이름 짓기, 테마공원으로 대표되는 포스트모던 공간들은 도시공간에 동질적인 공-시간을 부여해서 갈등을 일으키는 이질적인 요소들을 통제하는 역할을 하고 있다는 점에 주목할 수 있다. 도시공간을 동질화하는 힘과 그 의미의 통제에 대항하는 이질화의 힘은 도시공간의 의미에 대한 경합에서 가장 근본적인 대립항이라고 할 수 있다. 따라서 도시공간이 이질적인 집단들이 경합하고 있는 사회관계와 사회적 실천에 무관할 수 없다. 기존연구와의 차별화 요인은 이 책이 담론의 영역에서만 공간의 의미가 형성되고 경합되는 것을 다루는 시각을 극복하고 있다는 점이다. 공간을 직접 이용하고 있는 사람들의 실천을 통해서 기존의 지배적인 의미가 전유되거나 뒤바뀔 수 있다는 점에 착안하고 있다. 따라서 현재의 공식적인 기억의 장에는 올려져 있지 않은 다양한 기억들이 단순히 말속에서가 아닌, 공원의 일상적인 실천 속에서 공식적인 기억에 도전할 수 있다는 점이 논의의 출발점이 되고 있다. 공간의 재현의 수준이 아니라, 그 공간에 직접 발을 딛고 도시 속 공간을 걸으면서 공간을 체험하는 작업을 통해, 지속되고 있는 경합의 양상들과 그 양상의 시기에 따른 변화를 밝히고 있다는 점에서 시간위주의 "기억의 장소" 혹은 공간위주의 "병렬구조"와 같은 시간 환원론이나 공간 환원론을 극복하고자 했다.

　도시공간은 경제, 사회, 문화의 다양한 힘의 교차점으로 구성되어 있는 동시에 역사적 맥락 속에서 이해될 수 있다. 단순히 기억의 저장고에 머물지도 않고, 시간화된 공간으로서 표상에만 머물지도 않는다는 점에서 이 책은 도시공간이 다양한 사회적·역사적 배경을 가진 공-시간들의 경합, 즉 파편적이면서도 역동적인 공-시간들의 경합이라는 시각에서 대상에 접근한다. 이러한 시각에서는 '기억의 장소'와 '병렬구조'의 구분이 불필요해 진다. 즉, '기억의 장소'에서도 공간은 경합의 장이 되며, '병렬구조'에서도 시간은 경합의 대상이 된다. 로우(Setha M. Low)는 사회관계와 사회적 실천을 공간에 위치 짓는 '문화의 공간화'(spatializing culture) 개념을 제시했다. 공원과 같은 공공 공간에는 다양한 문화들이 위치함으로써 공원의 디자인과 의미에 대한 경합[8]이 지속되고 있고, 사람들이 지구화, 관광, 문화적 정체성의 상실로 오는 더 광범위한 갈등에 반응하는 모습을 조망할 수 있는 곳이라는 점에서 문화를 연구하는데 중요한 대상이 된다는 점을 부각시켰다(Low 1999). 그녀는 문화의 공간화를 분석하기 위해, 두 가지 개념을 이용한다. 첫째는, '공간의 사회적 생산'(social production of space)으로, 사회, 경제, 이념, 기술적 요소들이 물리적 배경(setting)을 창출하는 과정을 설명하는 것이다. 즉, 사회제도나 역사의 맥락 속에서 공간이 생산되는 과정을 이해함으로써 정치, 경제, 사회의 다양한 힘이 교차되고 충돌하는 곳으로 공간을 이해하는 시각이다. 둘째는, '공간의 사회적 구성'(social construction of space)으로, 교환, 갈등, 통제와 같은 사회적 과정에 의해 공간의 현상학적이고 상징적인 경험이 형성되는 과정을 설명하는 것이다. 즉, 반복되는 의례적 실천과 개인적 습

---

8) 로우가 말하는 공원의 의미에 대한 경합이란 천안문 광장에서 홀로 탱크에 맞서고 있는 사람이나 실업자들이 시위를 하며 행진하는 모습을 생각나게 하는 사건과 저항의 무대를 다루는 것이 아니라는 점을 밝히고 있다. 공원의 문화적 가치와 공원에서의 적절한 행위 그리고 사회질서에 대한 갈등에서 나타나는 차이를 반영하기 위해 공원의 의미에 대한 경합을 다루고 있음을 명확히 했다.

관을 통해 공간의 의미가 생성되는 과정에 관심을 갖는다(Low 2000:128). 특히, 일상에서 교환이 이루어지고 사람들에게 기억되고 이미지를 발산하는 공간으로서 도시공간이 상징적 의미를 전달하는 장면과 행동으로 채워지는 실질적인 의미에 초점을 맞추고 있다. 그럼 으로써 행위자들의 생생한 경험과 건축형태나 사회통제에 대한 이들 의 저항을 풍부하게 다룰 수 있다. 즉, 공간의 생산을 통해 도시공간을 동질화 하는 권력과, 일상적인 이용을 통해 공간에 나름의 의미를 부 여함으로써 공간을 사회적으로 구성하는 다양한 집단과 개인들 간에 서 벌어지는 경합의 장으로 도시공간에 접근할 수 있다.

도시공간을 공-시간적으로 동질화 하는 힘에 대한 연구는, 주로 지 배집단에 의한 공간 생산에 초점을 맞추고 있다. 푸코[9]는 건축과 공간 의 배치를 통해 개인을 공간에 분배함으로써 육체와 영혼을 규율하는 권력의 장치들에 대해 연구했다. 그의 연구는 개인의 일상생활에서 건축이 통치기술로 작동하고 있다는 점을 부각시켜 사회통제의 공간 화에 대한 논장을 열어놓았다(Foucault 1977). 푸코를 이은 연구자들 은 피식민지의 도시공간을 재정의 하고 문화적 우위를 과시하기 위해 도시계획과 건축을 이용하는 식민지 권력에 초점을 맞추거나(Mitchell 1988, Rabinow 1989), 마스터플랜을 통해 계획도시를 건설함으로써

---

9) 푸코는, 억압, 규율 그리고 처벌의 힘들이 가해지는 곳이며, 순종적인 신체 가 안에 존재하는 곳으로 공간으로 규정했다. 공간은 조직하고 감시하고 감금하기 위한 도구 혹은 권력의 '그릇'으로 사용된다. 하지만, 억압적인 공 간과 대립되는 개념으로 저항과 자유가 있는 특수한 공간들인 "헤테로토피 아"(Foucault 1986)를 제시하고, 두 공간간의 투쟁이 사회사의 중점이라고 말하고 있다는 점에서 역시 동질성과 이질성의 갈등의 역사로 공간에 접근 하고 있다. 단, 근대 국가권력이 익명적이고 합리적이며 기술관료적인 것으 로 전개되는 시기를 구분하는데 관심을 갖기는 했지만, 공간 자체의 전개가 어떠한 필연적인 시간논리도 갖고 있지 않다는 점을 강조한다.

특정 방향으로의 사회 변화를 꾀하려는 국가와 도시계획전문가들에 관심을 갖는다(Holston 1989, Kusno 2000). 또한, 도시의 무질서와 범죄에 대한 두려움으로 범죄자의 정상화보다는 예방을 위해 계획된 지역을 발달시키고, 요새화된 고립지들(fortified enclaves)을 건설하는 현상들을 제시하고 있다(Caldeira 2000, Merry 2001). 하지만, 이러한 연구들은 건축형태나 사회통제에 대한 개인의 구체적인 경험과 저항은 직접적으로 언급하고 있지 않다. 그리고 이 공간들을 애초에 만든 사람들이 아닌, 사회적 행위자들에 의해 공간이 능동적으로 사용되고 재구성될 수 있다는 점에 대해서는 침묵하고 있다(Ghannam 2002:22).

도시공간이 공-시간적인 이질성으로 '차이'를 드러낸다는 점에 초점을 맞추는 연구들은 도시의 지배적인 이미지가 경합되고 투쟁되고 있음을 보이고, 능동적인 이용자들이 일상적 실천을 통해 도시를 사회적으로 구성하고 있음에 주목한다. 드 세르토(Michel de Certeau)는 지배집단의 '바로 코 밑'에서 분절된 공간들을 가로지르며, 지배집단에 의해 부여된 의미보다는 새로운 의미를 찾고 공간을 다른 목적에 전유하여 의미를 전도시키는 전술들(tactics)에 대해 관심을 갖는다. 도시를 걷고, 그 경험을 이야기하고, 공간에 이름을 짓고, 기억을 떠올리며 도시의 공간을 이용하는 개인들의 일상적인 실천들을 따라서 도시공간에 접근하고 있다(de Certeau 1984, Ghannam 2002). 부르디외(Pierre Bourdieu)는 상징적인 공 - 시간적 구조가 한 집단이 세계를 표현하는 방식을 구성하는 동시에 집단 스스로를 표현한다는 점을 카빌족의 주택에 대한 연구를 통해 보여주었다. 이는 습관적인 이용을 통해 도시공간이 상징적 공간이 실천되는 무대가 된다는 점에서 도시공간을 이용하는 개인이나 집단의 입장에서 접근할 수 있는 시각을 마련해 주었다(Bourdieu 1991). 그리고 삶의 경험을 통해 체화된 사회구조인 아비투스(habitus)가 일상의 실천 속에서 자연스럽게 행동으로 나타나고, 이를 관찰함으로써 상이한 집단들이 자신들의 공-시간의 이용에 따라 전혀 다른 의미들을 도시공간에 부여하고 드러내는 현상을 설명할 수 있다.

이와 같은 이론적 배경을 토대로, 이 책은 공원의 경관과 건조물들이 물리적으로 생산되는 사회적 과정과 함께, 일상에서 공원을 이용하는 개인이나 집단으로 인해 구성되는 다양한 의미들에 대한 논의를 병행한다. 따라서 공원 '내에서'의 연구에 한정하지 않고, 공원'에 대한' 연구까지 논의를 확장시킴으로써 공원을 단순히 '현지'로 다루는데 머물지 않는다. 공원이 물리적으로 생산되는 과정과 공원 내의 사회적 구성과정은 공원이 위치하고 있는 서울이라는 더 큰 사회의 질서 속에서 전개되고 있다는 점에서 도시의 공공 공간을 통해 도시사회 질서의 변화를 함께 다룬다.

3. 걸으며 도시를 경험하다

탑골공원은 인구 천만이 넘는 거대한 도시 서울의 중심에 자리 잡고 있어 사회관계가 뒤엉켜 있는 실타래와 같다. 소규모이며 상대적으로 독립적인 사회의 생활양식을 기록해 왔던 인류학의 전통적인 방법론으로는 그 뒤엉킨 실타래를 풀 수 없다. 도시는 수많은 사람들이 밀집되어 생활하고 이동하는 동시에, 사회적으로 전혀 다른 배경을 지닌 사람들이 이방인으로서 마주치는 곳이다(Wirth 2002). 공공 공간은 이러한 도시적 특성이 가장 극명하게 경험되는 곳으로 익명성과 이질성으로 인해 사람들이 관습이나 신념을 공유하기 어렵다는 특징을 가지고 있다. 이러한 이유로 공공 공간은 인류학자들에게는 접근이 쉽지 않은 연구대상으로 간주되어 왔다. 그럼에도 불구하고, 부족사회나 농촌에서는 찾아 볼 수 없다는 점에서 도시에서의 인간의 생활양식을 연구하는데 빠뜨릴 수 없는 중요한 주제임에는 틀림없다. 전통적인 인류학 방법론에 의하면 공공 공간은 "문화가 보이지 않는 곳"(Rosaldo 2000:307)이었다. '문화가 보이지 않았던' 이유는 공공 공간에 대한 연구방법이 부재했다는 것에 더해, 주로 도시에서 살고 있는 인류학자 자신이 공공 공간을 일상생활에서 익숙하게 접해 와서 '당연한 것', '투명한 것'으로 경험해 왔기 때문이기도 하다. 필자는 도시의 공공 공간으로서 탑골공원이 오히려 문화적 재현의 중심인 동시에 사회적으로 의미 있는 장소로서 정치적 상호작용과 경제적 교환, 비공식적인 대화들이 일어나는 일상적인 도시생활의 장, 즉 '문화가 보이는 곳'이라는 점에 주목했다.

필자가 지도 속에 그려진 공간을 현실에서 직접 밟는 순간, 언론의 말과 지도의 색깔 속에 재현된 공간은 다양한 요소들이 경합하는 장이고, 재현된 공간에서는 빠져버린 주체들과 사회적 행위들이 새롭게 발견되었거나 혹은 계속해서 새롭게 등장하고 있음을 알 수 있었다. 이러한 경험의 측면은 공공 공간에 대한 기술에서 직면하게 되는 두 가지 문제를 제기하도록 한다. 첫째는 특정 공간의 다양한 특성들 중에서 하나의 국면만을 부각시켜 그것을 총체적 특징으로 규정하는 시각 뒤에 숨은 권력과 이를 당연시하는 글쓰기의 위험성이다. 다양한 배경의 사람들이 어떻게 공간을 경험하고 그 의미에 대해 경합하는지, 그러한 양상들이 어떻게 공간에 나타나는지를 밝힐 필요가 있다. 이를 위해, 공간에 함께 있는 목소리들을 경청하고 공간을 이루고 있는 복수의 장소들에 발을 디딜 수 있는 인식이 필요하다고 보았다. 인류학

내부에서 제기되고 있는 '현지'의 권력적 측면에 대한 문제제기(Appadurai 1988, Rodman 1992)는 도시공간에 부여된 위상이 '당연하게' 여겨짐으로써 이것이 기존의 질서와 규범의 유지에 이바지하고 있다는 점을 지적하는데 도움을 주었다. 도시공간에 대한 연구들이 공간의 위상'에 대한' 연구가 아니라 위상 '안에서' 연구를 하고 있는 한[10], 이러한 비판은 힘을 더해갈 것이다. '열려 있는' 공공 공간으로서의 탑골공원이 특정한 위상에 합당한 행위와 디자인만을 허용하고 그에 부합하지 않는 사람들과 행위들을 제한한다는 점에서 위와 같은 비판적 시각이 더 요구되는 공간이라는 점에 주목했다.

둘째는 '현지'가 인류학적 지식 내에서 위상적 전형으로 출몰하면서 '이미지와 사상의 환유'로서(1988, Gupta and Ferguson 1997)의 역할을 해왔다는 점이다. 공공 공간으로서의 '현지'는 시공간적인 감옥은 물론이고, 인류학적 성향의 문제제기방식과 '현지' 선정과정의 관습이라는 '감옥'에서도 자유로워질 필요가 있다. 탑골공원이 다른 학문분과에서 노인연구와 노인복지연구의 공간적 '배경'으로 다루어지는 빈도가 높아졌다는 점은 "탑골공원 할아버지"라는 '자연스런' 조어(造語)와 이미지가 사회과학의 지식 속에서 순환하는 현상과 밀접한 관련이 있다. 이 경우, 계속적으로 변화하고 있는 현재의 탑골공원이 과거의 이미지로서 학문적 지식 속에서 순환되는 경향이 나타난다. 결국, 단순히 노인문제에 대한 연구의 '현지'로 탑골공원이 반복적으로 선택되는 문제

---

10) 위상(topology)은 정해진 거리나 각도, 면적보다는, 접근(proximity), 분리(separation), 계속(succession), 폐합(closure: 내부와 외부), 연속(continuity)이라는 관계에 기초하고 있다(Norberg-Schulz 1976:33). 따라서 도시의 공간에 위상이 부여된다는 것은 그 공간에 적합한 의미를 규정하고, 그에 따라 내부와 외부를 구획하고 접근할 수 있는 자와 없는 자를 명확히 함으로써 공간을 통해 사회를 통제하는 방식과 밀접하게 연관된다.

설정의 관습이 나타남으로써 '현지'를 다시 한번 가둘 수 있다는 점을 견제하지 않을 수 없었다.

위에 제시된 인식에 대한 문제들은 결국, 공공 공간에서 '보이는 것'과 '보이지 않는 것'의 변화(Low 1999:135)에 주목할 수 있는 토대를 마련해 주었다. 공공 공간에서 우리가 볼 수 있는 것과 볼 수 없는 것은 단지 공간 내의 물리적인 위치와 움직임에 의해 결정되는 것이 아니라, 공간에 부여된 기능이나 공간의 의미와 역사에 대한 조작, 그리고 사회적 상호작용에 의해 영향을 받는다. 탑골공원은 역사적으로 엘리트 집단과 국가에 의해 중시되어온 상징적 공간으로서의 역할을 해왔고, 서울 시민의 일상생활 속에서 정치적 시위와 문화의 장이 되어 왔다. 필자는 이러한 활동들이 뒤섞여 일어나면서 변화하는 '보이는 것'과 '보이지 않는 것'의 관계를 추적했다.

탑골공원은 자그마한 공원이다(19,599㎡(5,929평)). 이 작은 공간에만 연구가 한정되었다면, 현지조사의 과정은 훨씬 간단했을 것이다. 몇 분 정도면 한바퀴를 돌 수 있고, 주변 고층 빌딩에 올라가면 한눈에 모두 볼 수 있었다. 하지만, 공원은 결코 고립된 섬일 수도 없고, 공원을 이용하는 사람들의 일상이 공원 안에만 한정될 수 도 없으므로, 조사지역은 연구가 계속될수록 점차 확장되었다. 특히, 공원의 북쪽과 동쪽을 둘러있는 낙원동 골목길과 종로3가, 경운동의 서울노인복지센터, 종묘, 그리고 종묘공원은 탑골공원만큼이나 관찰할 필요가 있는 장소였다. 이 공간을 출입하는 사람들은 일상 속에서 다른 공간들과 탑골공원을 하나의 '세트'로서 이용하고 있었고, 이 사람들을 따라서 연구자 역시 그 공간들을 걸어 다녀야 했다. 실질적인 '현지'는 어느 한 곳을 딱 짚을 수 없는 무정형의 공간이었고, 여러 행정구역들을 가로질러 자신들의 '재미'를 찾아 흐르는 사람들의 연속체였다. 애초에 탑골공원이라는 '현지'는 필자가 설정한 것이었지만, 연구가 계속되면서 공원을 이용하는 사람들의 발걸음과 말하기에 의해 더 확장된 영역으로 대체되었다.

연구를 위한 탐색조사(pilot study)는 2003년 6월 19일과 21일, 8월 11일과 25일 탑골공원, 종묘공원, 마로니에공원, 여의도공원을 답사함으로써 시작되었다. 이때 중점적으로 본 것은 공원이 지니고 있는 일반적인 이미지와 실제 공원 내에서 사람들의 행위에서 나타나는 차이와 그 다양성이었다. 네 곳의 공원 중에서 이러한 차이가 가장 분명하게 나타난 곳이 탑골공원이었다. 탑골공원은 서울의 오랜 중심인 종로 2가의 북쪽에 접해 있으며, 서쪽에 인사동길, 북쪽에 낙원상가를 이웃하고 있고, 종묘공원이 동쪽으로 걸어서 10분 거리에 위치하고 있다. 필자는 우선 몇몇 사람들과의 면담을 통해 공원에서 일어난 변화가 공원 내에서의 행동에 큰 영향을 끼치고 있음을 알 수 있었다. 이때부터, 공공 공간에 부여된 의미의 변화와 그 변화가 도시의 일상생활에 끼치는 영향으로 연구주제를 구체화시킬 수 있었다. 특히, 한 공간에서 기대되는 적합한 행동의 수준이 공간에 따라 차이가 있을 수 있다는 점과, 기대되는 행위 수준의 상승이 공간에서 특정한 사람들을 배제하거나 행위를 통제할 수 있다는 점에 관심의 초점을 맞추게 되었다. 따라서 면담과 관찰의 초점은 주로 과거에 탑골공원에서 거의 '상주'하며 지냈던 노인들과 현재 탑골공원을 사용하고 있는 사람들에 모아졌다.

본격적인 조사는 2003년 9,10,11월에 걸쳐 진행되었다. 그리고 그 이후에도 추가 조사를 위해 관련된 관청과 단체들을 방문하였다. 9월부터 11월까지 마로니에공원이 있는 혜화동 부근에 거처를 잡고 본격적인 연구에 들어갔다. 서울시내에 있는 공원간의 비교연구도 연구의 진행상 필요했으므로, 마로니에공원 - 창경궁 - 종묘 - 종묘공원 - 탑골 공원을 잇는 40분 거리의 코스를 택해서 연구지역까지 일주일에 3,4회 씩 걸어 다녔다. 이런 코스를 택한 이유는, 탑골공원을 자주 이용했던 노인들이 이용하는 다른 공원과 장소들을 하루 한번의 걷기로 모두 관찰할 수 있었기 때문이다. 실제로, 이 코스를 통해 탑골공원을 이용 하던 남성 노인들이 현재 어떻게 도심의 다른 공간으로 분산되었으며 그 공간들을 가로질러 걸어 다니고 있는지를 확인할 수 있었다. 그리고 거의 비슷한 시간대에 각 공원에서 어떤 행위들이 전개되고 있는지를 관찰할 수 있었다. 걷기는 '도시를 경험하는 기본적인 요소'(de Certeau 1988:93)로서 걷는 사람들이 창출해 내는 도시공간의 대안적인 궤적들 을 발굴하기 위해서 연구자도 걸었다.

탑골공원을 이용하는 사람들에 대한 조사는 다양한 방법을 이용했 다. 첫째, 공원은 사람들을 관찰하기에 비교적 쉬운 곳이기 때문에 관 찰로 연구의 많은 의문점이 풀릴 수 있었다. 우선, 체계적인 관찰을 위해서 체크리스트를 만들었다. 체크리스트마다 계절과 주말/주일, 날 씨를 기록하고, 성별, 연령에 따라 시간별로 공원을 찾아온 사람들의 수를 일정기간 집계하였다. 그리고 공원의 지도를 작성하고 그 위에 공원에서 일어나는 특징 있는 행위들을 기록함으로써, 공원에서의 행 위에 따라 나뉘는 구역들과 행위 지도를 얻을 수 있었다. 비가 오는 날에는 비를 피해 정자나 처마 밑에 모인 사람들을 관찰했고 공원 문 이 닫히는 밤에도 내부와 주변의 변화과정을 확인했다. 관찰 자료들의 생산을 통해 탑골공원이 '성역화'되기 이전의 자료들과 비교함으로써 인구구성, 행위의 변화를 비교할 수 있었다. 관찰은 탑골공원 내부에 만 국한되지 않고, 종묘공원이나 종묘, 종로3가의 행상인과 상품들, 이들의 배치, 노인들의 이동경로, 주변 건물들, 그 곳에서의 행위들도 대상에 포함되었다.

둘째, 공원을 이용하는 사람들의 말들을 기록했다. 벤치에 앉아 있는 사람들의 대화에 끼어들기, 이야기 들어주기 등이 공식적인 면담과 병행되었다. 처음 면담을 하고 난 뒤에 얼굴을 익히게 되면, 자신이 살아온 이야기나 가족에 대한 이야기를 벤치에 앉아서 혹은 공원을 산책하며 나누었고, 공원에 나오면 만나게 되는 친구를 소개받기도 했다. 면담을 행한 정보제공자들이 공원의 '성역화' 이전에 공원을 이용한 빈도와 어떠한 놀이나 행위를 주로 했는지 그리고 현재 공원을 이용하는 방식이 어떻게 변하였는지에 따라 유형을 나누고 각각의 답변들을 정리했다. 그리고 그러한 행위들에 대해 부여하고 있는 의미에 대해 관심을 갖고 이야기를 나누었다. 하지만, 무엇보다도 일상적인 행위의 맥락 속에서 질문을 함으로써 공원 이용자들이 자연스럽게 자신의 행위에 대해 말할 수 있도록 노력했다. 정치적인 이야기가 활발한 장소에서는 대학생으로 보이는 나에게 정치적 식견을 물어 와서 함께 정치적인 토론을 할 수 있었고, 무료급식을 받는 줄에선 "젊은 사람이 빵 타는 방법"을 배우기도 했다. 공원의 특성상 필자는 소수의 정보제공자를 제외하면 공원 내의 사람들에게 또 하나의 낯선 사람일 수밖에 없었으며, 이러한 연유로 필자는 다양한 유형으로 해석되었다. 모르는 사람과 즉석에서 대화가 이루어지는 공원에서는 필자가 자신이 누구인지를 밝히기 전에 말을 걸어온 사람이 연구자의 입장을 먼저 해석하고 다가오는 경우가 많았다. 청년 실업자로 오인 받아 선교자의 설교를 오랜 시간 듣기도 했으며, 지하철 경로 우대권을 손에 쥐어주는 자선가도 있었다. 카메라를 들고 있는 것을 보고 기자 혹은 사진작가로, 공원 도면 위에 행위 지도를 그릴 때는 공무원으로 오해받기도 했다. 그 결과, 연구자의 정체를 밝힌 후에 나타나는 사람들의 태도의 변화를 감지하고 기록할 수 있는 기회를 얻을 수 있었다. 이러한 조사는 탑골공원에 한정되지 않고 종묘, 종묘공원, 서울노인복지관, 탑골공원 인근 골목에서 이루어졌다. 면담 대상은 공원 이용자들 뿐 아니라 공원과 관련된 단체들의 회원들과 공원관리를 담당하고 있는 정부기관의 공무원까지 포함하고 있다. 이들은 공원과 관련된 문서자료들을 보유하고 있었기 때문에 자료수집도 병행할 수 있었다. 탑골공원의 '성역화'와 관련된 도면과 회의록 등을 수집했고 각 단체들이 정부에 제출한 건의문과, 과거 탑골공원 이용자들이 제출한 문서들을 제공받을 수 있었다.

[그림 1] 탑골공원 위치도(출처: 서울시 공원과)

[그림 2] 탑골공원의 전경(저자 촬영)

II

탑골공원의 탄생과
의미경합의 역사

The Park of Walls: The Meaning of Urban Public Space

서울은 오래된 도시이다. 그런 만큼 수없이 많은 물리적 파편들과 시간의 지층들로 이루어진 '두꺼운' 도시이다. 그래서 각 지층들이 저마다의 역사적 의미들을 발산하기만 한다면 수없이 많은 의미들이 한꺼번에 터져 나와 서울을 살아가는 사람들은 풍부한 의미를 음미하며 거리를 걷고 공원을 산책하며 만연한 시간들을 만끽할 수 있을 것이다. 하지만, 그 두께에도 불구하고 현재의 서울을 살아가는 사람들은 '얇게' 살고 있다. 시간 깊숙이 그 뿌리를 내리고 있는 공간들은 표면만을 훑고 지나가는 무관심과 무지로 인해 겉모습만 맨들맨들 해지고, 서울은 '과거와 현재가 공존하는' 역사적인 도시라는 말로 덧칠될 뿐이다. 자신들이 걷고 있는 발 아래에 걷어차이는 시간의 파편들이 그 아래 훌륭하고 고귀한 의미들을 간직하고 있다는 점을 발굴해 내는 것은 결국, 이 도시를 살아가는 사람들 자신의 존귀함을 일깨우는 것이다. II장에서는 서울에 있는 근대공원 중에서 가장 두껍게 지층을 쌓아온 탑골공원에 대한 '시간적 굴착'을 시도한다. 하지만, 서울의 모든 공간에서 시간적 굴착을 하는 것은 어려울 것이다. 탑골공원에서의 굴착은 그래서 서울의 지층에 대한 '표본조사'라고 할 수 있겠다. 우리는 탑골공원의 시간의 지층들 속에서 각기 그 나름의 역사적 의미들을 발굴해 낼 수 있다. 이 작업이 세밀해 질수록 더 풍부한 의미들로 이루어진 공간을 하나 새롭게 얻는 결과를 낳을 것이다. 그럼으로써, 얇은 지층으로 이루어진 듯한 현재의 탑골공원이 복수의 의미들을 발산케 하고, '불안정한 표상들'을 일깨우고 열어젖힘으로써 일관된 현재의 '위상'을 분열시켜 의미를 풍부하게 하는 과정을 보게 될 것이다. II장에서는 공원에 대한 개념이 유입되고 서울 최초의 근대공원으로서 탑골공원이 개설되는 과정과 그 이후, '민족의 성지'로서의 위상이 부여되는 맥락에 대해 검토한다.

1. 근대도시 건설과 공원: 황성(皇城)건설과 탑골공원

지금은 도시에서 쉽게 볼 수 있는 공원은 근대화와 함께 수입된 근대문물의 일종이었다. 개항 이전에는 '공원'이라는 말도 없었고 그 필요성도 느끼지 못했는데, 도시에 인위적으로 조성한 광장이나 공원보다는 주변의 자연이 여가를 위한 공간으로 이용되는 경우가 많았기 때문이다. 1886년 7월 5일 미국정부로부터 파견되어 육영공원에서 영어를 가르친 헐버트(H. B. Hulbert)는 조선의 놀이와 풍습에 대해 기술하면서 시골 마을의 "공동광장"(헐버트 1999:295)을 묘사한다. 그 곳은 "커다란 고목이 있어서 마을 사람들이 그 밑에 모여 세상사에 대해 이러니 저러니 이야기하고 있었고, 노인들이 장기를 두며 마을의 지도자들이 공동문제에 대해 논의하는" 모습들이 보이는 곳이었다. 이런 모임은 동질적인 마을 공동체 단위의 모임이지 도시의 공원의 모습은 아니다. 그렇지만, 사회의 의사소통과 사교를 위한 장으로서 마을 '어귀'가 중요한 역할을 하고 있었고 이것은 공원의 중요한 기능이기도 하다. 서울의 경우에는 가까이 있는 산에서 시민들이 노니는 모습이 자주 묘사되고 있는데, 이는 오늘날의 서울 시민들이 산을 즐기는 모습들과 매우 유사하다. 헐버트와 함께 한국에 온 길모어(Geroge. W. Gilmore)의 묘사에 따르면, 조선 사람들은 "지나치게 산을 좋아 한다"는 것이다(Gilmore 1892). 남산이 가장 훌륭한 휴양지가 되어, 봄, 여름, 가을에 작은 무리들이 산을 넘어 거닐거나 나무아래 누워서 혹은 성벽에 기대어 한강의 아름다운 경치에 찬탄을 보내는 것이 익숙한 광경이었다. 바위와 계곡과 작은 호수를 주변에 두르고 있는 여름 정자(亭子)에서 상류사회 사람들의 오락회가 열리거나(헐버트 1999:295), 무리를 지어서 산책을 하고 바위에 쉬면서 즐겁고도 만족한 표정을 짓고 있는 모습들이 산들에 가득했다(Gilmore 1892). 특히, 산에 오르면 다같이 큰 소리로 노래를 부르거나 악기를 가지고 산을 오르는 모습은 서구 도시에서는 찾아보기 힘든 광경으로 "이상한"모습으로 비춰졌다.

당시 서울 인구가 20만에 이르고 있다는 점에서 세계적 규모의 대도시였기 때문에 오늘날의 도시계획의 관점에서는 공원이 필수적인 도시였다고 할 수 있다. 하지만, '도시 밖의 자연'을 즐겼던 서울 사람들에게는 굳이 도시 안으로 '자연'을 들여온다는 것은 생경한 일이었다. 주변의 산들이 유희를 위한 자연적인 공원의 역할을 하고 있었다는 점에서, 비록 '경사가 지긴 했지만', 서울이 도시주변에 거대한 공원을 보유하고 있는 결과를 낳았다. 이와는 별도로 정치적인 의사표현을 할 수 있는 공간이 있었는가에 대해서 생각해 볼 수 있다. 조선사회는

사농공상(士農工商)의 계급사회였고, 19세기 서울은 상층계급의 의복
이 확연하게 대중들의 의복과는 차이가 났을 뿐만 아니라, 사회 계급
에 따라 말하는 방식이 다양해서 동사의 형태와 발음이 명확하게 차이
가 났다(Sjoberg 1960). 때문에 "개방성과 평등을 전제하는 근대도시의
공원과 광장"(Caldeira 1999:93)이 도시의 물리적 구조로 실천되는 것
은 물론이고 평등하게 집회를 하거나 의사소통을 하는 공간에 대한
개념을 가지고 있었다고 말하기는 어렵다. 하지만, 영·정조대에 평민
상소로서 상언과 격쟁제도가 본격적으로 행해진 특정한 장소가 서울
에 있었다는 점에서 서울에 시민을 위한 광장이나 공원이 자리 잡을
수 있는 좋은 여건을 가지고 있는 곳이 있었음에는 틀림없다. 그 곳이
공원과 같이 의사소통과 놀이로 도시의 군중들을 모으고 정치적 의사
의 결집을 가능하게 했다고 보기는 힘들지만, 상업이 발달된 거리와
접한 동시에 다양한 의사소통이 이루어지는 곳에 있었다는 점에서 근
대에 이르러 공원과 광장의 후보지가 될 수 있었다.

조선 사람들이 공원[11]이라는 것을 보거나 혹은 그 말을 듣게 된 것
은 개국 직후 외국에 파견된 사절들의 기록에서부터 시작된다. 구미와
일본에서 견문을 넓히고 돌아온 사절들과 유학생들이 기록해둔 문서
에서 공원을 보는 방식과 그에 대한 평가를 찾아낼 수 있다. 이들이
공원이 무엇을 의미하고 있는지를 해석하는 방식에서 개화를 담당했
던 엘리트들의 근대 공원의식을 엿볼 수 있을 것이다. 그럼으로써 도

---

11) "'공원'(公園)이라는 말은 1880년대 중반에 거의 정착된 용어로 사용되고 있
다. '정착'되었다고 보는 것은, 이시기에 해외에 파견된 사절의 보고서, 개인
의 일기, 견문록 등에서 이들 용어가 빈번히 보이기 때문이며, 1880년을 경
계로 해서 그 이전에는 이들 용어가 눈에 띄게 보이지 않기 때문이다. 그
때문에 1876년의 개국 이후가 되어 공원의 정보가 (중국이나 일본에서) 동
시에 유입되었다고 할 수 있다."(강신용 1995:14)

시공간을 통해 서구의 정치사상을 평가하고 이해해 가는 개항기의 엘리트들의 의식을 알 수 있다.

1876년 5월 22일부터 동년 7월 31일까지 일본의 선진문물을 시찰하도록 파견된 김기수는 수신사일기에서 우에노공원(上野公園)에 대해 기록하고 있다. 공원의 경관이나 쓰임보다는 공원 내에 있는 박물관에 큰 관심을 두고 있는데, "동물원과 식물원을 갖추고 있어 실로 박물관이라 할 만하다"(김기수 1974:121, 강신용 1995:9에서 재인용)고 찬탄했다. 1883년에 견미사절의 수행원으로 1885년까지 체재한 유길준은 보다 적극적으로 도시의 공원에 관심을 갖고 접근했다. 그는 공원이 도시 전체의 구조 속에서 기능을 발휘하고 있다고 해석하고 공적인 목적을 갖고 있음을 파악했다. "뉴욕의 센트럴 파크(Central Park, 원어는 中央公園이라고 표기)가 귀중한 토지에 처음부터 국민을 위해서 국민의 세금으로 조성된 공원"이라고 이해하면서, "도시민에게 행락과 휴게의 장소를 제공하는 것이 목적"이라고 해석했다(유길준 2000:515-516). 시카고에 있는 공원에 대해서는 "인종이 잡거(雜居)하는 곳은 공기가 더러우며, 더러운 공기는 특히 아이들의 건강에 해롭기 때문에 공원이 필요하다"고 썼다(유길준 2000:520-525). 이러한 해석은 공원이 총체적인 도시계획 상 위생 수준을 높이는 기능을 하고 있다는 점과 공적인 목적을 갖고 있기 때문에 국가가 국민의 세금으로 조성하고 있음을 이해하고 있다는 것을 보여준다. 파리의 뷰뜨쇼몽 공원(Parc des Buttes Chaumont)에 대해서는 "나폴레옹 3세가 파리 시의 생산과 공업을 번성하게 만든 뒤에 그 이익인 20만원의 거금을 들여 기술자나 서민들의 휴식을 위해 마련한 곳"(유길준 2000:317)이라고 해석하여, 도시 산업과 시민의 환경을 향상시키는 목적을 갖고 있다는 점을 파악하고 있다.

윤치호[12]는 평생 기록한 일기 속에서 세계 각국의 공원에 대해 상세하게 기술했다. 그가 처음으로 당도한 공원은 1868년 개원한 상해의 조계에 있는 공원으로 현재의 황포공원이었다(강신용 1995:11). 윤치호는 여기서 공원이 특정 인간들만이 사용할 수 있는 공간일 수 있다는 것을 깨닫게 된다. 영국 조계공원 내에 "개와 중국인 출입금지"라고 쓴 팻말로 인해 청국 사람들이 상하귀천 할 것 없이 공원 밖에서 주저하면서 감히 들어오지 못하고 있는 것을 보고, 중국인들이 모욕을 당하는 것을 한탄하고 있다(윤치호 1885.5.11, 강신용 1995:11). 그는 상해뿐 아니라 미국의 필라델피아에서 유색인종의 출입을 금지한다는 말을 들었고 미국사회의 인종차별에 대해 비판한다(윤치호 1890.5.5). 공원이 누군가에게는 더 이상 공적이지 않다는 점을 깨닫게 되었다는 점에서 도시의 공공 공간에 정치적 특성이 있다는 점과 공공 공간이 피부색에 따른 포섭과 배제의 논리를 포함하고 있다는 점을 누구보다도 먼저 깨달은 사람이라 할 수 있다. 그는 공공 공간이 '공적인' 이용을 전제하고 있지만, 그 '공적인' 사용의 허용여부로 사람들을 차별하는, 가장 19세기적 방식인 인종차별이 두드러지게 나타나는 곳으로 공원을 직시하고 있었다. 한편, 공원에서의 '풍기문란'을 지적하는 엘리트 지식인들의 오랜 성향이 보이기도 해서, 러시아의 상트페테르부르크에 있는 공원에서는 "화장한 창부들이 밤에 남자들을 유혹하고 수많은 보헤미안들과 집시들이 풍기문란을 일으키고 있는데도 러시아 정교회가 사회모럴을 정화하는데 무능하다"(윤치호 1896.8.13)라고 비판한다. 마지막으로, 홍콩의 한 공원을 방문한 윤치호는 공원을 서구

---

12) 그는 1881년에 일본에 파견된 사절의 수행원으로 일본으로 건너가, 동경의 동인사(同人舍)에서 수학하고 상해에서 4년간 유학한 후에 미국의 밴더빌트(Vanderbilt) 및 에모리(Emory)대학에서 수학사는 등, 장기간의 유학생활을 경험했다.

의 발달 과정과 동력을 보여주는 서구문명의 제유(提喻)로 해석한다.

> 공원은 아름다우며, 여행자에게 구미의 과학과 기술이 여하히 불모의 섬을
> 즐거운 자신의 집과 같은 휴식의 장소로 바꾸어 만들어 버리는가를 생각하
> 게끔 해준다. 참된 의미에서, 유럽인은 자연을 컨트롤할 줄을 알고 있다.
> 그들에게 바위를 주면 지브롤터와 같이 만들며, 그들은 가치 없는 언덕을
> 홍콩과도 같은 도시로 만들어 버린다. 신대륙의 삼림과 대초원에 그들을
> 놓아주면 금방 거기에 제국이나 공화국을 건설한다. 거센 파도가 지배하는
> 저습지로 그들을 내쫓으면, 그들은 거기에 베니스와 같은, 네덜란드와 같은,
> 페테르부르크와 같은 도시를 건설해버리는 것이다. 유럽인이 자부심을 가져
> 도 당연한 일이리라(윤치호 1896.12.24: 강신용 1995:12).

 1897년 귀국하기 전년도에 기록한 이 문장은 1883년부터 1889년에
이르는 해외 체류의 대미를 장식하는 홍콩에서 기록되었다. 이 문장은
유럽 문명을 둘러보고 그에 대한 전반적인 평가를 내리는 '결론'이라고
할 수 있다. 그가 거쳐 온 유럽의 도시들과 유럽인이 건설한 도시들을
나열하면서 서구 문명은 그들 자신이 "자부심"을 가져도 좋을 만큼 훌
륭하다는 결론을 내리고 있다. 이러한 논리의 출발점을 공원으로 하고
있다는 점에서, 자연을 정복하고 통제하는 서구문명의 핵심으로 공원
을 들고 있다는 점을 보여준다. '자연'을 '문명'으로 바꾸는 서구 사상이
가장 응축되어 나타난 곳이 공원경관의 '아름다움'이라는 결론이 윤치
호의 오랜 여행의 체험으로부터 내려지고 있음을 알 수 있다.
 이상에서, 공원이 처음으로 조선의 엘리트에게 관찰되고 해석되는
양상들을 살펴보았다. 이들의 인식을 종합해 보면, 공원이란 단순히
시민들의 행락을 위해 도시 안에 들여온 '자연'에 그치는 것이 아니라
는 점이다. 공원은 서구 근대도시의 핵심을 이루는 시설로서 도시의
기능과 미학을 위해 필수적인 것으로 모든 시민이 이용할 수 있는 공

적인 공간이라는 점을 인식하고 있다. 하지만, 평등하고 개방적으로 설정된 공공 공간의 이념 뒤에, 인종차별이라는 사회적 관계가 구체적으로 실현되는 장이라는 또 다른 모습이 숨어있다는 점에 분명한 비판을 가하고 있다. 무엇보다도 중요한 것은, 자연에 대한 개척정신이 공원이라는 작은 공간 안에서 투영됨으로써 그 도시의 아름다움은 물론, 그 도시를 개척한 사람과 사회의 위대함을 부각시켜준다는 점을 깨달았다는 점이다.

서구 문물과 사상을 받아들이기 시작하는 조선은 어떤 문물들과 사상의 도입이 주변국들과 서구의 속국으로 전락할 위험에 빠진 조선을 근대화하는데 긴요한 것인지에 대해 고민하지 않을 수 없었다. 그러므로 당시 가장 조속하게 도입을 서두른 문물과 사상은 곧 근대화를 통해 국제정세의 난국을 풀어가려는 의도와 관련되어 있다. 하지만, 서구 문물의 도입은 단순히 근대화를 의미하는 것이라기보다는 근대화를 추진하는 주체들의 정치적인 의도와 전통적인 문화와의 관계를 통해 바라보아야 할 것이다. 고종은 1899년 대한제국제(大韓帝國制)를 공포함으로써 모든 통치권을 황제인 자신에게로 집중시킨다. 그는 근대적 개혁정책을 본격적으로 추진하기 시작하면서 각종 서구 문물과 제도를 도입하고 그 일환으로 전통적인 서울의 도시구조를 변경하는 사업을 추진하게 된다. 서울 최초의 근대공원인 탑골공원은 이 도시계획의 일환으로 모습을 드러냈다.[13] 개국 이후, 서울은 전통적인 도시

13) 조선에 조성된 최초의 근대공원은 현재 인천광역시 중구에 있는 자유공원이다. 1884년 10월 3일에 「인천제물포각국공동조계장정」이 조인되어, 인천에 각국 공동조계가 탄생했다. 조계에 거주하는 영국, 미국, 독일인들이 1888년에 자유공원을 조성했다. 탑골공원(1897년)보다 9년 앞선 셈이다. 자유공원은 처음엔 각국공원(各國公園)으로, 그리고 해방 전 일제 강점기엔 서공원(西公園)으로 불렸다. 이후 만국공원(萬國公園)으로 부르던 것을 인천시가

양식을 물려받고 있었지만, 근대화를 추진하는 과정에서 새로운 사회를 재현하는 상징적인 의미를 부여받게 된다. 서울에 새로운 문물로서 공원을 개설하는 것은 결국, 전통적인 서울의 경관을 변경시키는 것인 동시에 그 공간에 사회가 나아가고자 하는 방향을 제시하는 작업일 수밖에 없었다. 따라서 서구를 기원으로 하는 건축양식 및 도시계획의 담론이나 범주가 아무런 변형 없이 서울에 정착할 수 있는 것은 아니었다. 서구식 도시계획과 건축론은 조선 혹은 대한제국의 지배이념과 정치체제를 바탕으로 한 특정한 목적을 재현하도록 도시공간과 건축물로 실현되는 과정에서 전용될 수밖에 없었다.

새로운 사상은 새로운 공간에 담겨져야 했다. 그리고 새로운 유형의 사람들이 새로운 공간에 모여들었다. 또한 새로운 군주는 새로운 도시를 건설해야 했다. 탑골공원은 대한제국의 황제 고종의 주도 하에서 새로운 사상과 새로운 사람들을 담는 새로운 그릇을 빚는 작업의 일환으로 나타났다. '평등해진' 군중이 도심에 모이고, '황성'(皇城) 서울의 당당함을 드러내는 곳으로 기존에 있던 집들을 비워 냄으로써 생겨난 공터에 자리 잡았다. 고종을 위시한 집권세력에게 이 '공터'가 주는 의미는 근대적 도시와 계몽적인 군주를 의미하는 공간을 종로에 접해 놓음으로써 초가와 기와로 된 민가들의 바다로 둘러싸인 전통적인 공간과는 구별되는 도심을 건설하는 것이었다. 고종은 다음의 세 갈래의 맥락에서 탑골공원을 조성하게 된다.

첫째, 서울 도심을 개조함으로써 황제의 위대함을 보여주는 광장과 공원 그리고 건물들을 방사선의 도로망에 배치하는 것이었다. 고종은 경운궁(현 덕수궁)에서 국호를 대한제국으로 개칭하고(1897년), 미국 초대 공사로 재직했던 박정양과 이채연에게 실무를 맡기면서 대한제

1957년에 자유공원(自由公園)으로 이름을 바꿨다.

국의 위상에 걸 맞는 황성건설(이태진 2000)을 추진했다[14]. 이 사업은 서울에서 근대적 성격을 갖는 도시정책의 출발점으로 1896년 가을부터 1902년까지 시행되었는데, 박정양과 이채연이 체류한 바 있는 미국의 수도 워싱턴시에 대한 지식을 토대로 서울의 물리적 경관을 근대적 면모로 개조하는 시도였다. 경운궁을 핵심으로 하는 방사상 도로와 환상도로를 서에서 동으로 뻗쳐나가게 하여(김광우 1991) 고종황제가 있는 경운궁이 도심의 초점이 되도록 도시구조를 변경하는 것이 핵심을 이루고 있다. 이는 전통적인 서울의 도시구조인 '左廟右社 前朝後市'(좌묘우사 전조후시)의 원칙, 즉 '丁'자형 도시구조(김혜란 1994)를 일변하는 시도였다. '丁'자형 가로체계는 서쪽에 사직단, 동쪽에 종묘, 중앙에 경복궁이 남대문을 면하고 있는 모습이 중심을 이루는 도시구조를 말한다. 이 도시구조는 중국 당나라의 장안(長安)의 도시계획에서 기원한 것으로 황제 권력을 상징하는 요소 중에 하나였다. 이 구도와 크게 벗어난 모습으로 수도를 건설하는 경우, 합법적인 권력을 발휘하거나 정당성을 얻는데 위험을 감수할 수밖에 없는 상징적 힘을 지니고 있는 도시구조였다(Steinhardt 1986). 고종은 서울에 적용되었

---

14) 이태진은 고종을 위시한 집권세력이 근대 개혁과 황성건설을 긍정적으로 보는 시각을 제시하고 있다. '전제군주제의 근대적 변용'이라는 시각에서 대한제국과 황제의 권위를 높이는 서술을 했다. 이에 대해서, 고종을 위시한 집권세력의 무책임한 실정 부분을 강조하는 견해가 대립해 왔다. 황실의 개혁의지에도 불구하고, 현실에서의 황실은 각종 이권을 외세에 넘기고 민중에 대한 조세수탈을 강화했다. 대한제국의 개혁사업과 황성 만들기를 평가하는 학계의 논란에도 불구하고, 필자가 주목하고자 하는 점은 다음과 같다. 집권세력이 구축한 도시의 공간이 권력을 전시하는 원래의 의도와는 무관하게, 도시민들에 의해 점유되고 그 의미가 전유되어 왔다는 점이다. 이 연구는 전자(고종을 위시한 집권세력의 성과 유무)보다는 후자(도시민들의 공공 공간 전유)에 주목함으로서 근대 도시의 공공 공간에 부여된 의미의 역동성을 기술한다.

던 수도 건설의 전례를 과감히 거부하고 방사형 도로구조를 도입했다. 워싱턴시가 '황성' 건설의 모델이 된 이유는 박정양과 이채연의 체류 경험에 더해, 워싱턴시의 계획양식이 갖고 있는 상징적인 의미를 전유 하려는 의도에서였다. 워싱턴시는 대형 기념물과 거대한 방사상 직선 가로에 의해 분기되는 장엄하고 웅대한 광장과 정원을 특징으로 하는 도시였다. 워싱턴시의 설계는 1790년 초대 대통령이었던 워싱턴 (George Washington)의 군왕적 야심과, 이에 대한 제퍼슨(Thomas Jefferson)의 견제, 그리고 프랑스인 설계자 랑팡(L'Enfnat)의 바로크양 식 도시계획의 영향을 받았다. 그리고 실제 건설되는 과정에서 연방 내의 다른 주(state)의 견제를 받으며 탄생했다(Harris 1999). 공화정인 미국의 수도에 전제 군주의 전유물인 바로크 양식이 적용되는 것에 대해 재퍼슨을 비롯한 다른 주의 사람들이 우려를 나타내는 것은 자연 스러운 일이었다. 바로크 양식은 프랑스, 영국, 독일과 같은 유럽 '강대 국'의 수도를 화려한 건축물들[15])로 수놓고 있는 번영의 상징인 동시 에, 강력한 군주의 권력을 상징하기 위해 도시를 개조하는데 이용되었 다(손세관 2000:169). 다양한 견제를 받은 워싱턴시의 경우에는, 방사 상 도로의 집합점을 권력과는 관계없는 곳에서 교차시킴으로서 바로 크 양식이 갖고 있는 군왕적 권력의 집중을 피하고 있는 것(Sennett 1999:282)이 특징이다[16]). 바로크 도시개조사업은 다른 나라의 수도와

15) 바로크 건축과 도시계획은 파리의 베르사유(Versailles), 독일의 방사형 도시 칼스루에(Karlsruhe), 포츠담(Postsdam)시에서 보이는 거대한 경관을 특징 으로 한다. 특히, 군주의 한 마디에 의해 만들어진 거대한 열린 공간(open space)이 경관이 중요시 된다. (Sennett 1999:279) 루이 나폴레옹(Louis Napoleon) 정권에서 오스망(Haussmann)의 파리개조사업은 미학적인 요소 뿐 아니라 물자와 사람의 순환을 촉진하는 정치적이고 경제적인 목적으로 추진되었 다. 바로크는 기념비적인 건물들과 위생과 미학을 동시에 고려한 도시공원 의 체계적인 사용을 특징으로 한다(Rabinow 1989:76).

견주어 당당한 모습으로 근대화된 서울을 전시하려는 고종의 의도에 적합한 수단일 수 있었다. 즉, 경운궁, 독립문, 원구단, 황제즉위 40주년 기념비전과 같은 새로운 중심 건축물들과, 독립공원, 경운궁(덕수궁) 주변의 소규모 공원, 탑골공원을 서에서 동으로 발산되는 확장된 가로에 배치함으로써 서울은 과거 '왕조'의 수도에서 '제국'의 수도로의 상징적 변모를 지향하고 있었다. 동시에 이런 사업은 전기, 수도, 전차, 철도와 같은 새로운 문명시설을 도입하고 용산에 관영 공장지대를 배치함으로써 물자와 사람의 순환을 촉진하는 '황성' 만들기의 마스터플랜 테두리 내에서 진행되었다(이태진 2000). 주목해야 할 것은, 고종이 도입한 바로크 양식은 워싱턴에 적용된 권력 분산적 의도와는 달리, 방사형 도로들을 경운궁 앞에 결집시키고 있다는 점이다. 바로 이점에서, 바로크적 도시계획 방식이 군왕의 권력을 전시하는데 효율적이라는 점을 고종이 잘 알고 있었다는 것을 보여준다. 고종은 미국식의 공화주의적 바로크 양식을 다시 군왕을 위한 도구로 전유했다.

둘째, 군중의 출현은 서울에 공원과 광장을 필요로 했다. 차별적인 신분제도가 철폐되고 독립협회의 만민공동회가 개최되면서 서울 도심 곳곳에서는 정치적 주장을 펼치는 군중들의 집회가 열리기 시작했다. 독립협회는 1989년 3월부터 대중적으로 독립운동을 확산시키기 위하여 서울 시민들이 많이 왕래하는 종로거리에서 만민공동회를 개최하기 시작했다. 독립협회의 운동은 만민공동회 개최를 통해 민중과 결합

---

16) 일부 역사가는 "전제군주와 황제의 영광을 찬양했던 계획의 형태(바로크 건축과 도시계획)가, 민주적 평등의 철학에 기반하고 있는 국가(미국)의 상징으로 적용된 것은 참으로 역설적이다"라고 평하고 있음을 들고 있다. 세넷은 이러한 주장이, 계획자 랑팡이 방사형 가로의 교차점들을 대통령 관저나 국회의사당 따위의 국가 권력의 소재지와는 무관하게 위치하도록 계획했다는 점에서 잘못된 것임을 지적하고 있다(Sennett 1999:280).

하여 혁명적 운동으로 나아갈 가능성을 보였다(한국역사연구회 1997). 반군주적 활동을 이유로 만민공동회를 폐지하려는 고종과 이에 저항하는 독립협회간의 갈등이 지속되어 종로에서는 시위가 계속되었다. 결국, 고종은 만민공동회에 우호적이었던 초기의 입장을 바꾸고, 탑골공원이 개설되기 약 1년 전에 만민공동회를 강제로 해산시켰다. 이 과정에서 독립협회의 반군주적 변화에 반대하고 탈퇴한 박정양과 이채연은 각각 내무대신과 한성판윤으로 임명되어 개조사업에서 중요한 역할을 하게 된다. 이러한 과정과 병렬해서 추진된 광장과 공원의 조성사업은 결국 군중을 황권의 위엄을 보이는 도시의 공간으로 유도함으로써 황권을 강화하려는 의도와 궤를 같이 한다 할 수 있다. 군중은 18세기 프랑스에서는 혁명의 견인차였던 동시에 19세기 후반에는 만보객을 탄생시켰다. 군중은 조선의 근대화 과정에서도 나타나고 있었으며, 특히 대한제국의 성립을 전후해서 활발하게 도시의 공간들을 점유하기 시작했고 고종의 도시개조 사업은 이러한 시기와 맞물려 전개되었다. 경운궁(덕수궁)의 대안문(대한문)앞, 광화문 앞의 육조거리 일대, 그리고 탑골공원이, 광장과 공원의 역할을 함으로써 서울의 새로운 현상으로 나타난 군중의 집회를 반영했다. 탑골공원의 경우 제실 음악대가 정기적으로 음악을 연주하는 무대이기도 했다는 점에서 근대화된 황실의 이미지를 전시하는 동시에 시민들의 정서적인 위안을 제공하는 시혜의 의미도 있었다. 결국, 황제의 위엄을 보이기 위한 공간은 동시에 군중을 집결시키는 역할을 했다.

셋째, 광장과 공원은 왕도정치 사상을 근대적 공간에서 실천하는 '동도서기의 근대화관'을 반영하고 있기도 하다. 광화문 앞 혜정교 일대와 탑골공원이 조성된 철물교 자리는 영·정조대에 어가 행렬의 길목으로 평민의 상소와 격쟁이 이루어지던 곳이었다.(이태진 2000). 이

[그림 3] 공원 조성 이전의 원각사지13층석탑(사진출처: 서울특별시사편찬위원회 2002)
초가지붕과 기와의 바다 속에 솟아 있다. 상부 3층은 바닥에 내려져 있었고, 하부 4층은 민가에
가려서 보이지 않는다.

에 더해, 상업의 중심지인 종로와 접해있었기 때문에 많은 사람들이
공원을 이용할 수 있는 길목이었다. 고종은 이 곳에 공원과 광장을
조성함으로써 오랜 조선의 왕도 정치를 새롭게 전개해 가려는 의도를
보이고 있음을 알 수 있다. 공간의 배치뿐 아니라, 팔각정과 원구단,
황제즉위 40주년 기념비전에서 보이듯이, 건축물들에 서구적인 용도
와 디자인을 결합하기도 했다. 팔각정의 경우, 전통적인 정자와 서구
적 의미의 음악당의 기능을 결합시켜서 근대적인 음악의 출발점이라
고 할 수 있는 군악대의 연주를 하는 곳으로 이용했다.

　이와 같이, 탑골공원은 단순히 공원조성만을 목적으로 서울에 나타
난 것이 아니었다. 대한제국의 수도 재건의 일환으로 새로운 사상과
문물을 유교적 정치이념과 조화시키는 의도에서 형성된 공간인 동시
에, 새로운 사상의 도입에 따라 도심으로 나온 군중들이 집회를 벌일

수 있는 공간으로 조성되었다 할 수 있다. 전체적인 도시개조사업의 과정은 서구, 특히 미국의 수도 워싱턴시에 적용된 방사형 가로체계를 채택하고 있었지만, 공화주의 국가인 미국과는 달리 군주 중심으로 가로체계를 배치했다. 그리고 상언과 격쟁이 실시되던 철물교와 혜정교 주변에 공원과 광장을 배치함으로써 근대적 공간을 통해 유교적인 정치사상을 전승하려고 했다. 주목해야 할 것은, 이러한 과정에서 워싱턴의 도시계획방식이 한성에 적용되면서 두 번에 걸쳐 전유된다는 것이다. 워싱턴시의 공화주의적 가로체계를 군주 중심적 가로체계로 채택했다는 점과 근대 공원의 배치와 개념을 유교적 정치이념에 기초한 상언과 격쟁의 장소에 적용했다는 점이다. 이러한 전유는 고종의 도시개조에서 나타나는 양가성과 관련을 맺는다. 애초에 고종의 도시개조사업이 서울의 전통적 도시구조를 변경하고 주변 민가와 구별되는 화려한 건축물들을 세우는 것을 목적으로 하고 있었고, 그 수단으로서 서에서 동으로 확장되어 나가는 가로체계를 채택했다. 이것은 과거와의 단절을 의미한다. 하지만 동시에, 유교이념에 기초한 왕도정치를 재현하는 곳에 탑골공원을 배치함으로써 과거의 전승을 의도하고 있다.

여기서, "새로운 사회 형태와 사상은 기존의 공간에 '새겨지는' 것이 아니라, 전통적이지도 현대적이지도 않은 새로운 공간이 생산됨으로써 그 둘의 공간적 관계를 새롭게 형성하게 된다"는 르페브르의 말을 상기할 필요가 있다(Lefebvre 1991:78). 탑골공원을 비롯한 서울의 다양한 공간들 혹은 서울 자체는 서구 근대의 공간계획과 건축이 담지하고 있는 공간의 스타일이 그대로 실제의 공간에 안착된 것이라고 할 수는 없다. 서구의 도시계획 양식이 서울을 계획하고 사회 속에서 실천되면서 정치적인 주체들을 통해 전통적인 상징체계와 사회관계가 개입하게 되었음을 탑골공원의 개설 과정에서 볼 수 있다.

[그림 4] 1899년의 탑골공원
(사진출처: 강신용 1995:50)
조성을 위한 작업이 진행된 공원부지의 일부
이다. 이미 완성된 팔각정이 보인다.

탑골공원의 조성은 **빽빽하게 밀**집되어 있는 민가를 철거하고 공터를 만드는 작업으로부터 시작되었다. 『독닙신문』은 1899년 3월 29일자로 "궁내부 대신 이재순이 탑동에 인민들의 집들을 헐고 공원을 만들려고 한다는 소문이 있는데, 이에 대해 쓸데없는 일이라는 반론도 있지만, 그것이 사실이라고 하면, 대신은 수천 명 인민을 위하여 큰 사업을 하는 지라 가히 대신이라고 할 만하다더라"고 적극 지지하는 기사를 실었다(이태진 2000). 하지만, 당시 탑골공원이 조성될 원각사지 석탑의 주위는 초가집과 기와집으로 **빽빽하게** 둘러싸여, 민가를 철거하는 과정에서 혼선을 빚기도 했다(강신용 1995:49). 전통적인 도시의 산물인 민가의 바다에 공원을 위한 빈터를 만들어 내는 데는 서울의 시민들과 마찰을 피할 수 없었다. 이렇게 해서 모습을 드러낸 탑골공원은 현재의 행정구역상 종로2가의 동쪽 끝에 조성되었다. 세조가 창건한 조계종 본산인 원각사가 있던 곳으로 원각사지 13층 석탑이 민가의 지붕들 사이로 솟아 있었고 이 탑 주변을 원형의 공간을 만들어 담을 둘러 공원이 조성되었다(그림 3,4). 1900년에는 공원 중심에 팔각정이 건설됨으로써 공원의 기본적인 모습이 형성되었다.[17]

17) 팔각정은 서울특별시 유형문화제 제 73호로, 광무원년인 1987년에 제작되

당시의 탑골공원은 완전히 개방된 공원이라기보다는, 고종이 제실 음악대의 연주를 배푸는 장소인 동시에 민의를 수렴하는 장소라는 것을 시민들에게 보여줌으로써 왕권을 전시하는 "경관정치"(Duncan 1990)의 장소라는 의미를 갖고 있었다. 따라서 시민을 위해 자유롭게 개방된 공간이 아니라 황제의 위엄을 보여주기 위한 일종의 무대의 역할을 하고 있었으며, 그 기능의 독점을 위해 공원을 둘러서 담장을 설치하고 군악대 건물을 공원 안에 배치했다. 탑골공원의 조성은 결국, 근대적 수도로서의 물리적 경관을 생산하려는 고종의 도시개조사업의 일환으로 시작되었으며, 공원의 쓰임을 황제 자신의 근대적 계몽 군주로서의 권위를 전시하는 무대에 집중하고 있었다.

2. 식민지 환경과 공간 재현의 경합: '성지' 다시 돌아보기

1919년 3월 1일 독립선언서를 낭독하고 독립만세를 외친 3·1만세운동의 발상지로서 우리 민족의 독립정신이 살아 숨쉬는 유서 깊은 곳이며 역사의 산 교육장으로 활용이 요구되는 장소로서 독립운동의 성지(聖地)라는 역사적 의의를 갖는다(종로구 탑골공원관리사무소의 팸플릿).

이 역사적 사건은 현재의 탑골공원의 모습과 의미에 결정적인 영향을 끼치고 있다. 탑골공원과 관련된 말이나 행사는 대부분 "독립선언서를 낭독하고 3·1운동이 시작된 발상지"라는 사실을 인용하고 있고 학교에서는 그 위상에 대해 교육하고 학생들의 현지답사를 과제로 내고 있다. 역사적 사건이 공간과 결합되어 반복적으로 인용되고 민족의

었다. 한국 최초의 근대건축가라고 할 수 있는 심의석(1854-1924)에 의해 건축되었다.

정체성 형성에 중요한 "기억의 장소"(Halbwachs 1992, Nora 1992)로 활용되고 있다는 점이 탑골공원이 다른 공원들과 특별하게 취급되는 이유라고 할 수 있다. 하지만, 왜 탑골공원이 독립선언서가 낭독되는 장소로 선택되었고, 군중들이 그곳에 모여 있었으며, 왜 이들이 종로로 뛰쳐나가 덕수궁 대한문 앞으로 몰려갔는지에 대해 기억하는 사람은 드물다. 현대의 탑골공원은 일종의 '암상자'(闇箱子)로서 그 장소에 부여된 의미가 어떤 과정에서 형성되고, 다른 역사적 조건들 혹은 개인이나 집단의 기억과 연계되어 있는지를 들여다볼 수 없는 채, 정부 문서와 여러 단체 그리고 학교에서 오르내리고 있다. 일제 강점기의 탑골공원은 현재의 탑골공원에 '민족의 성지'라는 위상이 부여되는 데 근거가 되는 사건들이 벌어졌던 장소이다. 조선인 군중들이 탑골공원에서 만세운동을 했다는 사실의 전후관계를 살펴봄으로써 탑골공원이 '무엇'이냐보다는 '어떻게' 현재의 탑골공원이 되었는가에 대한 이해에 도움이 될 것이다. 우선 이 암상자를 식민지 수도 '경성'(京城)에 넣어 적절히 용해시켜보자

일제 시대 서울은 조선인과 일본인이 각기 다른 지역에 거주함으로써 남북으로 나누어진 '분할 도시'(divided city)였다.[18) 경성부 내의

---

18) 도시 연구에 필요한 도시의 이미지로 로우가 고안한 개념이다. '분할 도시'는 풍요와 빈곤간의 대조가 두드러지고, 계급과 민족을 나누는 숨겨진 장막이 도시의 공간구조를 둘로 나눈다는 특징을 가지고 있다. 담론들과 정형화를 통해 두 공간의 구분을 강화하고, 도시의 문화에 참여하는 시민들의 행위가 공간에 따라 다르게 나타나기도 하고, 인종주의에 따라서 주거지를 분리하기도 한다. 특히 공간에 거주함으로써 얻을 수 있는 지위와 같은 문화적 자본과 개인이나 집단과의 사회적 연망과 같은 사회적 자본이 불균등하게 배분되는데 결정적인 역할을 한다. 문화자본과 사회자본이 공공 공간과 같은 물리적인 매개에 의해 규정됨으로써 지명(地名)이 곧 지위가 될 수 있다 (Low 1996). 박지환은 분당신도시가 도시개발의 구조적 과정과 지역주민의

일본인 수는 1910년대부터 계속 증가했고, 1920년대 전반기에 급증하는 양상을 볼 수 있다. 동시에, 일본인들의 토지소유가 증가하면서 민족별 토지소유 관계가 일본인들에게 점차 유리하게 전개되었다. 따라서 경성부의 개발이 용산과 을지로 남쪽에서 남산의 북쪽에 이르는 일본인 주거지 중심으로 이루어지는데 반해(이기석 2001), 조선인들이 사는 지역은 '빈민도시'라는 경성의 이미지를 대표하게 되었다. 결국, 일제시기 경성의 민족별 주거공간은 남촌과 북촌으로 나뉘는 동시에 '공간의 이중성'을 기본적으로 유지하면서 점차 일본인 세력이 북점(北漸)하는 양상을 띠었다 (김영근 1999). 일본인의 북점은 경성의 남북축 도로망의 확장에 의해 가능할 수 있었다. 1920년대 시구개정사업(市區改正事業)에 의해 진행되어 완성된 남·북축 도로들의 개설은 서울의 가로구조가 당시 세계의 식민지 도시에서 보이는 직선격자형 도로망으로 변형되었음을 의미한다. 시구개정 사업의 목적은 기존에 서울의 골격을 이루던 종로와 일본인들의 거주지인 남촌을 연결하는 것이 주된 기능으로, 조선총독부가 대한제국기부터 진행되어 왔던 도시 개조사업을 식민 통치에 적합한 형태로 전면적으로 대체하는 것이었다(김광우 1991). 경성에 바둑판 모양의 가로망이 갖추어지면서 북쪽에는 조선인들이 거주하는 '백의경성'(白衣京城)이 남쪽에는 일본인들이 거주하는 '흑의경성'(黑衣京城)[19]이 각자 사신의 집을 가지고 있었고, 흑집이 북쪽으로 확장해 가는 추세는 가속화되었다. 중요한 점은, 경성의 변화가 탑골공원의 물리적 경관을 새롭게 변경시키거나 공원

일상적 실천을 통해서 '중산층의 도시'로 생산되고 구성되는 과정을 밝힘으로써, '서민층의 도시'라는 성남시와 계급이라는 보이지 않은 장막이 형성되어 있음을 보여주었다(박지환 2003).

19) 「4년 이래 가속도(加速度) 증가하는 일본인, 백의경성(白衣京城)이 흑의경성(黑衣京城)」(조선일보 1925년 8월 8일)

[그림 5] 탑골공원 그림엽서
조선인들의 다양한 연령과 성별을 일본식 목
판화의 색채로 보여 준다.
(http://imagebingo.com/album/icon_view.ht
m?uid=smilling88&bno=12982&page=5)

내부에서 일어나는 다양한 활동과 사람들의 구성을 변화시키는 데 영향을 끼쳤다는 것이다. 특히, 일본인들의 팽창이 그리 큰 영향을 끼치지 않았던 1920년대 초와, 일본인들의 북점현상이 두드러지면서 종로 일대의 침체가 시작되는 1920년대 말 이후의 환경은 공원의 경관과 내부에 있는 사람들의 행위와 구성에 큰 차이를 보였다. 경성의 변화가 탑골공원의 시설과 인구구성에 변화를 초래함으로써 탑골공원의 일상생활도 변화할 수밖에 없었고, 조선인이 탑골공원에 부여하는 의미를 분산시키려는 총독부의 개입에 따라 공원의 의미에 대한 경합이 심화되었다. 아래에서 1920년대 초에 그려진 탑골공원과 1929년에 그려진 탑골공원을 비교함으로써 두 시기 경성과 종로의 변화와 함께 한 탑골공원의 변모를 엿볼 수 있을 것이다.

탑골공원 관리권이 총독부로 이관된 이래, 일요일에만 일반시민에게 공개되다가 주야로 시민에게 개방된 것은 1913년부터였다. 1910년 총독부의 관리로 넘어온 탑골공원이 개방되었을 당시에는 이미 공원 중심부의 팔각정과 서남측의 군악대 건물이 세워져 있었으며, 1910년 이후에 벤치와 화단, 전등이 설치되어 도시공원으로서의 기본 틀을 이루고 있었다(강신용 1995). 공원이 개방되고 얼마 되지 않아 탑골공원 내에서는 다양한 행위들과 사람들로 채워졌다. 3·1운동이 일어난 1919년 이전에 이미 공원 안에서 고담사(古談師)가 이야기판을 펼치고 있었는데[20], 이는 조선 후기 "장터거리 이야기문화"(신동흔 1998)를 도시의 공원으로 옮겨 놓은 것이었다. 장터거리의 활력은 이야기꾼에게 좋은 무대의 요건이 되므로 이야기꾼이 이야기하는 곳은 언제나 관객들을 동반하거나 이야기꾼이 그런 관객들을 찾아간다는 점에서 탑골공원의 활력을 짐작할 수 있다. 조선 사람들이 많이 모일 수 있는 곳이라는 점에서, 그리고 조선인들이 거주하는 지역의 유일한 공원이라는 점에서 탑골공원은 3·1운동이 시작될 수 있는 장소가 될 수 있었다. 즉, 군중이 일상적으로 모이던 곳이고 그 군중이 만세운동에 동참할 것이라는 기대가 충분히 가능한 공간이었다. 그 문화적인 활력은 1920년대 초반에도 이어진다. 1923년에 춘파(春坡)라는 필명을 가진 『개벽』지의 기자는 "남산에 아지랑이가 분명"해진 것을 보고 기다렸던 봄을 맞이하기 위해 탑골공원(원문은 塔洞公園)으로 산책을 나간다. 경성의 조선인들에게 탑골공원은 봄을 맞이하는 곳이었다. 봄을 맞는 마음은 탑골공원으로 발걸음을 옮기게 했고, 팔각정은 봄을 맞이하는 사람들로 빽빽해지기 일쑤였다.[21] 1922년 8월 1일 '잔물'이란 필명을 가진 『개벽』지의 기자가 불야성을 이루고 있는 여름밤의 탑골공원을 산책했다.[22] 이 사람의 산책을 따라 공원을 한 바퀴 돌며 그 당시의 분위기를 알아보자. '잔물'은 한여름의 "그 무서운 해"가 진 후에 "느럭느럭 천천한 걸음으로 걸어서" 탑골공원으로 입장한다.

---

20) 「탑동공원 古談師 說諭」(대한매일신보 1918년 7월 28일)
21) 「봄을 맞는 탑동공원」(개벽, 1923년, 제33호)
22) 「公園情操-夏夜의 各公園」(개벽, 1922년, 26호)

그러면 '자아 들어오시요!' 하고 녹음의 집 탑동공원의 둥근 전등은 반짝 켜진다. 좁고 복잡하고 먼지 만흔 훗훗한 속에서 삼는 듯한 더위에 괴로이 지내면서도 갓갑게 땀들일 곳조차 가지지 못한 경성시민에게 참말로 이 탑동공원은 좁으나마 얼마나 귀엽고 서늘한 중뢰(重賚)로운 마당이랴. K와 내가 夜市에서 과일을 사가지고 공원으로 들어가기는 아홉시 가까운 꽤 어두운 때이었다.

[그림 6] 1930년대의 탑골공원(사진출처: 서울특별시사편찬위원회 2002)
북측에 있는 탑을 기준으로 그 서측에 '승리옥' 건물이 보이고, 탑의 동측에는, 음악당이 보인다.
남쪽의 정문 외에 동문과 북문이 보인다.

　　탑골공원은 종로 야시장의 한 복판에 있었다. 종로야시는 1916년에 시작되어 종각 앞 교차점에서 탑골공원을 지나 현재의 단성사까지 늘어서 있어 밤거리의 장관이었다(장규식, 2002:177). 특히, 더위가 기승을 부리는 한여름에는 낮보다는 밤에 종로의 활기가 살아났으며, 탑골공원은 이러한 활기 속에서 밤늦게까지 불을 밝히고 사람들을 맞이하고 있었다. 탑골공원은 종로야시에 몰려드는 군중들을 종로와 공유하고 있었고 "밤거리와 군중의 이동이라는 새로운 풍경"(김영근 1999)을 이루는데 일조하고 있었다.

공원을 들어온 '잔물'이 공원에서 산책하고 주변 풍경들을 묘사하는 것으로 당시의 공원을 이루고 있는 시설들과, 공원의 공간을 구성하고 있는 사람들과 이들의 행동에 대해 재구성할 수 있다. '잔물'은 종로야시에서 과일을 산후에 공원 정문에서 팔각정으로 곧게 난 길을 따라 팔각정에 다다른다. 그 다음 서쪽으로 꺾어서 공원 북쪽을 돌아 동쪽으로 돌면서 풍경들을 묘사한다. 공원에 입장에서 가장 먼저 다다른 팔각정 주변에 소녀를 데리고 있는 젊은 부인, 젊은 중학생, 전문학생, 신사, 갓 쓴 사람, 양복장이까지 다양한 성별과 연령의 사람들이 자유롭게 공원을 이용하고 있었다.

> 어느때 왔던지 벌서 귀로를 밟는 젊은 부인 한 분이 소녀 한 사람을 다리고 팔각정 모퉁이에서 이리로 향하야 자태 조케 아장아장 거러나오는 청초한 흰옷 우에 그 보들어운 나무닙그림자가 서늘하게 어른거리다가……〔중략〕 밤이니만큼 팔각정은 더커보이고 더 고물(古物)가티 보이며 우중충하게 백의 (白衣) 팔십여인 태우고 웃둑히 서잇고 그 둘레에 둘러싸인 잔디 우에는 전등 불빗이 흘러서 질펀-하엿다. 젊은 중학생, 전문학생, 신사, 갓쓴이, 양복장 이, 가지가지 윗사람이 단장도 끌고 부채도 들고 橫笛(횡적)도 들고 누구를 찾는 것처럼, 천천히 빙빙 돌고들 잇섯다.

팔각정 앞에서 서편을 꺾어서 산책은 계속된다. 당시에는 현재는 사라진 연못 위에 다리가 놓여 있었고 옆 덩굴 밑에 벤치가 있었다. 젊은이들이 유행하는 소설에 나오는 장소로 연못과 다리에 이름을 짓고 만남의 장소로 사용하고 있는 풍경을 볼 수 있다.

> 서울학생들이 이연못을 불인지(不忍池)라 부르고 그 다리를 추월색소설(秋 月色小說) 껍질에 잇는 관월교(觀月橋)라고 부르는 것도 젊은 학생의 짓다워

서 재미로운 일이다. 그리고 그네는 항용 오늘저녁 멧시에 관월교로 맛나세 하고는 이리로 모여서 다시 출발을 한다는데 오늘도, 미문의 교복을 닙은 학생 한사람이 못가에서 금어(金魚)를 작란하고 잇섯다.

'잔물'은 연못 주변의 쓰임새에 따라 학생들이 이름을 붙이고 있다는 점을 관찰하고 있다. "항용" 젊은이들이 만나는 이 자리는 젊은이들이 공식적인 공원의 이름대신, 자신들의 의미를 그 곳에 부여함으로써 일상에서 의미 있는 공간으로 이용되고 있다. 물론, 그러한 쓰임은 다른 연령대인 '잔물'에게도 설득력을 발하고 있다. 최신 유행을 걷고 있는 추월색(秋月色) 소설의 책표지에 나오는 관월교라는 이름을 연못의 다리에 붙이고 있다는 점에서 당시의 탑골공원은 젊은이들도 활발하게 이용하는 장소였다. 최찬식의 대표작으로 꼽히는 이 장편은 당시의 신소설 중에서 가장 널리 애독된 작품의 하나로서, 1918년 3월에는 신극단 취성좌의 첫 공연작품으로 단성사에서 상연되기도 하였다(박승진 2003). 다음으로 간 곳은 탑골공원의 내부까지 들어 와 있는 일본식 건물 '승리옥'이다.

연못 북편가의 이층 일본집은 '勝利'라는 양요리집이다. 아이스크림, 어름 챈맥주를 하절(夏節) 한철에는 파느라고 모가지에 분칠한 일녀(日女)가 유리 창으로 방긋방긋하니마는 빗싸기도할 뿐이다.

아이스크림과 어름을 넣은 맥주, 그리고 분칠한 일본여자의 유혹이 있지만 "빗싸기도 할 뿐이다."라는 결론은 경성에 불어 닥친 소비문화의 표면적인 모습이다. '잔물'이 아름답게 그려내고 있는 공원과 벤치 그리고 너무도 비싼 요리점 '승리옥'은 1910년대 후반 조선총독부의 「탑동공원다방 예정설계도」에 따라 디자인 된 장소들이라는 점에 주목할 필요가 있다. 이설계도는 탑골공원의 서북쪽에 1백 50여 평 규모의 다방을, 그 옆인 동북쪽에 야외공연을 위한 20여 평의 원형무대를 만들기로 하고 있다. 특히, 다방은 다다미방과 주방을 갖춘 전형적인 일본식으로 만들고 주변에 연못과 벤치를 설치하려 했다.[23] 이 설계도와 1922년의 탑골공원을 비교해보면, 서북쪽의 다방은 '승리옥'이었고 동북쪽의 원형무대 역시 음악당으로 나타나 있다. 그리고 다방 옆에 연못과 벤치가 있음을 확인할 수 있다. 조선총독부가 공원을 개조함으로써 공원의 용도를 다양화하고 팔각정 외에 또 다른 음악당을 설치함으로써 공원의 구조적 중심을 분산시키려 했다고 해석할 수 있다. 아름다운 공원의 산책에서 이질적인 이미지로 나타나는 아이스크림과 얼음 넣은 맥주, 그리고 일본 여자의 방긋 웃는 모습에 대해 '잔물'은 "비싸다는" 평으로 심적인 저항감을 드러내었다. 요리점 '승리'가 재현하고 있는 일본 문화와 조선인들이 공원에서 벌이고 있는 문화는 공간에 대한 의미의 경합이 진행 중임을 보여준다. 탑골공원을 단순한 유원지로 만들려는 총독부의 계획과 여전히 3·1만세운동의 기억을 되씹고 있는 조선인들에게 탑골공원의 의미는 전혀 다른 것이었고 일상

[그림 7] 원각사지 13층 석탑의 북동쪽에 자리 잡고 있던 일본식 음악당
(http://imagebingo.naver.com/album/icon_view.htm?uid=mmmskim&bno=20530&page=9)

_____

23) 「일제, 3·1운동 발상지 탑골공원 유원지로 만들려 했다」(동아일보 1998년 2월 28일).

적인 영역에서 그 의미들 간의 경합은 계속되고 있었다.

'잔물'이 다음으로 간 서북쪽의 정자 주변은 계급의 차이가 공간의 점유에서도 차이를 보이는 예이다. 그는 '승리옥'을 떠나 석탑의 옆을 지나가면서 공원의 북문 앞 서편 구석의 잡초 밭에 서있는 쓸쓸하고 컴컴한 정자를 엿보았다.

> 여긔는 한구석이고 쓸쓸하고 거츠른 까닭인지 낫이면 이 근처 노동역부들이 모여 안저서 각처의 버리터 이약이와 경험담 밧구는 곳으로 어느 틈엔지 저절로 된 곳이라. 이날도 보니까 여긔는 또 다른 세상으로 노동자 어대 직공 고학생 십여인이 모여 안저서 이약이 판을 차리고 어떤 양복한, 그 중엔 조촐한 사십 세 즘 된 남자가 연해 자조 입을 놀리면서 미국으로 벌이 갓던 이약이를 하고 잇고 다른 사람들은 열심히 근청하고 잇다.…… 좌중에서는 때때로 '그래 거긔서는 무엇들을 먹고 사나요' 하고는 답답스런 문답을 열심히 반구고 잇는 것이 어쩐지 마음을 처연케 한다. 팔각정, 양식집, 족으만 공원의 속에서도 이 정자에는 투철히 다른 세상을 열고 잇다.

연못과 요리집으로 대표되던 세련되고 젊은 분위기와는 달리 공원의 북문 서편의 정자 부분은 전기도 들어오지 않는 쓸쓸하고 어두컴컴한 장소이다. 이 곳을 "투철히 다른 세상"이라고 평하고 있는 '잔물'은 자신과 다른 계급에 대한 이질감을 느끼는 동시에 처연함을 느낀다. 따라서 이곳은 전깃불로 밝거나 혹은 은은한 공원 분위기에 취해 있는 '잔물'의 감상을 혼란시키는 장소인 동시에 계급의 분화가 심화되고 있던 당시 조선의 사회상을 보여주는 곳이기도 하다. 1920년대는 일본 자본이 부분적으로 진출하고 자본주의적 관계가 왜곡된 상태로나마 확대됨에 따라 노동자계급의 성장이 촉진된 시기이다(한국역사연구회 1997). 농촌에서 일제의 산업정책으로 땅을 잃고 내쫓긴 농민들이 끊임없이 도시로 모여들어 노동자계급을 이루기 시작했다. 1920년대 서울 도심의 노동자들은 대부분 짐꾼(지게꾼), 하역인부, 토목공사장 인부와 공장노동자라고 할 수 있다. 경성에 새롭게 나타나고 있는 노동자 계급은 자신들끼리 일자리 정보를 교환하는 곳으로 공원의 특정 지역을 일상적으로 이용하고 있음을 알 수 있다.

공원의 북동쪽에 자리 잡은 음악당으로 옮겨간 '잔물'은 공원 내 마당으로 침투해 들어온 '승리옥' 분점에 대해 다시 한번 불만을 표시하고 동문 쪽 "움푹 페인 곳"으로 간다. 그 곳에 함께 앉아 실랑이를 벌이고 있는 남녀의 분위기와 그들을 '구경'하는 지나가던 사람들의 모습들을 그려내면서 당시 널리 알려진 공원 동문 쪽의 분위기에 대해들은 바를 상기한다.

> 이 공원의 동편 담밑은 어두컴컴하고 움푹한 곳이라 때때로 이약이거리가 이곳에서 생긴다. 공원의 동문부근으로부터 구비(龜碑)가 섯는 곳까지의 컴컴한 곳에는 전광이 간신히 새여 들어올 뿐이여서 양경(凉影)이 만지(滿地)하야 참으로 그늘의 지라 가지마다 주의가 걸렷고 그늘마다 사람이 열리여 잇는 중에 서늘하게 분장한 젊은 여인이 삼삼오오 떼를 지여 그늘 속에 자리를 잡고 모르는 남자에게 담배불을 청하야 수작을 거는 것도 이곳이라. 그래서 남자가 꼬이는 지 남자가 꼬이니까 그것이 모여드는지 하여튼, 여드름 흐르는 양복장이나 분바른 매음녀는 들어만 서면 이편으로 쏠린다 한다.

어둑어둑한 동편 담장 주변은 그 으슥한 분위기 속에서 남녀가 애정행각을 벌이거나, 담 너머 사창가의 여자들이 손님을 끄는 장소였음을 알 수 있다. 담 너머에 있는 종로3가는 사창가들이 밀집한 지역으로 1960년대까지 "종삼"으로 불리는 곳이었다. 현재의 낙원상가부터 종로3가에 이르는 피마길을 중심으로 조선시대부터 들어선 홍등가가 현대로 오면서 종삼으로 불렸다.[24] 이 곳과 접해있는 탑골공원은 매춘을 위한 장소로 이용되었고, 늦은 밤 이 곳을 기웃거리는 여성은 '매음녀'

로 의심받기도 했다.

다음에는 정문을 거쳐 연못과 '승리옥'이 있는 곳으로 다시 돌아가기 전에 있는 "이야기터"에 대한 묘사이다. 이야기터는 조선인들의 문화를 가장 특징적으로 나타내고 있는 장소로서 시사 비평과 풍자가 '사랑방'에서처럼 자유롭게 이루어지던 곳이었다. 그 결과 문화적 실천뿐 아니라, 식민지 정권에 대한 정치적인 비판이 빈번하던 곳이었다. 갖가지 정보들이 교환됨으로써 정보가 공원 안에 머물지 않고 조선인들 사이에서 순환되다가 다시 공원에서 회합하는 모습을 보였다. 그 결과, 이곳은 일본 순사들의 단속대상이었고, 현재 탑골공원 정문 동편에 1917년(건물대장확인) 세워진 경찰서의 주된 임무 중 하나가 탑골공원의 이야기터에 대한 감시였다.

> 다시 발을 옴겨 그길로 족음더 가서, 화초온실을 지나 그길 우편에 잇는 정자에 이르럿다. 이 정자는 년 전에 어느 말 잘하는 친구가 매일 매야 이곳에 와서 고담을 하여서 그 고담에 맛을 부틴 사람들이 매야 무슨 사무시간 보듯이 모여들던 곳이라. 전년의 고담사는 경찰의 취체를 받고 그 후로 자취를 아니뵈건마는 이 정자에는 지금도 모든 사람이 모여서 주의(周衣)는 벗어서 턱턱 걸어 노코 자기 집 사랑에 안젓는 격으로 모여 안저서 시사의 평론을 시작한다.

24) 종삼은 양동(서울역), 588(청량리역)과 함께 서울의 대표적 사창가로 자리잡았으나 1968년 일명 '나비작전'으로 불리는 사회정화사업에 의해 쫓겨나갔다. 종삼은 특히 문인, 예술인, 기자 등 이른바 '먹물' 직업을 가진 사람들이 자주 애용했다. 자유연애가 어려웠던 시기에 수많은 청년들은 종삼에서 '총각'을 떼곤 했다. 종삼은 많은 소설 속의 배경이었다. 이상의 '날개'와 '봉별기'도 종삼의 분위기를 그대로 반영했고, 김성종의 소설 '어느 창녀의 죽음'(1977년)도 1960년대의 이곳을 배경으로 그려졌다. 비록 종삼은 사라졌지만 종로3가 뒷골목들은 그 옛날의 종삼 분위기를 발산한다(권오만 외 2002).

한 고담사는 결국 경찰의 단속을 받고 자취가 사라졌다. 그럼에도 불구하고, 이 곳에는 지속적으로 사람들이 몰려들어 정치적 집회인지, 연회장소인지, 아니면 단순히 잡담하고 옛날얘기나 듣는 곳인지 모를 정도로 '뒤섞인' 장소를 지속시키고 있었다. 중요한 것은, 명확한 정치적 집회도 아니고 단순히 악기연주나 이야기를 듣는 것과 같은 연회의 장소만도 아닌 "이상한 정서"의 딴 세상을 매일 열어놓음으로써 조선인들의 문화가 존재하는 동시에 은밀하고도 잠재적인 정치적 비평을 할 수 있던 장소였다는 것이다.

민란의 배후지 혹은 집결지이기도 했던 조선시대의 시장(정승모 1992)이 상품의 매매 말고도 다양한 행위들이 공존하고 있던 것처럼, 어디로 흘러가는지 모를 이야기들이 터져 나오는 장소라는 점에서 탑골공원의 이야기터는 문화적으로, 정치적으로 총독부와 조선인들 간의 신경전이 치열했던 곳이었다. 다음에 '잔물'은 이야기터에 자리 잡은 나름대로 체계적인 일과를 설명하면서 이야기터가 존속해온 방식을 보여준다.

미가(米價)는 어떠코 어대서는 낙뢰가 되어 인축이 상하고 하는 가하면 금시에 미국 선 금주를 하는데 그 가부를 논란하고 불란서에는 과부가 만흔데 인물은 어대가 낫고하야 화두가 서 양으로 가는가 하면 금시에 또 단성사사진은 어떠코 명치정(明治町)의 곡마단은 어떠코…… 하야 화두가 귀국을 하는 등 근심업는 무명객들의 허튼 이약이는 방향도 업시 이리저리 뛰여다닌다 그러면 또 그곳에 모인 사람들은 근청하는 태도로 명심해듯고잇다. 이러다가 열두 시쯤 되면 퇴사시간이나 된것가티 옷을 다시 닙고 헤여들 진다. 이러케 하야 좍 헤여저 가는 사람의 입으로 풍설이나 소문이 시중에 좍-퍼진다 그리고 그 이튿날 밤이면 하나씩 둘씩 모여들면서 안녕히 주므셧습니까? 인재 오십니까? 하고 언제 친햇든 듯이 인사를 바꾸고 또 이약이를 시작한다. 그리고 특히 이곳에 모이는 중에는 오십여세의 노인도 보이며 때로는 단소나 사현금 타는 사람을 다리고 와서 청량한 일곡을 듯기도 한다. 여긔는 이러한 일종 이상한 정서의 딴 세상이 매일 열리는 것이다.

이상에서 살펴본 탑골공원의 공간적 구성을 통해 1920년대 초 공원과 경성 그리고 총독부와의 관계 속에서 탑골공원이 차지하고 있던 정치·사회적인 위치에 대해 알 수 있다. 탑골공원은 새롭게 유입된 일본과 서양의 문화를 대변하는 '승리옥'의 밝고 세련된 분위기와 노동자들만이 모이는 어둡고 습한 장소가 공존하고 있었고, 조선인들의 문화인 이야기판과 이들을 감시하는 경찰들이 신경전을 벌이던 곳이었다. 또한 '종삼'의 매음녀들과 고객들이 애정 행각을 벌이고, 야시장의 군중들이 쉬어 가는 공간으로서 서울의 도시문화를 공간 곳곳에 공유하고 있었다. 일본식 건물인 '승리옥'과 일본식 음악당이 조선의 전통적인 정자 양식을 본 딴 팔각정이 갖고 있는 경관의 중심적 역할을 분산시키는 경합도 진행되고 있었다. 1920년대 초의 탑골공원 모습은 분명 『개벽』지의 '잔물'이라는 기자의 눈으로 바라본 모습이다. 따라서 개인적인 성향이나 그의 직업적인 특성 때문에 객관적인 묘사라고 보기는 힘들다. 하지만, 이를 통해 그 당시의 탑골공원에서 보이는 사람들의 행위와 공간 구성을 재구성할 수 있었고, 그의 각 장소들에 대한 반응을 해석함으로써 당시 조선인들의 반응을 알 수 있었다. 탑골공원은 조선인들을 공간적으로 재현하는 공원으로서 조선인들 자신을 의미했다. 기자 '춘파'의 글은 다른 공원과 비할 데 없는 공원으로서 탑골공원에 대한 조선인들의 애착을 보여준다. "나 적어도 고초알이라고 우리는 너를 漢陽(한양공원), 訓練(훈련원공원)에다 비하지 안는다. 저들은 上野(우에노공원), 日比(히비야공원)를 자랑하지만 우리는 영원이 너를 자랑한다."라는 말로, 일본의 대표적 공원과 일본인들 주거지에 있는 경성의 공원들이 탑골공원에 비할 것이 못된다는 점을 보여주고 있다.

1920년대 후반 일본인들의 북점으로 나타나는 경성의 도시구조의 변화는 종로의 조선인 상권의 약세를 가져 왔고 이러한 여파는 탑골공원에서도 나타났다. 또한 1919년 3·1만세 운동이 일어난 공간이라는 점에서 1920년대부터 총독부가 공원관리를 허술하게 해왔고 1920년대 후반에 이르러 공원은 더 이상 예전의 "아름다운" 모습을 갖출 수 없었다. 이러한 사실들은 1929년 1월『별건곤』에 실린 몇 편의 기사를 통해 알 수 있다. 서울의 도시구조의 변화에 따라 발생한 탑골공원 내의 변화를 위에서 기술한 1920년대 초반의 탑골공원과 비교함으로써 탑골공원 내의 공간구성 변화를 알아낼 수 있을 것이다. 「大京城白晝暗行記」(대경성백주암행기) 시리즈는 "사회는 움즉인다. 시시각각으로 움즉인다. 대경성의 움즉이는 현상을 박혀 모으라!"라는 편집장의 명령으로 기자들이 조를 짜 서울의 곳곳을 탐방하면서 당시 서울의 현실을 세세히 기술했다. '경화(鏡花)'라는 필명의 기자가 「사주고담꾼 집단소 탑골공원」의 제목으로 취재한 탑골공원은 1920년대 초반에『개벽』지의 '잔물'이 묘사하고 있는 공원의 분위기와는 사뭇 다르다.

> 거긔에는 근 이백이나 되는 무리가 음주거리고 잇다. 원내의 기분은 몹시도 침채하고 혼탁하야서 맛치 오육월 쏭물에 구뎍이가 노는 것갓흐다. 갓 쓰고 흰옷 입은 노인, 색옷 입흔 애들, 중학생, 노동자, 걸인 지게꾼, 「못지」장수, 양복쟁이 왜친구, 각종각층의 인간들이 구석구석이 안자서 또는 서서 몃 달이라도 조타는 듯이 줄큿하니 어물어물한다. 팔각정 찬돌우에는 낫잠자는사람 二三人씩모여 안자 수작하는 사람 괜이 빙빙 왓다갓다하는 사람이 얼마 되고 대부분은 사주(四柱)쟁이를 둘러싸고 다 낡은 정자 미테 모여잇다.

'경화(鏡花)'는 정문을 통해 들어가자마자 보이는 팔각정을 묘사한다. 첫 인상은 "침체되고 혼탁하여 오륙월 똥물에 구데기가 노는 것 같다"고 기술하고 있다. 팔각정은 그런 분위기를 대표하면서, 각종의 사람들이 주위에 앉거나 어물거리면서 모여 있는 곳으로 잠도 자고 있는 곳이었다. 팔각정의 주변에는 사주쟁이를 중심으로 많은 사람들이 모여서 사주를 보고 그것을 구경하고 있다. 팔각정이 사주쟁이의 사주보기가 주로 이루어지는 장소였다면 온실과 연못에 가까운 정자 주변에는 여전히 이야기꾼의 이야기와 관객들로 가득 차 있었다.

> 온실 갓가운 정자에는 육칠십명 둘러섯다. 보닛가 한노인이 안자서 뿔테안경을 비켜쓰고 아조 소리청으로 「화용도관기」(華容道實記)를 멋들어지게 읽고잇다. 눈이 그느스름한 老人들은 얼이싸져 근청을 하고 실직자 무리도 엽헤 모여 안자서 듯고잇다. 「孔明이쉰을겨우넘겻스니 퍽 단명햇서」, 「장비(張飛)도 비명(非命)에 조사(早死)햇서」, 「오십이면 무던하지」이런말로 멧천년전 지나(支那) 삼국시대 이약이를하는 것이 현실을 써난무리들도 갓고 人生을 니즌것도 갓다. 고속도의 사회생활이엿만은 여긔만은 짠세상갓다.

이야기꾼이 중심이 되고 있는 온실 주변의 정자 밑은 여전히 이야기 터로서 역할을 하고 있다. 기자의 묘사는 그 곳에서 진행되는 이야기들이 고속도의 사회생활에 맞지 않는 과거의 이야기임을 강조하고 있는데, 그 이야기의 소재와, 연령, 그리고 빠르게 변화하고 있는 일제강점기의 도시화과정을 대조시키고 있다. 노인과 실직자로 대표되는 관객층의 구성도 조선인들의 설자리가 줄어드는 종로에 위치한 탑골공원의 분위기를 말해주고 있다. 당시, 경성에는 이미 남산공원(1897), 장충단공원(1919), 효창공원(1924)과 같은 공원들이 조성되는데, 이러한 공원들이 남촌에 자립잡고 있었다는 점과, 왕실의 땅을 공원으로 조성하였다는 점에서 공통점이 있었다. 공원 분위기의 일변은 공원을 이용하는 사람들의 구성이 변화하고 있음을 의미하는 동시에 이러한 변화가 경성의 도시구조의 변화에 영향을 받았다는 점을 보여준다. 1920년대 후반은 경성에 거주하는 일본인들의 거주지가 안정된 상태에 이르렀고 차차 자신들의 거주지역 내에 필요한 공원을 조성해 나가고 있었다는 점에서 탑골공원은 이미 경성에 자리 잡은 유일한 공원은 아니었다. 이제 각 거주지의 공원들은 그 곳에 거주하고 있는 사람들의 생활수준과 문화를 재현하는 공간이 되었고, 탑골공원은 총독부의 방치 속에서 가난해지는 백의경성(白衣京城)을 대표하는 공간[25]이 되었다. 조선인들 중에도, 가난한 탑골공원 대신, 효창공원, 장충단공원을 찾는 자가 늘어나고 있었다.

다음에는 원각사지 13층 석탑 밑에서 사주를 보는 사람들의 모습을 보다 세밀하게 기술하고 있다. 땅콩을 파는 시골출신 행상인과 장가를 못간 중학생의 모습을 볼 수 있다.

> 그 미테는 사주쟁이가 안저잇다. 웬 낙화생(落花生)(땅콩)장수 하는 사람이 사주를본다.「나는 19세에 장가를가서 멧 달이못되여 그만 안해가 난봉이 나서 도망을 갓는데 엇더케하면 차줄 수 잇겟소」「서남편으로 가오」모여 섯든 사람들이「그럼 인천방면이로군」「사오월쯤되면 그 안해가 도라오든가 그럿치 안으면 다른 색시에게라도 장가가게되겟소」그저 조흔 말로만 그럴 쯧하게 꾸며대인다. 주먼이에서는 한푼두푼 모앗던 동전 열푼이나왓다. 당책 보는 사람이 이 적은 공원 안에도 칠팔인이나 된다. 보니 그는 이십이 갓넘엇슬 시골청년이다. 하루에도 사오십명이 본다니 굉장하다. 중학생이 지나다가「나는 언제나 장가 들겟소」「영생불사하는 법도잇소」히야 싸시(희롱)를 한다. 도회이니만큼 미신도 성한다. 백주에 공공연하게 내노코

25) 1920년대와 1930년대 경성의 공원들에 대한 기사는 북쪽과 남쪽의 공원에서의 분위기의 차이를 보여준다. (대한매일신보 1931. 4. 14 "애로 100%의 장충단내 진경"; 1933. 8. 8 "탑골공원 내에서 식도자살 미수"; 1935. 10. 30 "소녀의 함정 탑골공원만 가면 실종"

안자서 우부우부(愚夫愚婦) 주먼이를 긁어먹는 일이 업서질날은 아직도 멀고멀다.

사주보는 사람이 공원 안에 칠팔인이 넘고 그 주변에 수많은 사람들이 몰려 있음을 기술하면서 이러한 현상이 도회에서 발생하는 병리적인 현상임을 암시하고 있다. 당시 탑골공원은 "사주고담꾼집단소"를 떠오르게 하는 공간으로 경성의 도시화와 근대화의 흐름에 뒤쳐진 '딴세상'으로 그려지기 시작했다. 기자의 시각이라는 한계에도 불구하고, 탑골공원의 이미지는 시대에서 도태되는 것들의 집합소로서 식민지 경성에서 조선인들의 위치와 견주어지고 있다는 점을 알 수 있다.

정문 갓가운데는 분바른 중년 게집 두엇이 담배를 피고 안저서 출입하는 사람을 쏫잇서 흘터보는 품이 심상치 안흔 눈치엿다. 시골서 갓 올나온 듯한 여학생이 대원각사비를 구경하는데「도리우씨」를 눌러쓴 부랑자가태 뵈는 청년이 흘금흘금 눈짓을 하는것도 탈날 징조가 안일가.

1930년대가 가까워 오면서 급속도로 진행되던 조선의 도시화의 결과로 상경인파가 몰려드는 가운데 탑골공원은 상경한 소녀들이 위험한 일로 빠지는 "경성의 마굴"이기도 했고 갈 데 없어 낮잠이나 자러 모여드는 무직자나 실직자, 사주쟁이, 시골사람 등 처먹는 협잡배들의 소굴로 묘사되었다.[26] 또한, 여성들이 성을 파는 장소가 있었다는 점은 1920년대와 변화가 없다. 다음의 묘사에서는 탑골공원의 시설이 폐허화되고 그런 공원을 이용하려고 찾아든 조선인들에 대한 기자의 심정을 토로하고 있다.

----

26) "경성의 다섯 마굴"『별건곤』 23 1929.9 154-155

변소 갓데 나오는 친구「웬 놈이 그리 만하 쏭간은 둘인데 쏭눌 놈은 댓씩 여슷씩 되니」죽탕 물고에 썩은 냄새가 나는 연못가에는 지게꾼이 니잽이(이 잡이)를 한다. 할 일 업는 사람들 그들은 무엇을 구해 이리로 오느냐 휴식, 오락, 운동, 아모런 공원으로서의 설비를 갓지 못한 탑골공원 아마도 종로 갓가이 잇는 죄인가보다. 차라리 업새 버리기나 하엿스면 이왕 둘바에는 좀 더 공원다웁게 그래도 바람이라도 잘 쏘이도록 쑤며 노앗스면 하는 생각이 낫다. 어쨋든 공원을 빙빙도는 한시간 동안 나도세상을 이저버릴 만큼 정신 이 업섯다. 평평범범한 세상에 무슨 신통한 일이 잇스랴 쇠창살로 만든 공원 문은 그냥 열린 채 잇것만 나올 일이 업는가 기력이 업는가 다 죽어 가는 동물들처럼 가처 잇는 불상한 무리들아! 그래도 지나간 한째는 큰소리 웨치 며 밀쳐나온 일이 잇섯건만!

'잔물'이 아름답게 묘사했던 연못과 그 주변은 이미 물이 썩어 있는 채 방치되어 있고, 많은 사람들이 한꺼번에 이용하고 있어 화장실은 이용인원에 비해 모자란다. 이러한 모습에 대해 '경화'는 차라리 공원 을 없애버리는 것이 좋을 것이라는 푸념을 하면서도 과거 만세운동 때 공원을 뛰쳐나가던 조선인 군중들을 상기시킨다. 특히, 종로 가까 이에 있는 죄로 공원이 방치되고 있음을 간접적으로 지적함으로써, 종로에 주로 거주하는 조선인들에 대한 총독부와 경성부의 차별적인 대우를 직시하고 있음을 알 수 있다. 탑골공원의 쇠락은 결국 종로의 쇠락을 의미하는 것이었고, 종로가 아닌 남촌에 있는 효창공원, 남산 공원, 장충단공원이 탑골공원과 대조되도록 잘 꾸며졌던 것은 같은 이유에서였다. 하지만, 조선인들이 끝없이 모여드는 이 공원은 종로와 연계되고 조선인들의 현실을 보여주는 공간으로 지속됨으로써 언젠가 는 "큰소리 외치며 밀쳐 나올" 힘을 모아두고 상기시키고 있었다. 그 외부적 모습과는 달리 조선인들에게 탑골공원은 다른 공원과 구별되 는 특별한 의미를 담고 있었다. 이러한 이유 때문에, 총독부는 1933년 까지 다른 공원과는 달리 총독부가 직접 관리·경영했고, 몇 차례나 폐쇄직전에 이르는 상황에 이르기도 했다(강신용 1995:54). 1940년대에 이르러서까지도 민족주의자들과 유생들의 연설이 지속되고 있었고, 단순히 조선인들의 문화가 있는 곳에 머무는 곳이 아니라, 정치적인 의사표시가 가능했던 공간이었다. 서울에서 태어나 현재까지 살아온 한 노인은 당시 탑골공원에서 행해지던 연설을 자주 들었다고 한다.

[사례II-1]

(이순형씨(80세, 남)와의 면담 중 일부이다. 이순형씨는 서울토박이로 일제 강점기부터 현재까지 집 주변에 있는 탑골공원을 자주 찾고 있다. 특히 일제 강점기부터, 4·19혁명, 군사정권에 걸쳐 탑골공원에서 행해지는 연설을 자주 들었다.)

왜정 때는 유생들, 40, 50대 민족주의자들이 많이 몰려들어 민족적인 연설이 많았고, 젊은이들도 와서 경청하고 돌아갔지. 서울에 있는 자그마한 파출소는 다 왜정 때 새운 것이지. 요 옆에 파출소도 왜정 때 탑골공원 감시하기 위해 세운거야. 그 때, 친일파들은 들어올 생각도 못했어. 신사(삼청공원, 조선신궁, 경성신궁 등) 주변학교 학생은 일주일에 한번씩 참배를 해야 성적이 잘 나왔는데, 나도 삼청공원 쪽에 다니곤 했어. 근데 탑골공원은 그냥 그대로였지.

30년대와 40년대를 거치면서, 경성 시내의 공원들은 '일본신사의 정원'으로 전락하고 있었다. 황민화 정책의 일환으로 신사참배가 강요되었던 조선에서, 신사의 경내외의 확장으로 도심부의 공원들이 그 기능을 상실하게 된다. 또한, 이들 공원이 도심부에 위치한 공원이었다는 점과 총독부의도시공원정책이 식민지 정책의 산물의 하나로서 추진되었다는 사실에서 식민지 시대 도시공원의 전개과정과 신사의 발달과 연계되어 있다(강신용1995:72). 하지만, 탑골공원은 여전히 조선인 민족주의자들의 연설이 가능한 자리였음을 알 수 있다.

일본식 요릿집과 음악당과 같은 시설과 더불어, 1928년에는 구한국

[그림 8] 원각사비 주변을 산책하는 선비들의 모습
(http://imagebingo.naver.com/album/icon_view.htm?uid=smilling88&bno=12982&page=5)

재정고문인 메가타(目賀田種太郎)[27]의 동상이 세워졌다. 이와 같이, 조선총독부는 1933년까지 탑골공원을 직접 관리하면서 탑골공원의 디자인과 구조를 변경해서, 식민지 경관들에 이상적으로 식민통치자들의 권력과 위세를 반영하려는 의도를 보였다. 일본식 건물 '승리옥'과 일본식 음악당의 설치, 그리고 간접적으로 '잔물'의 묘사에서 보이는 일본식 조경 등은 탑골공원의 경관과 기능을 식민통치의 미학과 권력

----

27) 1904년 8월 러·일 전쟁이 진행 중일 때 일본은 한국을 보호국으로 침략하기 위한 소위 대한시설강령(大韓施設綱領)을 실천하는 과정에서 제1차 한.일 협약을 강제 체결하였다.
이때 재정고문으로 온 메가타는 1905년 9월 18일 화폐 조례를 만들어 일본의 화폐 제도에 따라 금본위제를 실시하고 한국에서 그 동안 통용 되고 있던 백동화와 엽전을 정리함으로써 한국 상인의 자산과 화폐를 일본 상인들에게 넘겨주고 한국의 경제를 일본이 장악하여 일본의 제국주의 침략을 용이하게 하게 한 장본인이다(한국역사연구회 1997).

관계에 따라 변경함으로써 조선인들의 문화를 통치하려는 의도를 가지고 있었다. 공간의 배치와 경관을 통해서 식민지의 권력관계의 '틀을 짜는'(송도영 2001, 2002, Mitchell 1989, Rabinow 1989) 시도는 조선총독부와 시청 그리고 가로의 변경을 통해 서울의 상징 축을 손상시키는 작업이기도 했으며(이규목 2001), 탑골공원도 이러한 작업의 예외가 될 수 없었다. 하지만, 식민지 도시 경성에서 탑골공원의 다양한 요소들은 조선인들의 가치관과 미학과 행위에 근거해서 달리 지각되고 해석되었다. '비싼' '승리옥'에 대한 거부와 이야기터의 잠재적 저항은 도시공간의 의미를 완전히 장악하는 특권적인 담론은 없다는 것을 보여준다. 결국, 탑골공원은 조선인들의 다중적인 장소들과 목소리로 구성되어 있었고, 사람들의 일상의 쓰임을 통해 계속적으로 재해석되어 왔다. 탑골공원의 의미와 사용을 자신들의 의도에 따라 위치 지우려 했던 총독부의 공원 개조는 결국, 일상적인 사용과 의미 부여에 있어 조선인들의 저항과 거부로 이어졌다. 탑골공원은 단순히 다방이 있는 "유원지"나 경성의 조선인 거주지를 대표하는 "마굴"에 머물지는 않았다. 그럼에도 불구하고, 일본인들의 거주지인 남촌에 '진고개'와 같은 새로운 소비문화의 근거지들이 형성되기 시작하고 경성의 도시 구조가 불평등해지면서, 1920년대 후반 탑골공원은 점차 기피되는 공간으로 인지되기 시작했다는 점은 분명하다. 다양한 계급, 성별, 연령의 조선인들이 선망하는 공원에서 가난한 조선인들의 거주지역을 대표하는 공원으로 인식이 변화했다는 점은 기자 '경화'의 시각에서 잘 나타나고 있다. 이와 같이, 도시공간에 대한 일관적인 문화의 논리를 갖지 못하는 "식민지적 혼돈"(송도영 2001)은 현재까지 탑골공원의 문화에 대한 지식인들 혹은 엘리트 계급들의 시각 속에서 새로운 맥락과 상호작용하면서 지속되어 왔다고 할 수 있다.

훗날, 탑골공원에 '민족의 성지'라는 위상이 부여되는 근거로 단순히 3·1만세운동만이 제시된다. 하지만, 탑골공원이 일제 강점기 조선인들의 주거지역을 대표하고 그들의 문화를 경험하는 무대가 되었다는 점에서 '민족의 성지'라는 위상이 타당하게 간주되는 역사적 조건이었다. 탑골공원은 3·1만세운동 이후에도 항상 총독부와 조선인들 간의 문화적 경합이 계속되었다는 점에서 조선인들이 이 공원의 의미를 반추할 수 있었던 곳으로 지속되어 왔다.

3. 도시공간과 국민주체 만들기: 국가, 민족, 개발의 삼중주

건축과 도시계획은 질서를 확립하고 행동을 규제하고 인구집단을 분리하는 수단으로 이용되어 왔다(Rabinow 1989). 도시공간의 생산을 통해 근대 국민국가의 담론들이 조작되는 방식에 대한 연구들(Ghannam 2002; Kusno 2000; Holston 1989)은 도시의 건축과 도시계획이 단순히 미학적이거나 기술적인 측면에서만 접근할 수 있는 대상이 아니라는 점을 보여주었다. 이러한 연구들은 지배집단이 공간의 생산을 통해 자신들의 이데올로기를 도시공간에 구체화시키는 전략들을 밝히는데 유용하게 이용될 수 있다. 그럼으로써, 도시의 계획과 건축이 사회변화를 꾀하는 국가와 엘리트 집단의 개입에서 자유로울 수 없으며, 그 공간들을 이용하는 사람들의 경험을 구조화함으로써 사회의 재생산에 기여하고 있다는 점을 드러낼 수 있다. 하지만, 그렇게 생산된 도시의 지배적 이미지가 아무런 거리낌 없이 사람들에게 수용되는 것은 아니다. 도시의 건축과 공간은 그 해석과 이용방식에 대해 경쟁과 투쟁이 끊이지 않았고, 특히 사람들의 일상적 실천을 통해 도시의 공간과 건축을 전유하거나 재형성함으로써 그 지배적 의미는 경험의 영역에서 협상의 탁자 위에 놓일 수밖에 없었다. 따라서 도시의 공간과 건축물들은 지배하는 자나 혹은 그 지배의 대상이 되는 시민들 모두에게 자신이 바라는 이미지와 쓰임새대로 말하여지거나 사용되었다기보다는 항상 불안정한 상태에서 변화를 거듭하고 있다는 것을 알 수 있다. 이에 더해, 지배집단이 건축과 도시계획을 통해 사회의 변화를 의도하는 계기가 무엇인가를 제시함으로써 단순히, 공간의 생산이 공간의 의미에 대한 경합의 출발점이 아니라, 지배집단의 이해관계와 이념을 보호하기 위한 사후적 전략으로 추진된다는 점을 밝힐 수 있다. 따라서 탑골공원이 근대 국민국가의 담론을 재현하는 공간으로 재디자인 되기 전에, 공원의 의미를 먼저 살펴볼 필요가 있다.

　해방 후 한국전쟁을 겪은 탑골공원은 다 부서진 건물들과 판잣집들로 둘러싸여 있었다. 하지만, 여전히 수많은 사람들이 모이는 도심의 공원으로서의 역할을 충실히 하고 있었다. 이 도심의 공원이 어떤 의미를 갖고 어떻게 쓰여야 하는지에 대해 가장 먼저 실천으로 보여준 것은 서울의 시민들이었다. 1960년 4·19혁명은 일제 강점기부터 형성되어 왔던 민족적인 장소라는 의미에 민주주의라는 새로운 의미를 결합시키는 역할을 했다. 탑골공원은 4·19혁명으로 인해 이승만 정권이 붕괴되는 모습을 상징적으로 재현하는 장소였다. 1928년에 세워진 메가타(目賀田種太郎)의 동상이 철거된 후 세워진 이승만의 동상[28]이 혁명기간 동안 시민들에 의해 전도된 곳이기 때문이다.

> 여전히 먹고 자고 입는 그 일이 그다지도 어려워 날마다 핏기 없는 동포들이 「파고다」 좁은 뜰 안에 늘어만 간다. 혁명에 앞장섰던 구두닦이 혁명을

---

28) 1958년 대한적십자사 소년단원 모금으로 탑골공원에 이승만 동상이 세워졌다.

주름잡던 우국노인(憂國老人) 그리고 지게꾼 약장수 점쟁이 장님가수, 고아, 장기바둑꾼 떡장수들이 메어 터져 "우리는 왜 못 사는가" "우린 정말 통일 아니면 이젠 죽엄뿐이다."라고 외친다. 이들은 마음껏 울부짖고 있다. 三천三백三십三평짜리 비좁은 서울의 사랑방은 언제나 우리사회의 축도요 또한 지붕 없는 「제三의 국회」라 하겠다. 이른 새벽 다섯시 반에 친절한 이 의사당직이가 철문을 삐국히 열어 놓으면 그 시간부터 예정표 없는 일정(日程)이 시작되고 밤 열두시에나 닫게 된다. 「만물시장」이나 「괴짜전람회」라기엔 조금 엄숙해 지는 이 일과는 서울의 명물이요 또한 우리나라 민주주의의 샘터 같은 인상이 깊어간다(「탑동공원 24시-1」(동아일보 1961년 5월 5일 3면)).

탑골공원은 구두닦이, 우국노인, 지게꾼, 약장수, 점쟁이, 장님가수, 고아, 장기바둑꾼, 떡장수들이 민주주의와 혁명과 서울에 엮어지는 곳이었다. 예전에는 독립을 위한 '민족적'[29] 봉기의 장소였다면 이번에는 '민주주의 수호'를 위한 봉기의 장소였다. 4·19혁명이 일어나기 전 탑골공원은 일제 강점기와 마찬가지로 노인들과 무직자, 지게꾼, 그리고 약장수들로 붐비는 곳이었다. 그리고 자유당 정권이 보안법 파동[30]을 모

[그림 9] 소리를 해서 동냥을 하는 와 딸
(사진출처: 동아일보 1961.5.15)

29) 한국 전쟁이후, 민족주의라는 말이 금기시 되었고, 대신 반공이 지배적인 이데올로기로 자리 잡았다(전재호 1998). 1960년대의 탑골공원은 '민족의 성지'라는 의미보다는 '민의의 성지'라는 의미가 부여되어 있었고, 탑골공원이 '민족의 성지'로 불리게 된 것은 박정희 정권의 「탑골공원 중수계획」의 추진 이후라고 할 수 있다.

30) 1958년 12월 24일 국회에서 경위권(警衛權)을 발동하여 여당 단독으로 신국

면하기 위해 내부수리를 명목으로 공원을 하루동안 폐쇄[31]했다는 점에서 보이듯이 정부에 항의하는 시민들이 많이 몰려드는 곳이었다. 그래서 당시의 탑골공원은 전국의 여론을 대표할뿐더러 주도하고 있다는 소문이 자자했다. 지방에서 상경한 사람들도 흔히 눈에 띄었는데, 이들은 다른 용무라곤 없이 오직 '파고다'에 와서 서울의 여론을 귀담아 듣기 위해 상경한 사람들이었다.[32] 따라서 공원 여기저기에서는 웅변을 토하는 사람들이 많았는데 이들은 탑골공원에서의 연설을 "대단한 영광"으로 생각하는 사람들이었다.

[사례 II-2] 대단한 영광

(이순형(80세, 남)씨와의 면담 중 일부이다. 이순형씨에 대해서는 사례 II-1에서 언급하였다. 2003.10.7)

옛날 자유당 시대 국회가 해체되고 할 적에는 국회의원도 갈 데가 없으니까 여기 와서 연설하고 그랬지. 학교총장들, 정권에서 밀려난 소신파들이 와서 정치연설을 하고, 지방에서 올라온 사람도 끼어들어 한마디하곤 했지. 그때 여기서 연설하는 게 대단한 영광이었어.

이러한 이유로, 탑골공원 바로 옆에 있었던 야당은 확성기를 몇 개씩이나 공원 쪽으로 설치해 놓고 맹렬한 선전전을 펴고 있었다. 공원에서 벌어지는 일상적인 행위들과 정치적인 시위는 결코 따로 발생하는 것은 아니었다. 친구들과 탑골공원의 '씨름판'에서 씨름을 즐겨했다

가보안법을 통과시킨 사건으로, 국가기밀과 정보의 개념을 군사 분야뿐만 아니라 정치·경제·사회·문화 등 국민생활의 거의 모든 영역에까지 확대 적용한 것으로 국민의 기본권을 크게 제약하는 것이었다(한국역사연구회 1997).

31) 「보안법안 파동은 공원에까지? - 탑골공원 돌연 문닫고 내부수리한다고」(동아일보 1950년 12월 5일)

32) 「民意의 聖地 - 사진 한 장으로 본 해방 40년」(문학사상 1985년 7월)

던 한 노인은 그가 씨름을 하던 곳 주변에는 다양한 행위들이 동시에 벌어지고 있었고, 정치 연설은 "그 중에 하나"였다고 한다. 그는 씨름을 하려고 들르던 공원에서 4·19혁명의 광경을 보게 되고 결국 처음부터 끝까지 참여하게 되었다.

[사례 II-3] 4·19혁명의 기억

(윤근석씨(61세, 남)와의 면담 중의 일부이다. 2004.2.18)

4·19 날 때는 지금 손병희 동상 있는 데가 이승만 동상이 있었어. 그 동상을 4·19때 데모하는 사람들이 밧줄로 목을 걸어 땡기니까 허리가 딱 부러졌다고. 이기붕이 그때 부통령이어서 얼마나 세력이 좋았어. 이기붕의 까만 세단이 있었는데, 사람들이 얼마나 밟았는지 차가 다 찌그러져 있었고, 거기다가 '역적 이기붕'이라고 써있었어. 동상을 끌고 나가더니 차 뒤에다 매달았어. 그걸 끌고 종로 사거리를 다녔다고 차가. 나는 직접 관람을 했기 때문에. 내가 4·19 데모할 때 직접 중앙청 앞에 갔다가 총 싸가지고 죽기 살기였어. 그 때만 해도 16살 때이니까 한창 나이였지.

이렇게 "서울의 사랑방"은 일상적으로 공원을 이용하던 사람들과 정치적 움직임이 연계를 맺으면서 민주주의를 위한 혁명의 무대가 되었던 장소였다. 당시 탑골공원에서는 통일문제에 대해 자유롭게 토론이 이루어졌고[33], "쪼록당"[34]으로 자칭하는 가난한 사람들이 주를 이루고 있었다. 악극단, 약장수, 꽁초주이, 노숙자들, 노인들로 바글거리고 자유롭게 정치토론이 전개되던 당시의 탑골공원은 사회와 문화의 갈등을 명확하게 드러내고 개인들에게 그러한 갈등의 해결에 직접적으로 참여

---

33) 「탑동공원 24시 - 의결권 없는 야외국회, 무명연사 각 분야에 '메스', 중립론 같은 건 용납안되고」(동아일보 1961년 5월 6일)

34) "체! 파고다공원에 엄연히 등록되어 있는 데 우릴 몰라보는 거야! 다음 선거에서 우리 '쪼록당'이 몇 명이나 당선되겠냐 말야?" 「탑동공원 24시 -"自稱 入道 解得한 妙卦, 때론 '쪼록당원'의 야유거리」(동아일보 1961년 5월 5일)

할 수 있는 기회를 제공했다. '민의의 성지'35)라고 불렸던 탑골공원은
시민사회에서 반체제 인사를 위한 "민주적인 포럼"(Low 2000:239)이라
할 수 있었다.

청소년기 탑골공원을 놀이터로 이용한 앞의 노인은 추억으로 남아
있는, 그 당시의 공원에 대한 경험을 이야기 해 주었다. 시골에서 일자
리를 찾아 올라온 그는 청소년기에 탑골공원에서 친구들과 어울리고,
70년대 이후에는 장기를 두면서 탑골공원을 이용해 왔다. 공원이 성역
화 된 이후, 현재는 종묘공원에만 가끔 들린다.

[사례 II-4] 내려보니까 파고다공원이라.

(윤근석(61세, 남)씨와의 면담 중 일부이다. 2004.2.18)
사촌형이 종로 4거리 다방의 쿡(cook)이었어. 서울역에 올라와서 택시 타고
종로 2가를 내려달라고 그러니까 파고다공원 앞이 종로 2가니까 거기다 대
준 거야. 내려보니까 파고다공원이라. 보니까 공원이야. 그때 이후로 낮에는
놀면서, 거기에 공원이 있더라고 해서 친구들이랑 자주 갔던 기억이 있어.
완전히 파고다 공원이 노래 부르고 투전꾼들이 많았어. 그 때 내가 1959년
올라왔을 때 당시에 파고다공원이 완전히 노름에, 당구치고 노래 부르고
그랬어.......[중략] 씨름판은 북문에서 들어오면 우측 편에 있었는데, 그때
나이가 열여섯, 열일곱이었으니까 어렸을 때 시골에서 씨름하듯이, 그냥 놀
러 와서 씨름하고 그랬다고. 거기는 그때 젊은 사람들 많이 왔었어. 그때는
지금같이 컴퓨터 같은 젊은 사람들이 노는 게 없었어. 그 때도 실업자가
많았었고, 나는 뭐 해보지 않았는데, 노숙자들이 팔각정 주변으로 뺑 둘러
있는 벤치에 밤이면 여름에 많이 누워서 자고 그랬어. 완전히 밤낮이고 없이
열어 놨었으니까. 그때는 지금 생각하면 통일곤데, 통일교에서 맨날 나와서
선교했었어. 완전히 장사꾼들, 노름꾼, 야바위꾼으로 낮에는 버글버글했어.
노래 부르고 장구 치고, 대학교수, 야담꾼, 재주꾼, 정치얘기도 많이 했었어.
사람들 모아놓고. 그때만 해도 시간만 나면 놀러가고 그랬어. 한참 호기심
많고 나이 20대 안짝이니까. 또래들은 별로 없었는데, 우리 고향친구들과
놀았지. 걔들과 공원에서 사진 찍고 그런 게 있는데, 물난리 나서 다 없어져

---

35) 「民意의 聖地 - 사진 한 장으로 본 해방 40년」(문학사상 1985년 7월)

버렸어. 시내에서는 그 때만해도 폐허가 많았을 때야. 전쟁 나고 건물이 부
서진 것이 많았어. 6·25 사변이후 복구가 안 되고 건물 막 무너진 것이
있었다고. 지금은 완전히 그렇게 돼버렸으니까(성역화사업 이후), 사람도 없
고 맘대로 놀지 못하고. 파고다공원 수없이 바뀌었어. 길이 이렇게 났다가
저렇게 났다가 또 얼마 전에도 바뀌었어. 그거 또 바뀔 거야.

    탑골공원에서는 수많은 행위들이 동시에 벌어지고 있었고, 당시 공
원을 이용하던 사람들은 각기 자신이 체험한 공원에 대한 기억들을
갖고 있었다. 비록, '민의의 성지'라는 의미가 정치적인 격변의 과정에
서 부여되기는 했어도, 공원을 일상에서 이용하던 사람들에게 공원이
갖는 의미는 자신의 개인적 체험에 의해 수없이 다양할 수 있었다.
공원이라는 물리적인 공간 내에는 그러한 다양성을 모두 포괄할 수
있을 정도로 공간적으로나 시간적으로 완전히 개방되어 있었다. 또한,
공원에서의 의견을 표명할 수 있는 자유가 있었고, 계층과 연령의 차
이에도 불구하고 공존하면서 문화적 차이와 정치적인 갈등을 숨김없
이 표출할 수 있는 곳이었다. 이 때문에, 탑골공원은 국가나 엘리트
집단의 견제의 대상이 되었고, 오히려 그들의 이념에 따라 의미와 용
도가 조작되는 대상이 되었다.
    1967년 이후, 지나가는 사람들이 이곳에 공원이 있는지도 모를 정도
로 2층 높이의 아케이드가 공원의 3분의 2를 두르게 되었다. 하늘에서
내려다보면, 말발굽 모양으로 아케이드가 공원을 두르고 있었고, 종로
를 지나가는 사람들에게 이 곳이 공원이라기보다는 '상점의 뒤뜰'로
보이기 시작했다. 1982년 밖에서 본 탑골공원의 모습을 다음과 같이
묘사하고 있다.

    종로 쪽으로 앞문만 빼꼼히 내놓고 보여서는 안 될 곳 인 양 갖가지 너절한
    상점들이 그 외곽을 둘러싸고서 감추어 왔다. 튀김집의 기름 냄새, 순대국밥

집, 잡화상...... 아케이드란 이름으로 성지를 틀어막고 있다(「―事―흠」(조선일보 1982.11.18)).

[그림 10] 북문 쪽에서 바라본 파고다 아케이드(사진출처: 조선일보 1982.11.11)

1967년부터 아케이드가 철거된 1983년까지 탑골공원은 상점으로 둘러싸인 채, 입장료가 징수되어 왔다. 이는 근대 공공 공간의 전제인 개방성과 접근성을 사장시킴으로써 민주적 포럼의 장소인 역사적 공원에 죽음을 선도하는 것이었다. 이러한 변화는 공원 자체의 역사적 상징성과 정치적인 위협을 가리기 위해 공원의 입장을 제한하고 그 용도를 달리하는 것에만 그치는 것이 아니었다. 도시계획과 건축을 통해 근대 국민국가 건설의 이데올로기를 도시공간에서 재현하는 국가 엘리트의 의도가 가장 명료하고 복합적인 방식으로 표출된 사례였다. 도심의 상징적인 공간인 탑골공원은 그 상징성으로 인해 사회의 변화와 지배집단의 이데올로기가 교차하는 지점이었고 담론이 실천되는 장이라고 할 수 있다. 1967년에 탑골공원에서 나타나는 경관의 급격한 변화의 원인과 그 의도를 밝히는 것은 곧, 박정희가 도시공간의 생산을 통해 근대 국민국가의 담론을 조작해 온 과정을 밝히는 것이다.

1961년 5월 16일 쿠데타로 정권을 잡은 박정희는 국가와 민족을 지칭하는 '민족적 민주주의', '민족중흥', '조국근대화', '한국적 민주주의', '자립경제'와 같은 구호들로 자신의 정책을 민족주의로 정당화했다. 특히, 한국전쟁 이후 민족주의라는 용어가 금기가 된 이래, 이 용어들을 정책에 도입하면서 이전의 정권들과의 차별성을 보였다(전재호 1998). 탑골공원의 경관에 변화가 일었던 시기는, '조국 근대화'를 주장한 시기이다.[36] 그의 민족주의 담론에서 "자립경제"의 달성이 민주주의의 전제조건이 되며, 민족의 주체성에 민주주의가 포섭된다는 점을 특히 강조하게 된다.

민주주의의 건전한 발전도, 복지국가의 건설도, 승공통일을 위한 국력배양도, 결국 경제건설의 성패여하에 달려 있는 것이다. 한 마디로 문제 해결의 첩경이 자립경제를 달성하느냐 못하느냐에 귀결되는 것이다[1964.8.15. 광복절 경축사](대통령 비서실 1973c:162, 전재호 1998에서 재인용).

민족적 민주주의의 제일차적 목표는 '자립'에 있다. '자립'이야말로 민족 주체성이 세워질 기반이며, 민주주의가 기착 영생할 안주지인 것이다 [1967.4.15 '자립에의 의지' 방송연설에서](대통령비서실 1968:173, 전재호 1998에서 재인용).

두 연설에서 민주주의는 민족의 자립과 경제적 자립에 뒤따르는 부차적인 위치를 차지하게 된다. 여기서 중요한 것은, 민족주의와 경제

---

36) 전재호는 박정희 체제의 민족주의 담론을 크게 '국가재건' 기(1961~1963), '조국근대화'기(1964~1971), '국민총화'기(1972~1979)로 구분했다. 이러한 시기구분은 박정희 체제의 민족주의 담론이 어떤 이데올로기로 구성되어 있는가에 따라 구분된다(전재호 1998).

발전 이데올로기의 연계를 통하여 '조국 근대화'를 제시했던 박정희의 정치사상이 도시의 공간에 구체화되었다는 것이다. 탑골공원이 그 구체화의 대상이 된 것은, '외래 사상'인 민주주의를 탈락시키는 동시에 자신의 정치사상을 구체화시킬 수 있는 이중의 효과를 얻을 수 있었기 때문이다. 탑골공원이 지니고 있는 정치적 상징성에서 민주주의를 약화시키고 경제발전과 연계된 민족주의만이 재현되는 공간으로 탑골공원을 재조성함으로써 탑골공원은 '공식적인' 의미의 '민족의 성지'로 자리 잡게 된다. 이전에 공원의 일상적인 이용자들의 실천에 의해 부여된 '민의의 성지'는 "위로부터의 민족주의"(Hobsbawm 1992)로 대체됨으로써, 엘리트 위주의 민족주의를 구현하는 장소로 거듭나게 된 것이다.

그 구체화의 조치는 우선, 탑골공원 옆에 있는 종로 시립도서관 건물을 헐고 공원을 보수하는 작업으로 시작되었다. 이 과정에서 옛 담장을 헐고 철책을 둘렀는데, 밖에서도 공원 내부가 들여다보이게 하려고 그랬다는 것이었다. 보수작업으로 공원 내부는 깨끗해졌지만, 사람들의 출입은 금지되었다. 하지만, 담장을 없애는 것으로 공원 내부를 감시할 수는 있었지만, 공원의 정치적 상징성을 가릴 수는 없었다. 그래서 시작된 것이 1967년 「탑골공원 중수계획(重修計劃)」이었다. 이 계획은 1)공원의 정문을 "민족 고유의 예술품으로 개조", 2)3·1운동기념탑을 보수, 3)3·1운동기념부조상을 건립하는 것을 우선적인 내용으로 하고 있다. 하지만, 그 이면에 더 큰 비중을 차지하고 있던 것은 4)공원 둘레에 아케이드를 건립하고 5)공원입장을 유료화 하는 것이었다(박인재 2002).[37] 공원의 정비에서 반 이상의 비용이 파고다 아케이

---

37) 서울특별시, 탑골공원 중수사업 관계철(1-2). 1967. 내부문서(영구)
    제목: 탑골공원 중수계획(重修計劃) 승인요청(종로구 → 서울시)

드에 배당되었다. 그리고 정문(삼일문), 국기게양대와 3·1운동 기념
탑 및 13개의 부조상은 현재까지 남아 있는 것으로 탑골공원의 경관의
주를 이루고 있다.

박정희의 민족주의 담론의 요지가 경제와 민족의 결합에 있듯이,
탑골공원의 정비는 이 두 가지 노선이 하나로 결합되는 국면을 보이고
있다. 그 첫째는 공원에 3·1운동 기념부조상을 건립하고, 3·1운동 기
념탑을 보수하면서, 정문을 전통양식의 대문으로 바꾸는 작업이었다.
이는 민족을 '공간화' 함으로써 탑골공원이 현재까지 '민족의 성지'로 불리
는데 지대한 영향을 끼친 공사였다. 여기서 '민족'이란 민중 주도가 되는
아래로부터의 민족주의를 의미하는 것이 아니라는 것은 명백하다.

> 3·1운동을 조직하고 이끈 인사들은........ 근대의식을 각성하고 민족의 의
> 식에 투철한 당시의 민족 엘리트였다(박정희 1971:56-90, 전인권 2001에
> 서 재인용).

이 같은 주장은 33인 지도자의 유약함으로 인해 민중, 특히 청년

----

1. 목적: 중수단장(重修丹粧), 주변을 재개발
2. 방침: 가. 공원 내 제반시설 개수확충 나. 공원외곽에 3·1독립운동을
   기념하는 부각상(浮刻像) 설치 다. 공원 유료화
3. 중요시설: 원각사탑, 원각사비, 팔각정, 손병희 선생 동상
4. 공원중수계획: (1)공원정문 - 민족고유의 예술품으로 개조 (2)팔각정 - 단
   장, 국기게양대 설치 (3)국보, 보물, 기념탑 보수 (7)공원입장 유료화(1인
   당 10원) (8) 3·1운동기념부조상 건립(배면에 매점설치) - 240m, 7.2m,
   360평 (9) 소요자금: 102,754,100원 - 시설물 보수 단장비 : 28,900,000원
   - 매점건립 : 56,100,000원 (10)시공방법: 1)민자유치 2)민족문화시설 건
   립희망자로 하여금 시설보수, 확장비, 보수비를 부담케 함.
※ 탑골공원은 서울 시내에 있는 공원 중에서 최초로 유료화 되었다(한국민
   족문화대백과사전 1991).

학도들의 운동이 3·1운동의 주동세력이었다고 보는 일반적 경향과 다른 것이다. 박정희는 철저한 엘리트주의에 입각한 "지도자 중심사상"을 갖고 있었다(전인권 2001). 민족주의에 대한 이러한 인식은 탑골공원을 찾은 사람들에게 재현되는 역사적 장면 속에 민족의 엘리트가 반드시 포함되어서 그 재현을 주도해야 한다는 것을 의미했고, 이승만의 동상이 쓰러진 곳에 1966년 손병희 동상이 들어서는 것은 이와 같은 이유에서였다. 동상의 제막식에는 대통령 박정희를 비롯해서 국회의장 이효상, 광복회장 이갑성이 참석했다. 박정희는 '구국의' 역사적 인물을 공간에 구체화시키는 방식으로 국난 극복의 인물들과 쿠데타의 의미를 동일시하려 했다. 이순신 관련 유적지, 윤봉길 의사 유적, 금산의 7백의총, 김덕령 장군 광주충장사, 임진왜란 관련 유적, 강화도 유적들(고려궁지, 강화성, 광성보, 신미양요순국무명용사비), 유관순 유적지 등이 그 예의 일부이다(전인권 2001). 3·1운동을 준비한 33인의 지도자 중에서 천도교의 중심인물인 손병희가 선택된 것은 "민족 자립"의 이데올로기와 부합되었기 때문이다.[38] 민족적인 자주성을 외치는 박정희에게 외래의 종교가 아니라 '민족 고유의' 종교지도자가 민족의 자립을 의미하는 공간을 생산하는데 더 적합한 인물이었다.

광복 이후 38선이 가로 막혀 교인의 80%를 이북지역에 갖고 있던 관계로 교세의 미약과 재정의 빈곤, 교역자(教役者)의 부족 등 내적 원인과 일제에서 해방되어 정신적으로 허탈상태를 면하지 못한 우리 국민에게 갑작스럽게

---

38) 한복 두루마기 차림의 손병희 동상은 왼손에 독립선언서를 들고 오른손으로는 자신의 가슴을 짚고 있는 동작으로 제작되어 있다. 하지만, 탑골공원에서 선언서를 낭독한 사람은 당시 학생이었던 정재용이었고(「가장 길었던 塔洞公園」(세대 1970년 3월), 당초 모임장소인 탑골공원 대신 태화관에서 독립선언서를 낭독한 사람은 민족대표 33인 중 한용운이었다(「'그날의 함성' 퇴색한 탑골공원」(한국논단 1994년 3월).

밀려든 서구사조에 휩쓸려 민족적 자주성이 허약하고 민족의식과 고유문화
가 거의 말살되어 가고 있는 것은 부인 못할 사실이었다. 그러나 5.16 군사
혁명 후 수 년 전부터는 국민도 점점 민족의식을 되찾고 고유문화를 발굴
양양하여야겠다는 정부 시책에 따라 우리 천도교도 발전할 수 있는 객관적
정체가 약간 지어져 가고 있는 이때에 우선 급선무가 교역자 양성이 불가피
하게 되었으므로,......(『새인간』1966년, 『서울 600년사』에서 재인용).

　'민족 고유의' 종교에 더해, 정문은 철창에서 '민족 고유의' 전통양식
의 대문으로 바꿨다.[39) 공공 공간에 기념조형물을 세우는 것은 정부가
공공 교육과 계몽의 프로그램으로, 그리고 국가적 이야기를 만들어
내는 중요한 자료로 사용된다는 점에서 이야기를 독점하고 지배계층
이 역사를 순리에 따라 계승했다는 점을 전파하도록 돕는다(Miles
2000). '합법적인 기억'을 설득시키는 방법의 하나로서 기념조형물들이
세워진 탑골공원은 국가와 엘리트 집단의 역사 만들기의 장이 되었다.
　계획의 두 번째 방향은 경제개발이었다. "파고다 아케이드"라고 불
리는 연속되는 상점가를 공원 주변에 두르는 작업을 통해, 탑골공원은
상가로 둘러싸여 마치 "성역이 상가의 뒤뜰로 둔갑한 듯"이 보였다(그
림 10). 이러한 사업은 "제2차 경제개발 5개년 계획"과 동시에 서울
도심부를 재개발하는 사업의 일환이었다. 당시 서울시장은 1966년부
터 1969년까지 부임한 김현옥[40)이었고, 그가 부임한 시기의 서울은

---

39) 당초 박정희 대통령이 쓴 탑골공원 정문의 현판은 지난 2001년 11월 민족정
　기소생회가 "일제 만주군 장교 출신이 써서 민족정기를 훼손시켰다"며 떼어
　내 훼손됐으며 탑골공원은 지난 3월 현판도 없이 재개원했다. 서울시는 훼
　손된 종로 탑골공원 현판과 관련, 독립선언서에서 '삼.일.문'을 집자해 새로
　제작하기로 했다고 밝혔다"(연합뉴스 2003년1월 4일).
40) 그는 숱한 지하도를 팠고 140개가 넘는 보도 육교를 놓았으며 청계고가도로
　도 그가 만들었다. 남산에 두 개의 터널을 뚫었고 불광동길, 미아리길도 그
　가 넓혔다. 한강개발, 여의도개발, 강남개발도 처음 시작한 것이 그였다.

항상 공사 중이었다. 특히, 도심부 재개발에 중점을 둔 1967년은 세운 상가, 파고다 아케이드, 낙원상가 등의 민자유치사업이 잇따른 시기였다. 그리고 1968년에는 공원 주변의 사창가를 제거하는 '나비작전' 등 도심부의 재개발을 위한 조치들이 계속 되고 있었다. 경제개발은 박정희의 민족주의 담론에서 핵심을 이루는 사항으로 반공이나 민주주의 모두 경제발전에 의해 정당성을 부여받고 있었다(전재호 1998).

이처럼, 민족을 공간화 하는 성지화와 아케이드 건설로 나타난 경제 개발의 이중주는 탑골공원의 위상에서 민주주의적 요소를 탈락시키는 목적으로 전용되었다. 공원을 둘러서 들어선 상점들과 유료화는 '민족의 성지'가 '조국의 근대화'를 상징하는 공간으로 조성하는 과정에서 취해진 조치라고 할 수 있다. 특히, 유료화로 인해 실업자들과 노숙자들의 공원 출입이 상당히 제한되고 이용객들은 감소하였다.[41] 그리고 경제개발과 민족주의는 민주주의와 더 이상 병행할 수 없는 위치에 서게 되었다. 경제계획에 따라 도시를 관통하는 건축물들의 축과 전국에서 추진되고 있던 유적지와 사적지 꾸미기를 통해 추진되던 민족의 공간화의 축은 탑골공원에서 교차하고 있었다. 이로써, 탑골공원은 도

400동의 시민아파트를 지었고 광주대단지도 그가 만들었으며, 봉천동, 신림동, 상계동 등지에 거대한 불량지구도 그가 만들었다(손정목 2003a).

41) 1988년 서울올림픽을 계기로 관광객을 위해 유료화는 철폐되었다. 하지만, 1998년부터 2001년까지 이어지는 유료화에 대한 검토는 2002년의 월드컵을 앞두고 다시 추진되다가 시민들의 항의로 저지되었다. 유료화는 공원 이용자들의 출입을 통제하는 가장 기본적인 수단으로서 탑골공원을 공원이라기보다는 사적지로 정의하려는 의도와 연계되어 왔다. 1967년은 독재정권의 유지와 이데올로기의 구현을 위한 공원의 의미 변경에 초점이 맞추어져 있다면, 1998년은 공원의 이용객들을 줄이고, 공원의 위상에 적합하지 않은 행위들을 제거함으로써, 관광자원으로서의 상품성을 높이기 위한 시도라는 점에서 그 차이를 보이고 있다.

시계획과 공원의 정비를 통해서 민족주의 담론 속에 엘리트 중심의 민족주의와 경제개발의 꿈이 응축되어 나타난 물리적인 공간으로 일변했다. 그리고 새롭게 형성된 공원의 경관과 의미는 근대 국민국가의 건설에서 민족과 경제발전에 국가가 적극적으로 개입한다는 것을 의미했다.

> 민족과 국가라는 것은, 이것은 영생하는 것입니다. 특히 하나의 민족이라는 것은 영원한 생명체입니다. 민족의 안위와 번영을 위해서는 그 민족의 후견인으로서 국가가 반드시 있어야 하겠습니다. '국가는 민족의 후견인입니다.' '국가 없는 민족의 번영과 발전이라는 것'은 있을 수 없는 것입니다. 나라가 잘 되어야만 우리 개인도 잘 될 수 있는 것입니다. '나라'와 '나'라는 것은 별개의 것이 아니라 하나인 것입니다[1973.1.12 연두기자회견](대통령비서실 1974:32, 전재호 1998에서 재인용).

박정희는 1968년 12월 국민교육헌장을 선포하고 1970년 '도의재건' 과 '국민총화', 그리고 안보와 관련된 국가목표를 통해 국가의 중요성을 강조하기 시작한다(전재호 1998). 이는 그의 민족주의 담론 내에 경제발전과 함께 국가와 하나가 되는 민족 개개인으로서 국민들이 사명감을 가질 것을 강조하고 있음을 알 수 있다. 이로써, 도심의 경제개발과 엘리트 민족주의 이데올로기가 교차하는 지점에 더해, 그의 집권 후기로 가면서 점차 유기체적인 국가론 속에서 국민들이 국가를 이루는 하나의 부분으로 개인의 이익추구를 양보하고 개인이 희생해야 한다는 논리(전재호 1998)를 교육하는 현장으로 변모하고 있었다. 실제로 탑골공원은 많은 학생들의 역사문화 현장의 답사지로 학교 단위로 찾아오는 장소였고, 3·1운동부조상과 공원 내의 동상들이 그려내고 있는 역사적 재현은 국민이라는 '상상된 공동체'를 도심의 실제 공간 내에서 경험하는 곳이었다(그림 11). 탑골공원은 민족과 경제발전과 국가의 이데올로기가 탑골공원의 경관에 의해 교차되면서 응축되어 나타나는 곳이었고, "자립된 조국의 근대화"의 꿈이 실현되기를 바라는 국가엘리트집단의 물화된 주문(呪文)이었다.

파고다 아케이드는 1983년 철거되었다. 그리고 다시 담장을 세우고 사라졌던 서문과 북문을 복원하는 작업이 이루어졌다. 이때 정비 작업 사유를 보면, "한국의 민족정신을 상징하는 역사적인 유적이 있는 곳인데, 공원 좌측의 일부가 타용도로 점용되고 있어 공원 미관상이나 당 공원이 갖는 의의를 높이는데 지대한 저해요인이 되고 있기 때문"이라고 되어 있다(이소영 2000). 하지만 민자유치과정에서 아케이드의 활성화가 실패했다는 경제적 요인이 아케이드 철거의 실질적인 이유였다. 관리운영자가 수차례 바뀌면서 부도로 행방불명되자 입주 상인들만 피해를 보게 되었고 보증금 문제로 15년간 분쟁이 이어졌기 때문이다(박인재 2002:55). 이후, 경제발전 계획이 일정한 성공을 거두면서, 서울 도심의 공원에 굳이 '보기 흉하게' 상점을 두를 필요가 없어지게 되었다. 그래서 도심의 부흥을 의미했던 아케이드는 '민족의 성지'에서 탈락했다. 박정희가 구축한 '민족의 성지'는 불필요해진 요소인 아케이드를 "공원의 의의를 높이는 데 저해요인"이라는 이유로 스스로를 정비하는 논리로 작동하게 되었다. 박정희 체제 이후, 탑골공원은 시민들이 민족을 체험하는 공간으로, 민족에게 중요한 역사적 사건이 일어난 장소로서 기억을 환기하는 곳으로 자리 잡게 되었다. 3·1운동의 발상지만이 부각된 '민족의 성지'라는 위상은 교육을 통해 현재까지 지배적인 위상으로 자리 잡아 왔다. '민의의 성지'는 이제 '민족의 성지'가 된 것이다.

이상의 논의를 통해 우리는 민족이 단지 상상에서만이 아니라 도시

[그림 11] 탑골공원으로의 수학여행
학생들의 뒤쪽에 손병희 동상이 보이고, 공원 바같에 보이는 건물이 파고다아케이드와 함께 민자
유치로 건립된 낙원상가이다.
(http://imagebingo.naver.com/album/icon_view.htm?uid=vandalizer&bno=
34090&page=2)

의 공간들에서 구체화되고 있음을 알 수 있다(Kusno 2000:97). 민족은
단순히 상상력의 작용에 따라 구성되는 "상상된 공동체"(Anderson
2002)로 그치는 것이 아니라, 건축과 도시 공간 등 물리적이고 구체적
인 형체를 갖게 되어, 공간을 이용하는 사람들이 체험함으로써 존재할
수 있다. 즉, 상상의 공간은 단순히 표상들의 배열을 넘어서 실제 도시
를 살아가는 사람들의 생생한 경험 속에서 존재하게 된다. 박정희가
탑골공원에 재현해 놓은 민족의 이미지는 사람들이 탑골공원을 보고
걷는 과정에서 민족적 감정의 경험에 영향을 끼쳐왔다. 탑골공원은
공간으로 표현된 민족이 시각적으로 선명하게 나타나는 장으로서, 민
족을 상상하게 하는 사회관계의 산물인 동시에 조건(Lefebvre 1990)이

었다. 이는 도시 공간이 국민주체의 형성과 변형에 본질적인 역할을 하고 있으며, 공간이 민족 담론의 사후적 대상에 머무르는 것이 아니라 능동적으로 담론의 생산을 위한 조건으로서의 역할을 하고 있음을 보여준다.

하지만, 상상과 경험은 결코 일치할 수 없으므로, 공간은 이 둘이 경합하고 협상하는 무대가 된다는 점 또한 중요하다. 공식적인 민족주의로 가득 찬 상상의 공간과 사람들이 실제의 도시에서 생생히 경험하는 공간은 탑골공원과 같은 도심의 공공 공간은 물론이고, 전국 곳곳에 분포되어 있는 사적지에서 마주치고 경합하고 있었다. 다음 장에서 논의되는 공원이용방식은 국가나 엘리트집단이 공원에 부여한 의미와 디자인이 결코 그대로 공원의 이용자들에게 수용되지 않았다는 점을 제시할 것이다. 공원의 의미는 여전히 경합되고 있으며, 오히려 일상적 이용자들이 공원을 전유함으로써 자신들 스스로가 공원의 의미를 새롭게 창출하고 지배집단이 부여한 의미에 도전하고 있음을 확인할 수 있을 것이다.

II장에서 공원의 형성과 형태의 변화 그리고 문화 및 정치적 상징성을 다루었다. 탑골공원의 역사는 공간의 의미와 공간 내에서의 문화적 차이에 대한 경합의 역사였으며, 그 경합에 참여하는 집단과 개인의 다양성을 특성으로 하고 있음을 알 수 있다. 탑골공원의 의미와 그 쓰임새의 경합에 참여한 사람은 고종황제부터 조선총독부, 국가원수에 이른다. 이들이 국가의 이념을 재현하려는 목적에서 탑골공원의 경관을 이용해 왔다는 점에서, 공원의 미학에 대한 지배 엘리트 집단들의 담론이 공원으로 구체화되고 공원의 위상과의 결합된다는 점에 주목할 필요가 있다. 물론, 공간 내에서 일어나고 있는 문화적 경합은 단순히 지배적인 권력 간의 경합에만 머무르는 것은 아니었다. 일상적으로 공원을 이용하는 사람들 역시 자신들의 문화를 공간화 하는 활동을 지속해 왔으며, 이러한 활동들이 공원에 지배적인 의미와 쓰임새의 틈새를 파고들어 자신들의 위치를 끈질기게 유지해 왔음을 알 수 있다. 일상적인 공원이용방식 자체가 정치적인 저항과 주장으로 해석되는 경우도 많았고, 그 이유 때문에 정치적 탄압을 받는 결과를 초래하기도 했다. 이와 같이 공원의 쓰임새는 그 공원을 이용하는 다양한 집단과 개인들에 의해 전유되어 왔다는 것이 탑골공원에서 볼 수 있는 공간의 역사이다.

The Park of Walls: The Meaning of Urban Public Space

III

도시공간의
배제논리와 탑골공원

The Park of Walls: The Meaning of Urban Public Space

이 장에서는 다양한 문화적 요소들이 지속되어 왔던 탑골공원이 '성역'이라는 위상에 부합되는 행위만을 허용하는 공간으로 변모하게 되는 과정을 제시한다. 1990년대에 남성 노인들은 공원을 자신들의 문화를 표출하는 곳으로 전유했다. 남성 노인들이 탑골공원에 모이게 된 이유가 지리적 및 경제적 이점이나 사회적 교류에 있다는 기존 연구들의 관점을 넘어서, 문화를 주체적으로 형성하고 사회에 표현할 수 있는 상징적인 공간으로 탑골공원을 이용하고 있었다는 점을 밝힐 것이다. 다음으로, 공원과 관련된 엘리트 집단과 시정부가 사회의 지배적인 담론을 통해 이들의 행동들을 문제화하고 공원의 의미를 단일화하는 시도를 제시한다. 그 시도는 공원을 단일한 의미에 부합하도록 새롭게 디자인 하는 정책과 함께 공원에서의 행위에 대한 세심한 통제방식이 보완관계를 이루며 진행되었다. 이러한 과정을 통해, 공원의 위상과 합치되는 행위만을 '보이도록' 하고 그렇지 않은 행위들에 대해서는 '보이지 않게' 하는 통제방식의 출현과 그 역할을 제시한다.

1. '노인의 전당'속의 '바람직하지 않은' 행위들

(1) '탑골공원 할아버지'[42]와 공원의 전유

역사 속에서 의미 있는 사건이 벌어진 장소는 그 장소를 다시 찾는 사람들에게 실망을 주지 않기 위해 잘 꾸며져야 했다. 역사는 이미 흘러갔어도 역사를 기억하고자 하는 사람들이 있으며, 이들은 자신의 머릿속 기억을 실제 공간에 새겨두고 싶은 것이다. 그리고 사람들은 가보지도 않은 공간들과 역사적 사건들을 연계시키며 자신들이 누구인가를 학교에서 교육받는다. 교육을 받은 사람 중에는 우연히, 또는 일부러 자신의 머릿속의 역사와 실제 공간들에 발을 딛게 되는 기회를 갖게 되는 사람들도 있다. 이들이 실제 그 공간에 발을 딛는 순간 실망이라도 하게 되면 그 불일치에 대해 한 마디씩 하곤 하는데, "역사적 위상에 부합하지 못 한다"고 말한다. 생각지도 못했던 불일치에 당황하면서, "왜 이렇게 이곳이 '방치'되어 있냐"고 묻는다. 자신의 머릿속에 있는 역사적 장면에 대한 이미지와 그 장소가 일치할 것을 주장하는 것이다. 그런 의미에서 탑골공원은 실망을 주는 곳 중에 하나였다. 역사적 장소로 교육을 받기는 했는데, 그에 딱 맞게 따라주지 않았던 골칫거리였기 때문이다. '민족의 성지'라고 배워온 사람들에게 노인들로 '메어터지고' 노숙자와 실직자들이 '물끄러미' 자신들을 쳐다보는 곳은 어느 모로 보나 '민족의 성지'처럼 보이지 않았다. 게다가, '엄숙

---

42) 탑골공원과 할아버지의 조어관계가 자연스럽게 느껴지는 이유는 탑골공원의 쓰임새의 반복으로 나타난 결과라고 할 수 있다. '마로니에 할아버지'나 '탑골공원 힙합소년'은 언어 상의 조어는 가능하지만, 공원과 사회관계의 반복적인 연계가 없는 상태라는 점에서 어색하다. 즉 일상적인 실천을 통한 공원의 '용례'(usage)가 공원의 의미를 결정하고 있음을 알 수 있다.

해야할' 곳에서 갖가지 놀이와 취미를 즐기며 유유자적하는 노인들의 모습은 그 공간에 대한 이들의 이미지에 혼란을 가져 왔다. 그리고 이들은 "문제가 있다"라고 외치기 시작했다.

'문제점'을 찾아내는 사람들의 입장에서 탑골공원은 과거의 환유가 되어야만 했다. 독립선언서가 낭독된 '유서 깊은 공원'으로서 민족을 상징해야 했고, 외국인 관광객, 특히 일본인 관광객에게 전시되어야 할 '박물관'이었다. 따라서 이곳은 상징적 '일관성'이 있어야 하는 곳으로, 공원의 경관뿐만 아니라, 공원 안의 사람들도 '민족성지'의 의미를 '음미하는 것처럼' 보여야 했다. 하지만, 탑골공원은 '공원'이다. 탑골공원의 실제 모습은 '성지'라고만 할 수 없는 다양한 모습들로 기워져 있었다. 그 중에는 '민족의 성지'로 불리기 전부터 공원의 터줏대감이었던 이야기꾼과 관객들도 있고, 공원을 복덕방이나 사무실로 이용하는 사람, 각 종교별로 선교하는 사람, 자선가들, 역대 대통령들을 다 들추며 토론을 즐기는 사람들이 각자의 영역을 차지하면서 공원의 상징적 일관성을 '조각' 내고 있었다. 오히려, 공원의 이곳저곳에 자신들의 일상적 행위를 통해 공원을 '은색'으로 수놓은 남성 노인들이 '노인의 전당'을 '민족의 성지'란 위상에 결합시키고 있었다. 이들은 공원을 지도와 역사책 속에서 보던 사람들과는 달리, 일상 속에서 자신들의 영역을 실제 공원에서 구성하면서 '민족의 성지'의 알맹이를 꿰차게 된 것이다.

탑골공원에서 지속되어온 의미의 경합은 공원의 조성과 조경 디자인의 변경, 시설물의 설치와 제거와 같은 물리적인 공원의 영역에서 진행되는 동시에, 공원 이용자들이 매일 산책하고 일정한 곳에서 앉아서 쉬는 경험과 공원에 대해 말하고 생각하는 등의 일상적이고 의례적인 실천의 영역에서도 진행되어 왔다. 아래에서, 탑골공원의 1990년대를 중심으로 그 역사적 요소들과 세계화와 도시구조의 변화에 따른 영향을 공간의 생산과 구성이라는 장에서 살펴볼 것이다. 그럼으로써, 미시적인 공간 내에서 나타나는 거시적인 사회변화와 그 변화 속에서 지속되는 의미에 대한 경합의 과정들을 밝힌다.

탑골공원의 물리적인 환경이 형성되는 과정과 공원을 이용하는 사람들의 전유는 서로 주고받는 '대화'처럼 진행되어 왔다. 공원을 이용하는 일상적인 이용자들이 공간을 전유하고 공간에 재현되고 있는 의미를 전도시키는 경우, 지배 집단은 공원의 디자인이나 건축을 통해 공원의 의미를 조작하고 행위를 통제해왔다. 하지만, 다시 공원을 이용하는 사람들이 공원을 전유함으로써 기존의 의미에 저항하는 것이 탑골공원을 둘러싸고 전개되어온 경합의 논리라고 할 수 있다. 1990년대는 또 다른 방식의 '대화'가 진행되고 있었다. 그 '대화'의 시작은 남성 노인층의 증가와 서울의 정치와 경제의 구조적인 변화로부터 시작되었다. 탑골공원은 항상 노인들이 많았다. 1920년대 후반 한 노인이 「화용도관기」(華容道實記)를 읽을 때, 노인들과 실직자 무리들이 모여 앉아 열심히 듣고 있었다.[43] 1960년대도 "관상쟁이 영감", "사주쟁이 영감"과 청중들 사이에 가장 앞에서 열심히 점괘를 듣고 있던 노인들이 있었다.[44] 하지만, 이 시기만 해도, 공원에는 삼십대에서 사십대 정도의 사람들도 상당수가 공원을 이용하고 있었으며, 씨름을 하는 청소년들도 적지 않게 있었다.

1980년대 이후, 산업화 사회로 이행하면서 젊은 실업자들이 일터로 빠져나가고 노인들이 공원 이용자의 주를 이루기 시작한다. 1980년대 고속성장을 이룩한 한국 경제는 고율의 성장률과 흑자를 기록하면서

43) 「四柱古談꾼 集團所-塔洞公園」(別乾坤 1929년 1월 鏡 花)
44) 「탑동공원 24시-소리점장이」(동아일보 1961년 5월 8일)

[그림 12] 1960년대 초의 탑골공원(사진출처: 동아일보 1961.5.14)
소리를 하며 점을 쳐주는 '소리점장이' 주변에 많은 사람들이 몰려 있다. 가장 앞줄에 주로 노인들
이 앉아 있고, 30대 40대로 보이는 사람들이 주로 그 뒤에 서서 경청하고 있다.

실업률이 극히 낮아졌고 많은 사람들이 노동자로 편입되면서(한국역
사연구회 1997:406), 탑골공원을 이용해왔던 젊은 층들은 공원을 일상
적으로 이용하는 경우가 적어졌다. 또한, 1980년대 군부 독재기는, 젊
은 사람이 공공 공간에서 배회하거나 군집을 이루는 것도 허용되지
않았고 탑골공원 안은 사복경찰들의 감시가 계속되었다.[45] 군부정권
에 대한 대학생들의 시위가 자주 일어나는 곳이었지만, 일상적인 공원

---

45) "한 20년 전쯤 내가 고등학교를 갓 졸업했을 때였을 거야. 친구들과 파고다
   공원 안에서 만나기로 했어. 시간이 남길래 공원 안 이곳저곳 기웃거리고
   있었지. 그런데 점퍼 차림의 40대 아저씨가 내게 나이가 몇이냐, 무엇 때문
   에 왔느냐, 어떤 친구와 만나느냐면서 꼬치꼬치 캐묻는 것이 아니겠어. 나야
   뭐 곧이곧대로 대답했는데 알고 보니 사복 경찰이더군. 그땐 청년 두서넛만
   모여 있어도 색안경을 끼고 보던 시절이었으니"(「할아버지가 탑골공원으로
   간 까닭은?」(뉴스메이커 2002년 11월 30일)).

의 이용자 중에서 남성 노인이 증가하는 추세는 1990년대 후반에 절정
에 이르고, 탑골공원은 공원의 이용자와 언론에게 '노인의 전당', '노인
공화국', '노인들의 해방구' 등으로 불리게 되었다. 노령화 사회의 진전
과 함께, 서울 시내에서 노인들이 스스로 문화를 형성하고 표현할 수
있는 곳이 적었기 때문에 탑골공원은 노인들의 문화를 상징하는 곳으
로 수많은 노인이용자들을 끌어 모았다.

　전 지구적인 자본주의 경제의 힘과 서울의 도시구조의 변화도 관련
을 맺으면서 공원의 일상적 경험에도 영향을 끼쳤다. 1980년대의 고도
성장에도 불구하고, 재벌과 투기에 성장의 결과가 독식되면서 경제의
부익부·빈익빈 현상은 더욱 심해졌다(한국역사연구회 1997). 그리고
서울의 부도심이나 교외로 상층계급이 떠나가고, 탑골공원에서 일상

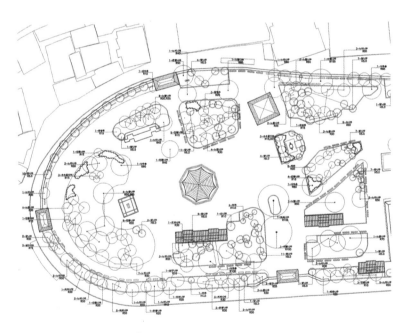

[그림 13] 1998년의 탑골공원

을 보내는 사람들은 주로 소규모 자영업자나 노동자 출신의 노인들과 중년들이 되었다. 이에 더해, 대외의존의 심화로 구조적 문제점을 앉고 있었던 국가경제가 1998년 외환위기를 겪고, 국제통화기금(IMF)이 국가경제에 개입함에 따라, 대부분의 도시서민의 경제적 조건이 악화되었다. 기업의 구조조정의 여파로 결국, 노동자계급에서 대부분의 실업자가 생겨나고 실업도 장기화되기 시작했다(신광영, 이성균 2000). 경제위기와 동시에 진전된 정보화는 정보인프라의 차이에 따라 도시의 경제적 구조를 이원화함으로써 도심에 비공식경제가 몰리는 장소들을 만들어 놓았다. 세계 경제의 힘에 의해 사회와 도시구조가 변화함에 따라, 탑골공원은 행상인, 부동산 브로커와 같은 비공식경제에 종사하는 사람들의 일터가 되고, 새로운 일을 찾지 못한 실업자들이 정보를 교환하는 장소로 변모했다.

정치·경제적인 힘들이 공원에 교차하는 것에 더해, 탑골공원에는 오래 전부터 이어져 내려온 행위들과 영역들이 있었다. 이 영역들은 사회의 변화에 따라, 점유하는 사람도 변하면서 탑골공원의 문화적 지속성을 유지해 왔다. 이야기꾼과 관중들이 모이는 '이야기판'과 오래 전부터 '정치1번지'로 불려왔던 토론과 연설의 장소, 동성애자들이 모이는 곳, 장기와 바둑 혹은 도박을 하는 곳 등은 각각 그 행위가 의례적으로 반복되어 고유의 영역을 확보하고 있었다. 1)오랜 장소들과 2)정치·경제적 변화, 3)'노인의 전당'으로의 이행이라는 세 가지 흐름이 교차하면서 탑골공원의 공간이 구성되고 생산된 결과가 1990년대의 탑골공원이었다.

탑골공원의 서편 등나무 아래에서 수십 명의 노인들과 중년들에게 특유의 말솜씨로 사람들의 관심을 끌어 모으면서 웃음과 맞장구를 유발하는 사람이 있었다. 휴지통을 가운데 두고 등나무 밑에 4개의 벤치

[그림 14] 90년대 이야기판의 이야기꾼과 관중들
(http://konkuk.ac.kr/%7Eshindh/intro13.htm)

가 둘러싸고 있는 이곳은 마치 누군가 공연을 위해 만들어 놓은 무대와 같다. 그 무대에 서있는 사람은 1910년대부터 현재까지 탑골공원에 대한 문헌에서 빠지지 않고 등장하는 이야기꾼이다. 이야기꾼은 II장에서 검토했듯이, 1918년에 이미 '고담사'(古談師)로 활약하고 있었고 일제시기에는 시사비평으로 순사에게 취조를 당하기도 했다. 4·19 혁명 전후에는 '민의'를 반영하는 입담으로 '쪼록당'의 대변인이었다. 이야기꾼은 끊임없는 노력과 앞 세대 이야기꾼의 전수를 통해 현재까지 지속되고 있다.

　이야기판이 유지되는 방식은 일종의 의례와 같다. 오후 2시에서 4시 사이에 어김없이 이곳에 사람들이 '알아주는' 이야기꾼이 등장했다. 이야기꾼은 앉아 있는 몇 명의 사람들의 주의를 끌어 둘러있는 벤치 안에서 이야기를 시작하고, 이야기가 재미있으면 사람들이 점차 늘어나기 시작한다. 인기 있는 이야기꾼 몇 명이 정해져 있지만, 무대가 비어 있으면 누구나 이야기를 할 수 있는 곳이다. 공원에 와서 이야기를 듣기 위해 기웃거리는 사람도 있다. 이야기꾼들에게는 각자의 팬들이 있는데, 이야기 도중에 음료수를 건네기도 하고 잠시 이야기를 쉬어갈 때 끼어 들어서, 이야기꾼의 자랑을 하기도 한다. 그렇다고 이야기꾼의 신분이 확실히 보장된 것은 아니다. 이야기에 대한 반응이 즉각적으로 나타나기 때문에, 섣불리 재미없게 이야기를 하는 사람은 훼방꾼이 나타나서 이야기를 가로막는다. 관객들은 이야기꾼의 이야기가 그럴 듯 하면 곧바로 웃음과 맞장구로 화답하고 그렇지 않으면 금방 끼어 들어 내용을 따져 묻기도 했다. 일제 강점기의 탑골공원에서는 50대도 안 되는 중년쯤 되는 나이의 사람이 고담사의 자리를 차지하고 있었지만, 90년대는 7,80대의 노인들이 이야기꾼으로 활동하고 있었다. 이야기꾼 자신과 관객들이 노인이라는 점에서 이야기를 즐기는 연령대가 과거에 비해 점차 높아졌음을 알 수 있다. 이야기꾼은 자신 역시 공원을 일상적으로 이용하는 노인들 중에 한 명이고, 이 때문에 공원에 찾아오는 노인에 대한 대변을 자신의 이야기 스타일로 뽑아내기도 한다.[46]

여러 선생님, 저는 재산도 명예도 지위두 아무것두 읎어요. 이 파고다공원이
내것이요, 내가 서울에 살으니 서울이 내것이요, 한국에 사니 한국사람이니

[46] 신동흔은 1987년부터 탑골공원의 이야기꾼 연구에 착수해서 1998년까지 연구를 진행했다. 10여 차례에 걸친 방문을 통해 10여 명의 화자들로부터 총 80편 내외, 30시간 정도 분량의 이야기 자료를 수집했다. 구연시간으로 쳐서 봉원호, 조재의, 조일운, 김한유, 신지우씨 차례로 많은 이야기를 수록했다(신동흔 1998을 참조할 것). 그는 각 화자마다 독특한 이야기 기법을 갖고 있다는 점에서 단순히 전통적 스타일이 아닌 창조적인 방식으로 이야기가 구연되고 있다는 점을 제시하고 있다.

한국이 내것이다 이게요. 대통령도 따루 있지만 그거는 정치허는 사람. 내가 땅을 디디구 지구촌에 사니 이 지구덩어리가 내꺼여. 해도 달도 별도 공기도 하물(何物)이든지 다 내꺼다 이기여. 이런 사람에게 정주영이나 김우중이 재벌들이 당허우? 족부족(足不足)이 옳어요. 나이 여든여섯살 살두룩 많은 남의 도움을 받어서 살아왔에요. 코구녕 두개루 이 대지를 호흡했는디, 그 공기를 을마나 마셨는지, 세금 내라구 고지서가 안 나와요. [웃음] 파고다공원 땅 한 평이 을마짜린디 밟구 댕겨요? 백억을 줘도 못 사는 땅이여. 누가 팔어? 대통령이 팔어, 조순 시장이 팔어? 내 승낙 윦이는 못 팔어. [웃음] 내가 주인여. [옳소] [이야기꾼 김한유씨의 이야기, 채록자:신동흔]("미니스카트는 언제 쓰능거냐』『작은 것이 아름답다』1998년 4월)

   탑골공원을 일상적으로 이용하는 이야기꾼 자신이 공원의 실질적인 '주인'이라는 그의 이야기는, 기업이나 시 당국처럼 도시의 공간을 관리하는 사람들이 아니라 직접 '발을 딛고' 서 있는 일상적인 이용자들이 공원의 주인이라는 점에서 관중의 동조를 이끌어 냈다. 이러한 주장은 그의 이야기를 듣고 있는 노인들이 표현할 수 없으면서도 암암리에 갖고 있던 기억들을 환기시키는 역할을 해서 고개를 끄떡이며 "옳소!"라고 동의하게 만든다. 자신들이 공원에 매일 나오다 시피 했던 날을 따져 보면, 실제로 이 공원의 모습을 주도하는 사람들이 자신이라는 점을 상기하게 되는 것이다. 보통 노인들이 일상적인 언어로 "우리들이 자주 오니까 우리가 실제 주인이지"라고 말하는 것과, 이야기의 표현스타일을 빌어 관중들의 웃음과 동의의 외침 속에 이러한 주장이 제시되는 것은 집단적으로 자신들의 주장을 표명하는 것이었다. 암묵적으로 준수되는 장소와 시간과 연행의 과정은 탑골공원을 찾아 이야기판에 취미를 붙인 사람들에게는 강한 애착의 대상이었다. 이러한 경험들이 일상 속에서 매일 반복되어 축적되고, 이야기판에 참여함으로써 갖는 의식과 느낌이 공유되면서 이야기판에 헌신하는 모습을 보이기도 한다. 이야기꾼에게 음료수를 주며 "수고 하십니다"라고 말을 건네기도 하고, 이야기를 듣고 기록하고 수집해서 자비로 출판을 준비하는가 하면, 이야기를 연마해서 직접 무대에 서는 시도는 계속 이어지고 있었다. 자신들이 왜 탑골공원을 찾는지에 대해 말할 수 있는 사람은 그리 많지 않았다. 그것을 일관성 있게 구체화시키고 탑골공원의 의미에 대해 사람들의 이해를 의식적으로 고착화시키는 역할을 하는 사람 중에 하나가 이야기꾼이었다.[47]

이야기꾼 외에 이런 주장을 할 수 있는 말솜씨를 갖고 있는 사람들이 있었는데, 관심사가 '공원의 주인이 누구냐'보다는 '나라의 주인이 누가 되어야하는가'에 집중되어있는 정치 "연설꾼"들이었다. 정문을 들어와서 곧장 있는 공터는 "정치1번지"로 불리는 곳으로 그 자리에서 선 채로 토론과 연설이 진행되는 곳이었다. 백여 명이 모여 있지만, 판은 몇 개로 다시 나뉜다. 주로 두 사람 간에 뜨거운 이슈가 오고 가면, 관심 있는 사람들이 주위를 둘러싸고 경청하기 시작한다. 이야기판의 경우 목소리가 전달되는 직경 6미터 정도의 원을 이루고 있다면, 이 '정치 1번지'는 침이 튈 정도로 바짝 다가서서 서로의 입과 눈을

---

[47] 연구자의 인터뷰 결과, 많은 노인들이 탑골공원에 노인들이 많이 모이는 이유에 대해, 언론의 해석과 비슷한 대답을 하고 있었다. 편리한 교통, 무료 급식과 값싼 음식점들, 실외라는 이점과 노인들이 많고 놀기 좋다는 소문, 역사적 상징성 등이 그것이다. 하지만, 노인들이 노인복지회관, 양로원, 집안, 다른 공원 대신 탑골공원을 선택한 궁극적인 이유를 설명하는데 부족하다. 위에 제시된 요인들은 모두 탑골공원을 찾은 남성 노인들에 대한 설명이 아니라 외부적 요건들에 대한 설명이기 때문이다. 탑골공원은 남성 노인들이 자신들의 정체성을 찾고, 자신이 누구인가를 말해주는 문화를 다양한 연령의 사람들 앞에서 펼칠 수 있는 곳으로써 도시 공공 공간의 의미를 형성하는 사회적인 과정에 참여할 수 있는 얼마 안 되는 공간이었다. 즉, 시민이라면 누구나 갖고 있는 도시에 대한 권리를 주체적으로 행사할 수 있는 공간이었다.

쳐다보며 열정적인 토론을 했다. 서로를 손가락질하기도 하고 흥분해서 주변사람들에게 통사정하는 몸짓도 취해본다. 이 과정에서 이슈에 따라서 몇 개의 써클들이 형성되는데, 써클들은 그 흥미에 따라 사람이 늘어나기도 하고 줄어들기도 하면서 부침한다. 여기는 40대와 50대도 상당수 참여하면서 세대간의 논쟁이 벌어지기도 하고, 지방에서 올라온 사람들 간의 지역감정과 야당지지자와 여당지지자 간의 논쟁이 격화되어 싸움까지 벌어지곤 한다. 때로는 풍부한 정보와 조리 있게 말을 하는 사람이 나타나서 좌중을 압도하는데, 상당히 수준 높고 얻기 힘든 정보들과 그에 대한 해석을 제공해 준다. 이러한 사람의 경우는 고정적인 청중이 형성되고, 청중이 따로 자리를 만들어서 경청을 했다.

이곳은 단순히 "노인들이 정치싸움이나 하는 곳"이라고 간단히 말할 수 없다. 그 이유는 탑골공원이 반체제 인사들의 연설장소로도 유명했다는 점이다. 일제 강점기 민족운동가, 4·19혁명 전후에는 해산된 국회를 뒤로한 야당의 국회의원들이, 그리고 70년대와 80년대 군부독재시절의 민주지사들과 같은 반체제 인사들이 정권을 비판하는 장소였다. 지방에서 일부러 여론을 알아보기 위해 올라온 사람도 많았으며, "이후락이 넘어간 것까지 곧바로 알 수 있는" 장소였다. 이곳에서 연설하는 것이 "대단한 영광"이었다는 것을 기억하는 사람들에게 이 장소의 토론에 참여하고 자신의 주장을 내세우는 경험은 일상적인 공원 이용을 통해 자신의 의견을 표명하고 과시할 수 있었기 때문에 큰 의미를 갖는 것이었다. 따라서 이곳은 민주화 이후, '민심'을 취재하기 위해 기자들이 종종 방문하는 곳으로, 노인층 중심의 여론이 방송과 신문을 통해 전국으로 알려질 수 있는 통로였다. 이 '정치판'을 이루고 있는 사람들은 이곳을 "정치 1번지"라고 부르면서, 어느 곳보다도 신속하게 정보가 소통되고 여론이 형성되는 역사적인 곳이라는 점에 자부심을 갖고 있다. 하지만, "자세히 들어보면 앞에서 떠드는 정치판 사람들은 사람들이 들어주면 혹해서 거짓말들만 지껄이게 된다. 나도 처음에는 몰랐는데 이게 다 거짓말들이라고." 평가하면서 거리를 두는 사람들도 있다. 탑골공원에 노인들이 늘어나면서, 정치판에서 논의되는 주제도 노인의 시각을 반영하게 되었다. 사회를 움직이는 힘에서 주변적인 위치에 있을 수밖에 없는 자신들의 현실과, 그러한 사회에 대한 비판의 시각차가 첨예하게 드러나고 있는 '정치판'의 현실을 평가하기도 했다.

[사례 III-1] 정치 일번지의 늦가을

(김경석(83세, 남)씨와의 면담 중 일부이다. 김경석씨는 1990년대까지만 해도 탑골공원을 이용하고 있었지만, 공원의 성역화 이후 불편해진 벤치 때문에 현재는 종묘를 이용하고 있다. 2003. 10. 8)
예전에는 유명한 사람들 가끔 나와요. 그런 사람들 나와서 연설하면 경청하고 박수 쳐주고 그래요. 요새 정치들은 그 패거리가 야당 지지하는 자들 따로 있고 여당 지지하는 자들 따로 있고 막 싸우고 그래. 얘기하면 얘기나 듣고 말지. 말리려고 하는데 힘이 있어야 말리지. '내 옛날에 뭐했는데'하며, 자꾸 옛날 얘기만 하지. 이제 시들은 낙엽인데 뭐할 꺼야. 이제 아무 힘이 없는 사람들이야. 시들고 낙엽이 됐으면 그냥 있지, 낙엽 아닌 것 같이. '내가 싱싱하다'? 싱싱하긴 뭐가 싱싱해.

열정적이면서도 혼잡한 '정치판'과는 달리, 고요하면서도 진지한 분위기가 감도는 곳이 있었다. 손병희 동상의 뒤쪽에는 "한문학습장소"라고 붓글씨로 써있는 골판지가 놓여 있고, 사람들이 동그랗게 모여 있는 중앙에는 붓글씨를 쓰면서 자신의 작품을 수십 점 진열해 놓고 있는 몇 명의 할아버지들이 있었다. 이곳에서는 한문을 써 놓고 팔거나 즉석에서 다른 사람들과 서예실력을 겨루었다. 지방에서 유생이라

[그림 15] 90년대 "한문학습장소"
(사진출처: 서울시 공원과 1998)

고 자처하는 사람이 올라와 자신의 실력을 선보이기도 하고 실력이 출중한 사람을 선생으로 모시어 한문 강습을 했다. 노인들은 이 곳이 "유생들이 많이 와서 글씨 쓰는 장소"라고 설명한다. 교육과 동시에 경쟁과 교환이 이루어지는 복합적인 장소로서 노인들 자신의 문화를 향유함으로써 하나의 볼거리를 제공하고 있었다. 그래서, 외국인 관광객과 젊은이들도 가끔 지켜보고 지나가는 곳이었다. 노년에 이르러 새로운 성취감을 맛보기 위해 찾아온 개인들로 인해 이곳은 유지되어 왔다.

[사례 III-2] 한문학습장소

(심종석(69세, 남)씨. 심종석씨는 현재 종묘공원의 서북쪽에 있는 이상재 동상 아래서 자신의 작품들을 진열해 놓고 팔고 있다. 탑골공원의 성역화로 인해 '유기(遊技)행위가 금지되면서 종묘공원으로 옮겨 왔다.)
우리 세대가 먹고사는데 힘썼지 글 배우는 데 공부하는 데 힘쓸 겨를이나 있었나? 아들 딸 시집장가 보내고 좀 살만하니까 드는 생각이 나도 선비란 소리 한번 들어보고 싶더라고. 이제 60 다 되고 나니까 나도 선비란 소리 듣고 싶으니까 나한테 글 좀 가르쳐 달라고 했어. 글씨라도 하나 남겨놓고 죽을라고.

'붓글씨판'의 노인들은 바닥에 거적을 깔고 자신이 쓴 작품을 문진들로 바람에 날라 가지 않도록 고정해서 진열하거나, 화단의 나뭇가지에 빨래들처럼 집게로 널어서 진열하기도 했다. 그 주위는 한문을 써

내려가는 모습을 구경하는 수 십 명의 사람들이 둘러서서 품평을 하던지, 글자가 맞았느니 틀렸느니, "종이가 아깝다"느니, "종이 값이 싸서 그렇다"느니 하면서 논쟁을 벌이기도 한다. '관중'들이 주문하는 글을 써주기도 하고, 자신이 쓴 글을 관중들에게 열심히 해석해 주면서, 하루 종일 수십 편의 작품들을 생산해 냈다.

장기와 바둑은 현재 남성 노인이 있는 공원이라면 흔히 볼 수 있는 놀이이다. 탑골공원의 경우, 매점 앞 숲의 벤치가 대국의 장소로 이용되었다. 매 게임의 승부에 따라 단순히 빵과 같은 가벼운 '내기'가 되기도 하고, 돈을 걸고 하는 '도박'이 되기도 한다. 공원의 관리사무소에서는 장기판을 대여하고 있었고 노인들은 '기우회'(棋友會)와 같은 모임을 만들어 그 명단을 공원 관리사무소에 제출하여 자신들의 존재를 알렸다. 장기와 바둑의 경우, 노인들 뿐 아니라, 경제 위기로 인해 일자리를 잃은 40대와 50대의 남성 중년들도 점차 늘어나고 있었다. 한 실직자는 "매일 바둑 두고 장기 두는 놈들이 다 생각 없이 두는 게 아녀. 자기 나름대로 인생사가 있어. 사기성이라도 뭐가 있으면 거기서 기웃거리는 거지"라고 설명해 주었다.

공원의 동쪽 편은 일제 강점기부터 움푹 파여서 애정행각과 같은 이야기 거리가 만들어지는 곳으로, 담 너머에는 사창가인 '종삼'이 있었다. 1968년 일명 '나비작전'으로 종삼이 사라진 후에도, 여전히 매춘 행위는 지속되고 있었고, 1990년대는 '박카스 아줌마'로 알려진 중년 여성들이 할아버지를 상대로 성을 팔고 있었다. 할아버지들이나 아줌마들이나 거의 매일 공원을 찾기 때문에 안면을 튼 아줌마들이 점심 상대, 술 상대, 매춘 상대가 되고 있었다. 주로 공원의 서북쪽에 돗자리를 깔고 둘러앉아서 술을 마시는 것으로 여흥을 돋우기도 하고, 음악을 틀어 놓고 춤을 추기도 했다. 이 중년 여성들은 노인들에게는

[그림 16] 성역화 이전, 공원의 서남쪽은 장기와 바둑을 두는 사람들로 빽빽해지기 일 수였다. 50대의 중년들도 보인다.
(http://imagebingo.naver.com/album/icon_view.htm?uid=songmate&bno=6002&page=3)

"아가씨"였고, 노인들은 "속으로는 젊은이"였다.

탑골공원에 공존하고 있는 다양한 장소들은 그 곳을 찾는 사람들이 의례적으로 찾아오면서 하나의 영역으로 지속될 수 있었고 공원 이용자들의 일상의 실천과 느낌을 통해 장소들은 재생산되고 있었다. 공원에서의 경험은 개인에 따라 다양하기 때문에, 장소들을 이용하는 방식도 단일하다고 할 수 없다. 한 장소에만 머무르는 사람이 있는가 하면, 그 장소들을 하나의 세트로 이용하고 있는 사람들도 있었다. 다음의 면담 내용은 공원의 본질에 대해 스스로 정의하면서, 공원이 다양한 사회적 배경과 취향의 사람들이 소통하고 관계를 맺는 곳이라는 점도 강조하고 있다.

[사례 III-3] '공원'이란 두 글자
(송영철(61세, 남)씨와의 면담 중 일부이다. 송영철씨는 종묘공원 내 동남쪽

에 있는 정치판에서 열정적인 토론을 하는 "연설꾼" 중 한 사람이다. 그역시 탑골공원에서 정치토론을 위한 군집이 금지되자 종묘공원으로 옮겨왔다. 2003.10.16)

공원이라는 두 글자 말뜻이 뭡니까? 공원이라는 장소가 정치이야기 하는장소가 따로 있는 곳이 아니고, 모르는 사람 아무 사람하고 만나서 의사표시하고 정치이야기도 하고 딴 짓도 하는 것이지, 공원이 꼭 정치이야기, 여자하는 곳, 뭐 그렇게 규정이 되어 있는 곳이 아니에요. 여기서 이렇게 이야기하다가 목이 컬컬하면 술파는 데 가서 술 한 잔 먹으면 친구가 되고, 돈가진 사람은 그렇고. 좀 점심을 안 먹었다든지 그런 노인들은 표가 나요.공원이라는 데는 내가 그런 사람을 데려가서 하다못해 우동이라도 사는 것이 순리예요. 다 그런다면 우리나라가 이 꼴이 안 되었겠지만, 나는 그렇게생각해요. 공원이라는 곳을……[중략] '고향이 어디쇼' 이렇게 물어보고 이야기 하다가 '점심은 드셨어요?' 했는데 아무 대답을 안 하면, 그거이 점심을 사주는 거지요. 탑골공원 가면 문이 세 개 아닙니까. 요리 빠져나가면음식점이요 저리 빠져나가면 아가씨들 있고, 편하죠. 사람 끼리끼리 모이게되요. 술만 좋아하는 노인들도 있을 거 아녀. 정치이야기 하면 관심 있는사람끼리 모이고, 여자들이 좋으면, 나이는 먹었지만 마음속으로는 젊은이란 말여, 여자에 관심 있는 자들은 거기에 또 모이기 마련이야, 인간의 심리라는 것은 천칭만칭이니까. 꼭 그 자리에 있다는 이야기가 아니고, 나는 답답할께 여기저기 돌아다녀. 나 장기 기가 막히게 두는 사람여. 근데, 두서너번 두면 머리 빠개져서 안돼. 어느 노인네는 꼭 내가 있는 장소가 있고,그런 대중이 없어요.

"천칭만칭"인 인간의 심리에 따라, 공원의 물리적 환경은 다양하게경험됨으로써 통합적인 공원의 의미라고 하기보다는 의미의 파편들이공원에 공존하면서 경합하고 있을 뿐이었다. 개인은 장소에서의 반복되는 행위에 반복적으로 참여함으로써 장소의 역사를 체화하게 된다.[48] 탑골공원은 노인들의 실천을 통해, 문화가 공간화 되는 동시에

---

48) 부르디외에 따르면, 의례적인 일상의 행위들은 반복적인 행위를 통해 숙달될 수 있다. 실천에 의해 사회적 행위들이 숙달되면, 사물을 분류하는 체계가 경험을 통해 체화되어 의식적인 노력 없이 일을 진행하게 된다. '아비투

[그림 17] 성역화 이전까지 있었던 "아름다운 정원"(사진출처: 서울시 공원과 1998)
절구들과 솥들이 놓여 있다. 앞에 서있는 비석은 "한용운 선사비"이고 벤치에서는 무료 이발 봉사
활동이 진행되고 있다.

장소들의 기억들이 노인들의 몸에 배는 곳이었다. 때문에, 탑골공원이
폐쇄된 후에도 다른 공원에서 유사한 장소들의 배치가 형성되는 과정
을 볼 수 있다.[49] 공간에서 누적되어 온 행위들은 하나의 사회문화적
영역을 구축하고 있었고 사회문화적 상호작용이 일어나는 곳으로 사
건이 발생하고 고유의 생활양식을 구축함으로써 의미 있는 공간으로

스'는 이와 같이 체화된 분류체계이다. 사회화된 행위주체들이 세계를 질서
짓는 도구라고 할 수 있다. 이러한 실천을 통해 숙달된 구도들이 개인의
지각과 성향에 고착되므로, 그 구도를 알기 위해서는 일이 진행되는 과정에
서 그러한 구도가 어떻게 실천되는가를 지켜보아야 한다(Bourdieu 1977:94).
이러한 맥락에서, 일상적인 실천을 반복하는 개인은 암묵적인 감각을 통해
행위를 하는 것이다. 의례는 지식이 체화된 것으로서 그 의례에 반복적으로
참여하여 숙달된 자만이 자연스럽게 구사할 수 있다(Robson 2000:169).
49) 이러한 현상은 종묘공원에서 탑골공원의 장소들이 재형성되는 과정을 살펴
봄으로써 다시 다룰 것이다 .

문화적 장(場) 이루고 있었다는 점을 알 수 있다(송도영 1998).

탑골공원은 노인들이 자신들의 문화를 보이는 무대인 동시에, 그러한 실천을 통해 공원의 의미를 형성하는 데 참여할 수 있는 기회를 제공하고 있었다. 그러므로 '노인의 전당'은 언론의 말이나 복지의 대상으로서 다루어져야 할 대상이 아니라, 남성 노인 자신들의 문화를 탑골공원에 공간화 함으로써 만들어 나가는, 즉 경험적인 영역에서 실천된 장소였다. 실제로, 전직 정원사였던 한 할아버지는 직접 공원의 조경에 참여하여 공원경관의 생산에 적극적으로 개입했다. 탑골공원의 동문 쪽 담에 면하고 있는 "아름다운 정원"은 가마솥(물을 채워 물옥잠을 띄움), 절구, 소주통, 보습, 다리미, 맷돌, 솥뚜껑을 배치하고 백송들을 심어 꾸며진 정원으로, 개인적인 헌신이 탑골공원에 기여할 수 있다는 논리로 공원의 관리당국을 설득한데서 가능했던 일이다.

[사례 III-4] 공간 생산에의 참여

(신지우(70대, 남)씨. 신지우씨는 탑골공원의 손병희 동상 위에서 자신이 개발한 춤을 추기로 유명했다. 현재는 종묘공원 국악정 위에서 가끔 춤을 춘다.)

처음에는 절대 개인이 이런 거 할 수 없다고 못하게 했는데, 내가 공원에서 배우고 얻은 것이 많아서 나도 뭔가 기여할 게 없나 해서 그리 생각했던 거지. 그전 소장한테 '여보쇼 외국사람들도 오고 그러는데 뭐 볼게 하나 있소? 아무것도 없는데 하나 갖다 놓으면 좋지 않겠소?' 하고 통사정을 했지. '그럼 알아서 하쇼' 그러더라고. 그래서 맨든 거지. 꽃도 내가 가져와서 심었어.(「제 3지대-탑골공원의 스타들」(KBS미디어 2000년 3월)).

후에 "天下第一公園"으로 이름이 바뀌는 이 정원은 사비로 조성되었다. 하지만, 결코 사적이라고 할 수 없으며, 외국인 관광객에게 한국 전통의 일상용품들을 보여준다는 의미에서 관광지로서의 탑골공원에 노인들도 기여하고 있다는 점을 언론 등에 증명하려 했다.

　노인들은 자신들의 일상적인 행위들을 반복해 왔기 때문에, 공원의 장소나 혹은 시설물에 대해 특별한 애착을 갖고 있었다. 공원의 환경을 정비하려는 관리당국의 의도와 일상적인 이용자들이 갖고 있던 애착 사이에는 종종 갈등이 일어났다. 탑골공원에는 소규모 정비가 계속되어 왔는데, 2000년 3월에는 공원의 벤치를 정비한다는 명목으로 이야기판의 등나무가 잘리고 공원의 서편이 공사장으로 둔갑하게 되었다. 이 작업에 대해 강력하게 비판하는 말에서 오랜 기간 자신들이 가치를 부여 해온 장소에 대한 애착과 자부심이 보였다. 이야기꾼은 이용자들의 의사에 아랑곳하지 않고 의미 있는 장소를 파손시키는 것을 대수롭지 않게 여기는 공원 관리당국이, 노인에 대한 사회 전반의 태도라는 것을 전제하고, 애착을 갖고 있던 장소를 잃은 노인들을 대변했다.

[사례 III-5] 장소에 대한 애착

(이야기꾼 노상현(83세, 남)씨와의 면담 중 일부이다.)
그때 그 명물을 부수어서 뭐 하겠다는 건지. 그 100년을 걸려도 못 길러내는 장소인데. 대한민국에 또 그런 장소가 어디 있다고. 여기 노인들은 노인회관으로 몰아버리고 여기는 문화공원으로 해야것다?. 우리생각으로는 여기 문화공원으로 하려면 처음부터 문화공원으로 하면 되는데, 18억을 들여놓고 또 돈 들여서 해 논 것을 뜯더라고. 또, 뜯더니 이것(삼일운동 기념탑) 옮기고 뭐 이렇게 했는데, 그게 뭐냐면 결국, 돈 먹기 위한 거. 결국 뭔가 구실로 그렇게 한 게 아닌가 하고 불쾌하게 생각했다고.

　탑골공원을 찾는 남성 노인들은 상류층에 속한다고 할 수 없었다. "허름하게 입고 입 다물고 있어서 그렇지, 장성급 지내고 정부에서 높은 자리에 있던 분들이 허다하다" 는 이야기에서 가난한 노인들만이 있는 곳은 아니라는 점을 강조하지만, 그렇다고, 큰 부자나 권력자가 찾는 곳은 아니라고 설명한다. 탑골공원을 찾는 노인들이 자신들의 "단계"를 말하자면, 적어도 중산층과 그 이하의 사람들이 주를 이룬다는 것이다.

[사례 III-6]

(윤석환(75세, 남)씨와의 면담 중 일부이다.2003.10.25)
여기나 탑골공원에 댕긴 사람들은 ABCDE, 영어는 하나도 모르지만, 내가 나누기에는 이 다섯 단계로 나눌 수 있는데, AB는 국회의원 같은 거나하고 있지 여기 안 와. 호모, 막 잡아끄는......이런 사람들이나 오지, 우리 같은 나부랭이도 오고. CDE지.

[사례 III-7]

(손영환(80세, 남)씨와의 면담 중 일부이다.2003.10.16)
젊었을 때는 돈벌어 먹고산다고 바쁘고 고달퍼요. 산다 싶었는데 늙으니까 억지로 사는 게 아주 재미없어. 종묘나 탑골에도 관남바 2-3급, 6·25영관급 노인네들도 있을 거야. 입 다물고 앉아있으면 잘 몰라. 하지만, 몇 십억 버는 부자는 안 나와. 노인네도 비슷한 처지들이나 같이 있는 거지. 살아가는 이야기하면 좋은데 서로 초면이니까 하루 종일 입 다물고 가는 사람들이 부지기수지. 서로 통성명도 멋쩍고. 아는 사람 만나면 소주도 마시고 그래.

탑골공원에서 지속되어 온 행위들과 장소들은 젊은이들과 노인들이 뒤섞여 있던 1960년대와는 달리, 노인들의 문화를 대표하는 것이 되어 있었다. 공원의 연못에 소설 속 지명을 따서 이름을 짓고, 이성친구를 기다리는 장소로 공원을 이용하거나, 친구들과 씨름을 하던 청소년들은 이제 탑골공원을 찾지 않았다. 단지, 역사책 속에서 3·1운동이 시작된 곳이라는 단편적인 지식과, 교육적 답사를 목적으로 가끔 들를 뿐이었다. 탑골공원보다는 극장과 카페가 즐비한 마로니에 공원을 선호하고, 탑골공원 길 건너의 어학학원과 극장가들이 이들 문화의 중심이 되었다. 탑골공원의 '쪼록당'이라고 통칭되던 실업자무리들은 급격한 산업화를 통해 공장으로, 중동으로 나갔다. 이렇게 해서 도심의 공원은 노인들에게 남겨졌고, 노인들이 공원에서 지속되어 온 장소들과 행위를 계속 이어갈 수 있었다. 그리고 무엇보다도, 도심의 상징적인 금싸라기 땅에서 자신들의 문화가 표현되고 있다는 것은, 프로그램화된 노인복지센터나 "담배연기로 가득한" 양로원보다 훨씬 생동감이 넘치는 공간을 향유하고 있다는 것을 의미했다. 장터가 "체면을 차릴 필요가 없는 익명성의 공간"(정승모 1992:174)으로 물건의 매매를 위해 출입하는 사람들을 타산적으로 만드는 반면, 공원은 다른 사람들의 존재를 의식하면서 그러한 체면을 유지하고 자신을 과시하는 공간이라고 할 수 있다. 책을 읽거나, 춤을 추거나, 벤치에 앉아 있는 자세까지, 이 모든 행위들은 자신이 누구인지를 드러내는 표현적 행위이다. 탑골공원은 표현하고자 하는 노인들의 무대로서 자신의 존귀함을 찾는 공간이었다.

경제위기로 인해 대량 실업자가 생기기 시작한 1998년은 공원 이용자들 역시 급증하기 시작한 해이다. 40대와 50대의 실직자와 노숙자들이 공원을 찾기 시작하고 공원의 일상도 변화되기 시작했다. 공원을 '사무실'로 이용하는 부동산 브로커들이 눈에 띄게 증가하고 이야기터의 관중과 바둑과 장기를 두는 곳에 중년 남성들이 늘어났다. 침낭을 들고 낮에 햇볕을 쬐기 위해 팔각정에 앉아 있는 노숙자들이 증가하기 시작하고, 찻값을 내기 부담스러운 부동산 브로커들이 "파고다 공원 안, 내 사무실로 오소"라고 통화하는 소리가 들려왔다. 공원은 비슷한 처지의 실업자들이 정보를 교환하는 곳인 동시에, 주변사람들의 시선을 벗어나서 '출퇴근'을 지속하는 곳이었다.

[사례 III-8] 정보 교환

(한성택(46세, 남)씨와의 면담 중 일부이다. 2003.10.11)

여기 오면 정보들을 서로 알고 교환할 수 있는 정황이 되니까. 나도 직장을 갖고 나서 사업을 하다가 안돼 갖고 최근 아이엠에프이후 실직하고 온 거지. 다른 자세한 것은 모르고 솔직히 여기 보면 너나할 거 없이 자기가 무슨 일을 하다가 안됐을 시 바람 쐬러 나오는 거야. 그러면 다 똑같은 처지거든. 동네에서 나부터 있지 못하는 상황이다 보니까, 동네보다는 여기서 떳떳한 입장에서 여기가 낫지. 시간 딱 되면 나왔다 들어가고, 그래서 친구가 생기는 거지. 저기 하얀 옷 입은 사람이 내 친구야. 저런 사람들은 용역회사에 나간다고. 일 없을 때 오는 거야. 동네 있으면 아는 사람이 손가락질하고 이상할 것 아니야 기분 자체가. 그런데 여기나오면 그런 거 없거든. 친구들은 다 사업하고 직장 다니고 그러는데, 혼자 누워있으면 죽을 맛이지. 그래서 나오는 거야. 여기 사람들과 어영부영 어울려서 술 마시다 보면 '내일 또 만납시다' 하면서 계속 친해지는 것이지. 그렇게 비슷한 처지끼리 모이면서 자꾸 친구가 생기는 거지. 속성상, 알게 모르게 낙후된 사람들이야. 불법 카드하고 그런 사람들이 모여. 또 그런 정보를 여기서 흘리고, 꼬이는 거야. '놀고 그러지 말고, 돈이나 벌고 놀러 다니자' 하면서. 모이다 보면 범죄도 저지르게 되지.

1998년의 경제위기와 더불어, 정보기술의 발달로 인해 나타난 도시의 이중성도 탑골공원의 구성에 영향을 끼쳤다. 카스텔(Manuel Castells)에 따르면, 지식 집약적 직업이 집중되어 있는 광역도시에서 정보처리와 관련된 경제의 팽창이 유연적 생산의 등장과 중첩되는 경향이 도시공간의 분화로 나타나고 있다. 정보에 기초한 공식경제와 저급화된 노동에 기초한 비공식경제로 경제구조가 이분화 되면서, 도시의 중심부에 비공식경제가 집중되는 "이중도시"(dual city)가 나타난다는 것이다 (Castells 2001:286). 노동 분화 과정의 도시적 표현인 이중도시의 특성은 서울의 도시 구조에서도 나타났고 탑골공원은 이 비공식경제가 집중되는 공간의 하나였다. 탑골공원을 사무실로 이용하는 부동산 브로커들, 공원의 정문과 동문 쪽에서 중고물품을 팔고 쓰다 버린 전화카

[그림 18] 초상화 사진을 찍어주는 사람(사진출처: 서울시 공원과 1998)
사진들과 사진기들을 펼쳐놓고 자신의 영역을 차지하고 있다. 탑골공원 성역화 이후, 종묘공원의
동남쪽 출입구 주변에 자리 잡고 있다.

드를 다시 파는 행상인들, 중고 의류와 중고 전자물품을 파는 골목노
점상의 증가는 이러한 경향을 반영했다. 특히 부동산 브로커들은 거래
에 필요한 관공서가 종로 주변에 몰려 있고, "찻값 안 들이면서 사람도
만나고 사무도 볼 수 있는 더할 나위 없이 좋은 사무실"로 탑골공원을
이용하고 있었다.

[사례 III-9] 공원 속의 사무실과 다방

(이윤상(52세, 남)씨와의 면담 중 일부이다. 자신을 부동산 브로커라고 밝히
지는 않았지만, 거의 매일 공원에 나와서 '고객들'과 상담하고 각종 부동산
관련 서류들을 들고 나닌다. 2003.10.20)
다방 같은 데는 좀 그러니까, 시원하고 찻값 같은 거 안 들어가니까 좋찮아?
부동산업자들은 정해 논 자리도 없고. 그러니까 자연스럽게 공원으로 오는

거지. 옆에 하는 말 들어보면 별 얘기 다 나오지. 지하경제는 여기 다 있어. 말로만 거래하지. 거래를 할려고는 하겠지. 그런데 안 되거든. 거래를 할려고 해도 아파트 서류 같은 거 가지고 다녀도 그런 데서 이루어질 게 있겠어? 만에 하나라도 되는 수가 있겠지. 그래도 부동산중개소가 얼마나 많은데, 여기 같은 데서 하겠나? 할 일 없으니까 소일거리로, 나이 많은 사람들이 집에 있으면 답답하고 여편네 눈치 보이고 그러니까 여기 와서 정보교환하고 이 사람 저 사람 만나고 그러는 거지.

부동산 브로커들은 주로 정문 주변에 삼삼오오 짝을 지어 서서 고객을 기다리거나 동료를 만났다. 이들은 은색과 흰색의 노인들 속에서 검은색 머리와 양복차림으로 정문 주변에서 자신들의 영역을 만들어가고 있었다. 하나의 '일터' 혹은 '장터'가 된 탑골공원은 갖가지 경제활동들이 각자의 영역을 점유하고 있었다. 정문 앞에는 토정비결을 보는 사람과 구두닦이, 신경통약과 은행구이를 파는 사람이며, 옛날 복권과 쓰고 남은 전화카드를 파는 사람, 초상화를 파는 사람이 있었다.

이러한 장소의 점유들이 반복되고 시간이 지나면서 차이들은 자연스러운 것이 되고 사회적인 현실로서 인식된다(Bourdieu 1977). 한 번도 기록된 적이 없지만, 명확하고 정확한 규칙들에 따라 각 장소들은 점유되고 있었고, 이 장소들은 가치를 공유하고 있는 사람들 간 이해관계의 공동체를 이루고 있었다. 그리고 그 현실은 뒤에 오는 행위들에 문화적 규범으로서의 역할을 함으로써 장소들마다 소소한 역사들을 하나씩 만들어내고 있던 것이다. 각 장소들은 이전에 그 곳을 점하고 있던 행위와 사람들에 의해 배타적으로 점유되고 있었으며, 그러한 규칙은 암묵적인 실천 속에서, 공원을 찾는 사람들에게 학습되고 습관화되었다.

이전부터 지속되어 왔던 이와 같은 행위들은 경제위기 이후, 이용자의 증가와 함께 더 복잡한 사회관계와 연계되기 시작했다. 1998년 외환위기 이후, 탑골공원은 거시적인 경제지표의 급격한 변화로 나타나는 일상의 변화가 가장 뚜렷하게 관찰될 수 있던 곳이었기 때문에 미디어의 집중적인 관심을 받기 시작했다. 사회봉사단체들은 무료로 급식과 수지침, 이발과 같은 봉사활동을 공원과 그 주변에서 시작했다. 노인들이 많았던 탑골공원은 늘어난 실직자와 행상인들과 사회봉사단체들의 활동이 겹쳐짐으로써 미디어와 사람들의 관심은 증폭되었다. 실직자와 노인에게 무료급식을 하는 장소로 사회 전반에 인식되고, '삶에 지친' 노인과 노숙자들을 사진에 담으려는 사진작가와 노인문제를 다루는 연구자들, 그리고 경제위기에 대한 '민심'을 취재하려는 기자들의 방문이 줄을 잇는 곳으로 변화했다. 1990년대 말의 탑골공원은 그 어느 때보다도 많은 사람들로 북적거리고 많은 시선들이 집중된 공간이었다. 그러므로 이전에는 사람들의 관심을 끌지 못했던 공원 내의 행위들이 오히려 더 크게 부각되거나, 공원에서 지속되어온 일상적인 행위들이 경제위기와 노인문제로 인해 나타난 병리적 현상으로 다루어지기 시작했다. 노인들은 '무료로 점심을 먹기 위해 찾아오는 독거노인들'로 정형화되기 시작했고, 결국에 가서는, '부랑자들'과 함께, '민족의 성지'를 '행락장소'로 만드는 '불우노인'으로 간주되었다.

하지만, 위에서 살펴보았듯이, 노인들은 무료급식을 받기 위해 공원에 모였다기보다는 예전부터 지속되어 왔던 노인 위주의 문화를 즐기기 위해 찾아오는 것이 우선적인 목적이었다. 즉, 공원에는 이미 '노인의 전당'이라는 의미가 형성되어 있었다. 이는, 공원을 관리하는 국가나 공원에 영향력을 갖고 있는 엘리트 단체에 의해 공원의 의미가 '만들어진' 것이 아니라, 공원의 일상적 이용자들에 의해 공원의 의미가 구성되었다는 점이다. '민족의 성지'의 알맹이가 어떤 내용을 갖고 있어야 하는지에 대해서, 노인들은 탑골공원에서의 이야기터와 서예 그리고 스스로 만든 정원, 관광안내와 같은 실천들을 통해 보여주고 있었다. 이러한 전유는, 담론이나 엘리트 집단의 지배적 질서에 혼란을 가져오면서도, 노인들 스스로 탑골공원을 통해 자신들의 문화를 실천하고, 자신들이 누구인가를 알릴 수 있는 기회를 만드는 행위였다.[50] 이들은 탑골공원으로 내몰린 것이 아니라, 탑골공원에서 자신들의 사회적 위치와 문화를 공간화하고 있었고, 일상의 실천 속에서 형성하고 있던 장소들을 기워서 탑골공원을 '노인의 전당'으로 구성하고 있었다.

2000년 탑골공원의 노인 이용행태에 대한 이소영의 연구에 따르면, 경기도와 강남에서 탑골공원을 찾아온 노인이 46%에 달한 반면, 공원이 자리 잡은 종로구에서 온 노인은 6%밖에 되지 않았다. 즉, 거주지의 노인시설의 유무와 상관없이 탑골공원을 찾고 있는 노인들이 많았다. 교육수준에서도 중학교 이상의 학력을 가진 이용자가 41%에 달해서 결코 교육수준이 낮다고는 볼 수 없었으며, 20%의 노인이 직업을 갖고 있고, 52%는 배우자가 살아있다고 답해서, 탑골공원을 찾는 노인들이 '불우한 독거노인'이라는 점은 일종의 정형화라는 점을 알 수 있다. 또한, 84%의 노인 이용자가 무료급식 서비스가 없더라도 변함없이

---

50) 로우는 공공 공간에서 일어나는 공적인 항의들을 '명시적 항의', '잠재적 항의', '의례적 항의'로 나누어 설명하고 있다. 첫째, '명시적 항의'(manifest protest)는 공공 공간에서 시위나 집회를 통해 반대의사를 표명하거나, 마약 상인이나 매춘부 혹은 노숙자와 같이 집단적으로 공공 공간을 전유하는 방식이다. 둘째, '잠재적 항의'(latent protest)는 건조환경의 건축과 디자인의 문화적 재현과 상징에 대한 투쟁으로, 사회분석가의 평론으로 부각된다. 셋째, '의례적 항의'(ritual protest)는 공간의 의미를 상징적으로 전도시키는 저항의 형태로서 축제와 퍼레이드와 같이 일시적인 것이 특징이다(Low 2000:183). 탑골공원의 경우, 4·19 혁명 때, 공원의 조형물(이승만 동상)을 전도시켰던 것처럼 명백한 시위의 형태와 동시에, 노인들과 노숙자 등이 공원을 전유함으로써 공원의 의미를 변화시키는데 힘을 발휘했다는 점에서 '명시적인 항의'가 지속되었다.

오겠다고 대답해서, 무료급식과 같은 사회봉사활동이 공원을 찾는 직접적인 요인이 된다고 할 수 없었다(이소영 2000). 이와 같은 연구 결과를 볼 때, 탑골공원을 찾는 대부분의 노인들이 "무료급식[51]을 받고 시간을 때우기 위해 탑골공원을 찾아온 무직의 독거노인"이라는 인식이 잘못되었음을 알 수 있다. 탑골공원은 노인들의 문화를 재현할 곳이 거의 없는 서울의 공간적, 사회적 조건 하에서 놀이방식과 노인들의 취향이 부합되는 공간이었다. 노인들만이 모여 있는 양로원이나 노인복지관과는 달리, 다양한 연령의 사람들과 외국인들에게 자신들의 문화를 보여줄 수 있는 기회를 스스로 형성할 수 있는 곳이었다. 따라서 탑골공원은 노인들이 자신들의 정체성을 찾고, 자신이 누구인가를 말해주는 문화를 다양한 연령의 사람들 앞에서 펼칠 수 있는 곳으로써 도시 공공 공간의 의미를 형성하는 사회적인 과정에 참여할 수 있는 얼마 안 되는 공간이었다. 즉, 시민이라면 누구나 갖고 있는 도시에 대한 권리를 주체적으로 행사할 수 있는 기회를 가질 수 있는 곳이었다.

탑골공원은 한국사회에서 공통의 정체성을 갖도록 시민들을 하나로 묶는, 즉 개인적인 것과 사회적인 것을 연계하는 "기억의 장소"(Halbwachs

---

51) 탑골공원 내의 봉사활동 매일 점심급식이 이루어지는 데 더해, 목요일에는 이발, 수요일과 금요일에는 수지침, 매월 둘째, 넷째 일요일은 무료투약과 진료가 이루어졌다. 무료급식의 경우, 1993년 공원 옆에서 노상배식이 이루어지다가 공원의 이미지를 훼손한다는 지적에 1995년 북문쪽 컨테이너에서 옮겼다. 1998년에는 경제위기로 인해 무료급식단체들과 급식인원이 증가하면서 정부의 보조금이 지원되기 시작했다. 하지만 또다시 공원의 이미지에 대한 문제가 제기되자, 새마을운동 서울시 지회 건물로 급식장소를 변경했다. 당국에 의해 공식적으로 확인된 사랑채, 예수사랑교회, 한국노점상연합회, 조계사 청년회, 원각사 이외에도, 각종 종교단체와 봉사단체들이 아침, 점심에 걸쳐 빵과 떡을 나누어 주고 있었다.

1992; Nora 1992, 1996)라고도 해석될 수도 있다. 이 '민족의 성지'는 박정희 정권 이후로, 개인을 국가와 민족과 연계하는 '교육'과 '참배'의 장소로 존재해 왔다. 학교에서의 수업이나 답사를 통해 국가와 민족과 자신을 연결하고 있는 역사를 체험하는 곳이었다. 따라서 일제에 항거한 민족 봉기의 '공식적 기억'은 탑골공원에 투영되어 연속성을 갖게 되었다. 즉, 역사를 새겨 둠으로써 의미들이 통제되는 장소로 유지되어 왔다고 해석될 수 있다. 하지만, 이러한 논리는 역동적이고 능동적인 시간(기억)과 정적인 저장고의 역할을 하는 장소를 대립시킴으로써 공간과 시간의 이분법을 전제하고 있다는 한계를 지닌다. 이와는 반대로, 탑골공원은 단순히 기억을 담아두는 정적인 그릇이나 저장고는 아니었다. 탑골공원을 찾은 사람들 대부분은 실제의 공원에서 진행되고 있는 노인 및 노숙자들의 광경과 직접 마주치면서 예측하지 못했던 소소한 기억들이 난입하게 되는 경험을 했다. '민족의 성지'라는 일관성이 급작스럽게 붕괴되고 '정치 일번지', '이야기판' 등에서 나타나는 도발적인 기억들이 '출몰'(de Certeau 1984)하는 장소들이 널려 있었다. 앞에서 논의한 장소들은 공원 이용자들의 일상적인 점유를 통해서 나름의 소소한 의미들을 갖고 있었다. 즉, 각 장소들을 이용하는 사람들이 부여하고 있는 이 의미들은 반복적인 장소의 이용을 통해서 지속적으로 변화하고 있는 소소한 기억들을 만들어 내고 있었다. 중요한 것은, 기억과 시간이 장소들을 의미 있는 것으로 만드는 것만큼이나, 장소 역시 그 위에서의 행위와 경관을 통해 기억을 창출하고 새로운 이야기와 시간이 시작되게도 한다는 것이다. 이로써, 공간과 시간의 이분법은 폐기되고 공-시간의 상호작용이 갖고 있는 활성적인 측면에 주목할 필요가 있다. 역동적인 시간과 정적인 공간을 대립시키기보다는 '동질적인 공-시간'과 '이질적인 공-시간'을 대립시켜야 하는 것이다.

'엘리트 중심의 3·1운동의 성지 만들기'의 공-시간적 일관성은 '공원의 이용자들마다 각양각색의 기억들이 깃들어 있는 무수한 장소들의 출몰과 대립되는 것이다.

이상에서, 공원에서 만난 사람들과 이들에 대한 파편적인 기록들을 모아서 1990년대 후반의 탑골공원의 모습을 기술했다. 즉, 직접 걸으면서 공원을 이용해온 사람들의 경험을 통해 공원의 모습을 다시 볼 수 있는 기회를 얻을 수 있었다. 이를 토대로 격자 위에 그려진 공원의 설계도나, 혹은 유적과 기념비를 중심으로 재현되어온 관광안내도와는 다른, 일상적인 이용자들이 만들어낸 장소들을 중심으로 탑골공원의 지도를 다시 그릴 수 있다. 아래의 '표 1'은 위에서 기술된 자료를 토대로 1990년대 후반 탑골공원의 일관성을 '얼룩지게' 했던 장소들의 분포를 보여주고 있다. 중앙의 팔각정과 그 주변의 원각사지13층석탑, 원각사비, 3·1운동기념비, 3·1운동기념부조상들은 배경으로 물러나고, 그 대신으로 공원을 이용하는 사람들의 행위가 전경에 배치된다. 이 '전혀 달리 그려진' 지도에서 각 장소들은 각기 나름대로의 기억이 지속되고 있으며, 그 중에는 공원의 다른 기념비와 유적들보다도 오래 지속되어 온 것도 있음을 위에서 밝힌 바 있다. 공원의 주인공이 뒤바뀐 '표 1'의 지도는 탑골공원의 의미 역시 전혀 다르게, 그리고 다양하게 해석될 수 있다는 것을 보여준다. 단, 하루 시간의 흐름에 따라 장소들의 구성이 변화하는 과정에 대해서는 상세한 자료의 부족으로 나타내지 못하는 한계가 있음을 밝혀 둔다.

한편, 지도 위에 그려진 장소들의 대부분을 차지하는 사람들이 남성 노인이라는 점은 공원을 이용하는 인구의 시간대별 변화를 통해서 알 수 있다. 아래의 자료는 1998년 4월 17일(금요일)부터 4월 19일(일요일)까지 집계된 공원 이용인원의 현황이다(자료출처:「탑골공원 이용실태 조사」(서울시 공원과 1998)). 첫째, 시간대별 체재인원에 따르면(표 2), 평일의 변화가 토요일/일요일의 변화와 차이를 보이고 있다. 평일에는 오후 2시부터 5시까지의 변화가 거의 없는데, 이는 이야기판이나 정치판 등 공원에서 오래 머무는 행위들이 계속되고 있어서 공원이 가장 활기찬 시간이기 때문이다. 반면, 토요일과 일요일에는 각종 시위와 행사가 평일 탑골공원에 펼쳐지는 장소들을 대신한다. 둘째, 성별 이용현황에 따르면(표 3), 탑골공원이 남성위주의 공원이라는 점을 알 수 있다. 시간대별 체재인원의 증감과 평일의 남성이용자의 증감 곡선의 모양이 거의 일치하고 있다. 이용인원이 가장 많은 오후 3시에는 남성이용자가 여성이용자에 비해 30배에 이르고 있다. 셋째, 연령별 이용인원에 따르면(표 4), 청년층과 중장년층 이상의 공원이용 패턴이 확연하게 차이가 나고 있다. 20대 미만에서 30대 중반까지는 토요일과 일요일에 이용자수가 증가하는 반면, 50세 이상에서는 평일에 주로 공원을 이용하고 있음을 알 수 있다. 이는 직장과 학교를 다니는 젊은 층이 토요일과 일요일에 공원을 더 많이 찾는 반면, 경제위기로 인해 명예퇴직한 사람들과 공원을 일터로 이용하는 부동산 브로커들, 그리고 은퇴자들이 탑골공원을 이용하는 중장년층의 다수를 차지했기 때문이다. 탑골공원의 이용자 구성비에서 65세 이상의 노인들이 차지하고 있는 비율은 아래의 자료에서 1998년 41.2%를 차지하고 있다. 그리고 경제위기로 인해, 늘어난 50세에서 64세까지의 이용자는 32.8%로 노인의 이용자 수와 큰 차이를 보이지 않는다. 하지만, 2000년에 이르러서는 노인 이용자들이 84%에 이르고, 일일 입장객 수에 있어서도 1998년의 1,416명에서 2000년의 일일 평균 1,680명으로 늘어났다(종로구청 노인복지과 2000). 이러한 수치는, 98년과 2000년 사이에, 노인이용자들이 계속 증가하는 가운데, 중년 실업자들이 감소하고 있다는 점을 보여준다. 3년간 경기가 회복되면서, 실업자 수가 감소한 반면, "노인이 놀기 좋다"는 소문으로 노인 이용자의 수는 계속 증가하고 있었다. 이와 같이, 연령과 성별에 따라 공원을 이용하는 인원과 공원을 주로 이용하는 시간과 날짜의 변화가 다르게 나타난다는 것을 알 수 있다. 그리고 그 차이는 곧 서로 다른 사회적 배경의 차이이기도 하다.

[표 1] 1990년대 탑골공원의 행위지도

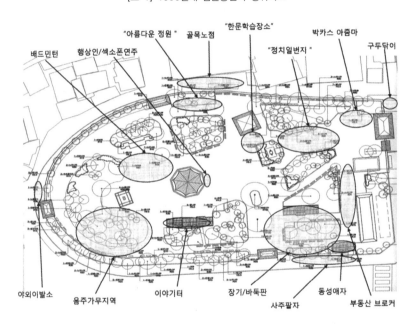

[표 2] 시간대별 체재인원   단위(명)

구 분	07:00	09:00	11:00	13:00	15:00	17:00	19:00	계
평 일	150	250	460	1,300	3,100	3,000	2,000	10,260
토요일	200	420	570	1,220	2,900	1,900	950	8,160
일요일	300	420	780	1,550	2,950	1,800	820	8,620

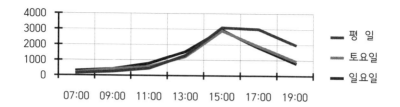

[표 3] 성별이용현황(평일기준)　　　　　　　　　　　단위(명)

구 분	07:00	09:00	11:00	13:00	15:00	17:00	19:00	계
남 자	130	221	425	1,255	3,002	2,875	1,880	9,788
여 자	20	29	35	45	98	125	120	472

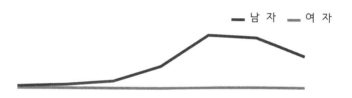

[표 4] 연령별 이용인원(일일 누적인원)　　　　　　　　단위(명)

구 분	20세미만	20세~34세	35세~49세	50세~64세	65세 이상	계
평 일	343	1,086	2,676	7,324	8,541	19,970
토요일	987	1,653	1,967	5,780	7,561	17,948
일요일	1,182	1,999	2,344	6,014	7,298	18,837
평균	837	1,579	2,329	6,373	7,800	18,918

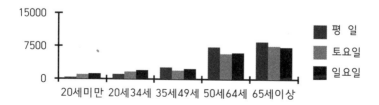

(2) '바람직하지 않은' 행위들: 보이지 않는 것에서 보이는 것으로

'장터'와 '공원'과 '성역'의 차이는 무엇일까? '공원을 장터처럼' 이용하는 사람들과 '공원을 성역처럼' 꾸미는 사람들의 차이는 무엇일까? 분명한 것은 '장터를 성역처럼' 꾸미는 동시에 '성역을 장터처럼' 이용하는 것은 불가능하다는 것이다. 동상과 기념비를 세우고 자신들이 이상화한 개념을 재현하도록 탑골공원을 꾸며왔던 국가와 엘리트 집단에게는 '성역을 장터처럼'[52] 이용하고 있는 노인들은 '부랑자들'의 행위와 마찬가지로 공원의 질서를 흩뜨리는 "부적절한" 행위였다. 반면, 술도 마시고 춤도 추고, 이야기도 듣고, 한문공부도 하면서, 옷도 살 수 있었던 탑골공원의 일상적인 이용자들에게는 '장터를 성역처럼' 꾸미려는 공원 관리당국의 의도에 대해 "예산 안 줄도록 남은 예산을 다 쓰려는 것"이나 "업자들이 돈 빼먹으려고" 하는 것이 아닐까 하는 의심의 대상이었다.

탑골공원에 '민족의 성지'라는 통일된 이미지를 부여해 왔던 민족주의 성향의 엘리트 집단은 탑골공원을 전유하고 있었던 노인들과 노숙자들이 공원의 위상에 '적합하지 않은' 행위를 하는 집단이라는 점을 부각시키기 시작했다. 특히, 경제위기로 인해 노숙자들이 증가하면서 언론매체의 관심이 집중되었고, 과거의 보이지 않았던 행위들이 매체를 통해 노출되고 부각되기 시작했다. 무료급식을 위한 줄서기, 매춘, 술주정, 노상방뇨, 구걸, 싸움, 도박과 같은 행위들은 노인문제, 경제위기, '민족의 성지'와 중첩되면서, 노인들의 복지문제로, 그리고 공원의 재정비 문제로 빠르게 흘러가게 된다. 그 결과, 탑골공원의 노인들은

---

52) "이용객이 가장 많은 15시부터 17시 사이에는 화장실, 음수대, 벤치 등 편의 시설의 절대 부족현상이 발생하며, **시골장터를 연상할 정도로** 많은 인원이 북적대는 상황임(「서울시 공원과 회의자료」서울시 1998).

'민족의 성지'에 어울리지 않는 행위를 하는 문젯거리인 동시에, 사회에서 소외된 사람들로 정형화 되면서, 복지기관을 필요로 하는 사람들로 인식되기 시작했다. 탑골공원의 노인들을 바라보는 시각은 탑골공원이 '노인의 전당'으로 불리게 되는 시기와 병행되고 있다. 노인들이 탑골공원의 문화를 주도하게 되는 시기에 이와 같은 "문제들"이 노출되기 시작한 것은, 공원을 일상적으로 이용하는 사람들과 이들의 모습과 행위를 문제시 하는 엘리트 계급 간에 공원의 쓰임새가 어떠해야 하는가에 대한 갈등의 장이 형성되고 있음을 보여준다.

탑골공원을 일상적으로 이용하는 사람들을 바라보는 외부의 시각은 두 가지로 나눌 수 있다. 첫째는 노인과 부랑자들이 탑골공원의 위상을 더럽히고 있다는 주장이다. 주로 공원을 통해 자신들의 위세를 상징하고 있는 엘리트 집단들과 공원의 역사적 위상을 들어 공원을 성역화 해야 한다는 언론들의 시각이다. 이들은 탑골공원에서 개최되는 각종 행사들 때문에 자신들의 행사 진행에 방해가 되고 있다는 점을 들고, 공원의 역사적 상징성이 노인들의 '유기(遊技)행위'와 노숙자들 때문에 훼손되고 있다는 문제를 제기하는 것과 함께 공원을 성역화 할 필요성을 강조해 왔다.[53] 특히, 1998년의 경제위기 이후, 노숙자들이 눈에 띄게 증가하고 노인이용자들과 사회봉사단체들이 공원에 밀집하면서, 이러한 주장은 더욱 적극적인 모습을 띄게 된다. 1998년 이전에는 "양로당인가 단골 시위장소인가"라는 의문을 제기하면서 노인들만이 공원을 이용하고 있다는 점과 시위대로 공원이 시끌벅적해진

---

53) 이러한 주장은 단지 탑골공원 뿐 아니라, 서대문 독립공원에 대해('성역인가 공원인가'), 장충단 공원에 대해('버려진 민족의 혼')서도 제기되는 것으로(「그날의 함성' 퇴색한 탑골공원」『한국논단』 1994년 3월호), 몇 개 되지 않는 도심의 공원들에 민족주의 이데올로기를 구현함으로써 공원에서의 행위들과 경관을 통제하려는 엘리트 집단들의 의도와 연계되어 왔다.

다는 점에 초점을 맞추고, 성역화를 통해 '방치'되어온 공원을 역사현
장으로 복원해야 한다는 점을 주장하는데 그치고 있다. 하지만, 1998
년 이후에는 노인들과 '공원의 의미에 부적절한 행위'를 연계시킴으로
써 '민족의 성지'라는 위상에 부합되지 않는 행위들의 부각에 초점이
맞추어지고 있다. "무질서"와 "번잡함"과 같은 용어가 등장하고, 관광
객의 시선에 대한 고려가 더해지면서, 노인이라는 인구집단보다는 이
들의 '바람직하지 않은' 행위들을 부각시키는 변화가 나타나고 있다.

> 이러한 민족정기의 상징이 되어야 할 파고다공원이 오늘날에 와서는 노인들
> 의 놀이터가 되어 정숙해야할 이 공간이 무질서한 행락장소로 전락했습니다
> (「파고다공원 문화공간 조성 사업(안) (광복회 1999)).

> 탑골공원은 3·1운동의 성지답게 성역화 시켜야 합니다. 일본인 관광객이
> 많이 오는데 잡상인과 노인들에 대한 식사제공 등으로 번잡스럽습니다. 정
> 부차원에서 민족정기의 요람에 대한 정책적 배려가 있어야 할 것입니다(「종
> 교지도자 면담시 건의사항: 천도교」(국무조정실 1999)).

이러한 시각의 변화는 단순히 탑골공원을 '방치'하고 있는 정부에
대해 비판하는 것을 넘어서, 공원에서의 행위의 '적절함'을 논하고 있
다는 점에서 공원 이용자들의 도덕성에 대해 시선을 돌리고 있음을
알 수 있다.

둘째는, 노인들이 도시공간의 구성과 생산에 참여할 수 있는 가능성
보다는, 복지기관의 혜택을 받지 못했기 때문에 도시공간에 모습을
드러내고 있다는 해석이었다. 탑골공원의 노인들은 현대 한국 사회에
서 '노인문제'가 얼마나 심각한지를 보여주는 '표본'으로 노인문제를
다루는 기사들의 서두를 장식했고, 정부의 정책부재로 비난의 화살은
돌려졌다.

노인들의 '휴식 공간'인 이 탑골공원은 이 나라의 소외되고 밖으로 내몰린 노인들의 위상을 그대로 웅변하고 있다. 노인들이 할 수 있는 것이라곤 바둑이나 장기. 그나마 자리를 못 잡은 대부분의 노인들은 앉을 자리도 없어 서성거리다가 오후에 집으로 향한다. 건강증진을 위한 체육 프로그램은 찾아볼 수 없다. 무료 식사와 일주일에 한 두 번씩 진행되는 무료 이발, 수지침 시술이 전부이다. 이런 분위기는 동네 경로당에도 이어진다(「어르신 춤 한 번 추실까요?」(한겨레신문 2000.10.6.)).

1998년 경제위기로 공원의 사회적 구성이 크게 변화함에 따라, 탑골공원에 대한 인식은 '무료급식과 노숙자, 가난하고 갈 데 없는 노인들이 모이는 곳'으로 변화하고 있었다. '노인의 전당'은 '불우한 노인들과 부랑자'들로 가득 채워져 '복지의 혜택을 기다리는' 사람들이 '정비를 요하는' 공원에서 '상주'하는 모습으로 사람들의 입에 오르내리기 시작했다. 이러한 과정에서 노인들이 공원에 스스로 형성해 왔던 문화의 영역들은 자체적인 의미로 해석되기보다는, 복지의 '사각지대'에 놓여 갈 곳 없는 노인들이 '떠돌다가 모이는' 장소들로 비추어지게 되었다. 이야기판은 "입담 좋은 노인이 음담패설을 하는" 장소로 그려지고, 갈 곳 없이 소일하는 노인들이 이야기를 들으며 "허허 웃기만 하는 장소"였다. 노인들이 스스로 일구어 놓은 오랜 전통의 장소들은 "이 나라의 소외되고 밖으로 내몰린 노인들의 위상을 웅변"하는 장소로 노인들의 복지문제를 제기하는 글머리를 장식하기 시작했다. "박카스 아줌마들"은 구조적으로 무시되어 온 노인들의 성을 드러내는 현상이라기보다는, 노인을 협박해서 이들의 돈을 뜯는 범죄자들로 주목되고, 노인들은 이중의 피해자로 둔갑했다. 이와 같은 시각에 따르면, 노인들은 '방치'되어 있을 뿐, 자신들이 할 수 있는 것은 아무 것도 없이 단지 사회의 무관심의 '피해자들'일 뿐이었다.

방치된 노인문제의 해결책으로 항상 복지관의 최첨단 시설과 프로그램이 거론되고 있고, 노인들이 스포츠 댄스를 추고 컴퓨터를 배우는 모습으로 이어졌다. 노령화와 노인복지문제를 연관시켜 정부의 복지 정책의 부재를 비판하는 데서 초두로 등장하는 탑골공원의 광경은 노인뿐 아니라, 탑골공원까지 정형화 시키는 결과를 낳았다. 노인들에게 근대화된 '여가문화'가 필요하다는 점을 강조하고 있는 시각들은 탑골 공원에서 벌어지고 있던 '장터'와 같은 '놀이문화'를 대체할 필요가 있다는 암묵적인 주장이었고, 공원의 역사와 노인들 문화의 협상을 통해 형성된 내재적인 문화는 노인복지의 필요를 주장하는 근거로서 거론되는 추잡하고 불쌍한 광경들로 그려졌다. 결국, 탑골공원에 가면, '한국의 노인문제의 모든 것이 진열되어 있는 모습'을 볼 수 있다는 것이다.

한 노인복지 전문가는 노인들이 '건전한' 여가생활을 즐기는 방법을 젊었을 때 배우지 못했기 때문에 "노는 방법을 모른다"고 해석하고, 서구의 노인들의 여가활동에서 그 이상적인 모습을 찾고 있다. "서구 노인들은 일찍부터 여가문화나 봉사활동이 몸에 뱄기 때문에 나이가 들어 여가활동을 따로 찾을 필요가 없다"라는 전제에서 탑골공원에서 "멍하니 하늘만 쳐다보는" 노인들을 극명하게 대조시킨다.

> 복지관의 답답함을 견디지 못하거나 술의 유혹을 이기지 못해 밖으로 뛰쳐 나가는 노인도 많다. 서울 탑골공원과 종묘공원에서는 갈 곳 없는 노인들이 멍하니 하늘만 쳐다보며 하루를 보내는 모습을 쉽게 볼 수 있다. 술을 마신 뒤 드잡이하며 얼굴을 붉히는 광경도 자주 눈에 띈다 (「고령화 사회: (5)노인 놀이문화」(동아일보 2003년 2월 7일)).

노인복지전문가의 시각에서도 탑골공원의 노인들의 행위가 '바람직하지 않은' 행위들과 연계되고 있음을 알 수 있다. 탑골공원을 이용하는 노인들을 대하는 각 집단들은 그 의도에서 차이를 드러내고 있음에도 불구하고, 노인들의 행위를 '바람직하지 않은' 것으로 부각시키고 있다는 점에서는 공통점을 갖는다.

탑골공원에 대한 전반적인 이미지의 변화는 공원을 이용하는 남성 노인들에게 폭력적으로 다가왔다. 탑골공원의 동문 밖에 있는 상가 골목에서는 현재도 매일 정치문제에 대해 토론을 하고 있는 노인들이 있다. 주변 상인들은 사진을 찍으려는 행인들을 저지하면서 공원의 이미지를 왜곡하는 장면만을 찍어 가는 사람들을 경계하고 있었다.

> (조윤기(53세, 남)씨와의 인터뷰 중 일부이다. 조윤기씨는 탑골공원의 동문 밖에 있는 작은 음식점을 하면서, 토론하고 있는 노인들에게 자판기커피를 돌리는 등 노인들의 편의를 봐주고 있다. 2003.11.8)
> 여기 계신 분들은 대부분 점잖으신 분들이야. 언론보도의 간접적 피해자라 할 수 있지. 예전에 정치하시고 훌륭한 분들인데, 맨 날 오줌 싸는 것, 쓰러져 자는 거만 찍어가기만 하고. 노인들 오줌 누는 거나 찍으면, 노인분들이 우리 생계인데 그리 (미디어에) 나가면은 더러운 것만 나오니. 찍어갈려면 노숙자들이나 찍어가지.

필자가 현지조사를 하는 동안, 노인들과 노숙자들을 사진에 담기 위해 수많은 사람들이 오고 갔다. 이들 중에는 위의 상인에게 혼 줄이 나서 쫓겨 가는 한 대학생도 있었고, 종묘공원에 모여 있는 노인들을 찍으려던 카메라 기자에게 주먹을 흔들며 쫓아내는 노인들도 볼 수 있었다. 동문 밖에서 면담 도중에 사진기를 들고 다니는 한 청년을 주시하던 상인은, "찍히기만 해봐, 죽여 버릴 거야"라는 말을 하며 적개심을 표현했다.

한편, 노인의 복지문제에 관한 언어는 노인들 자신에 의해 차용되기도 했다. "노인들 복지관 하나 안 지어주면서 공원 공사만 왜 이리 자주 하는가"라는 한 노인의 불평은, 노인들 역시 '노인복지의 부재'를 시 정부에 대한 비판의 도구로 사용하고 있었다는 것을 보여준다. 하지만, 이 경우는 노인문제를 부각시키는 언론과 전문가들의 의도와는 전혀 다르게, 자신들의 공원에 대한 권리를 주장하는 수단으로서 노인복지의 언어를 이용하고 있음을 알 수 있다. 실천에 있어서는 자신들이 만들어낸 문화를 찾아 모여들고 있었다고 할 수 있는 많은 탑골공원의 노인들은 실제로 현재의 노인복지관이 아니라 탑골공원과 종묘공원을 매일 왕복하고 있다.

이상에서 검토한 바에 따르면, 공원을 '적절하게 이용하는 방식'에 대해 이상적인 관념을 갖고 있었던 엘리트 집단과 공원을 실제로 이용하며 즐기던 공원의 일상적 이용자들의 차이로 비롯된 갈등의 장이 나타났다. 도심에서 군중의 행위를 통제하려는 엘리트 집단 및 전문가 집단의 교육적이고 도덕적인 시각은, 공공 공간을 전유하고 다양한 방식으로 이용하면서 나름의 의미를 부여하는 개인들과 마찰을 빚어왔다. 비슷한 이유로, 언론이나 지식인의 칼럼은 이중적인 시각을 보이고 있었다. 이들은 사회와 경제 구조적 이유로 도시공간에 대한 문화적인 권리로부터 배제되어 왔던 노인들에게 동정적 시선을 던졌지만, 동시에 그들의 공원에서의 여가활동 속에서 나타나는 행위들을 추잡하고 낙후된 것으로 간주하면서 계몽과 규율의 대상으로 다루어왔다. 이들의 주장은 노인들에게 근대적 여가활동을 습득할 수 있는 기회를 제공해서 '건전한' 방향으로 '노후를 설계'할 수 있도록 공원의 노인들을 노인복지관에 수용시켜야 한다는 논리로 귀결되는 것을 볼 수 있었다. 동정적 시선의 이면에는 노인들을 '문제집단'[54]으로 보는

----

54) 김희경(2003)은 노인들의 고통을 덜어주기 위해 설립된 무료노인병원이 노인들의 고통을 덜어주기보다는 오히려 심화시키는 과정을 규명함으로써, 고통(suffering)이 단순히 통증(pain)의 문제에 그치는 것이 아니라, 사회문

또 다른 시각이 숨어있다.

여기서, 탑골공원의 노인들에 대한 엘리트 집단과 노인복지 전문가들의 시각이 단순히 노인문제와 공간의 결합에서 머무는데 그치지 않고, 계급적인 취향의 문제와도 연계되고 있다는 데 주목하지 않을 수 없다. '민족의 성지'라는 이유로, 그리고 '노인복지의 혜택을 받지 못했다'는 이유로, 탑골공원에서의 행위들은 '유혹을 참지 못해서 뛰쳐나간' 노인들이나 '불우한 독거노인'들의 소일거리들로 간주되었다. 이러한 문제제기의 근거로서 '민족의 성지'라는 위상과 '노인복지의 부재'가 제기되고 있지만, 이 시각들을 한 꺼풀 벗겨낸 뒤에는 공원에서의 '바람직하지 않은' 행위라는 공통분모가 숨겨져 있음을 알 수 있다. 공원에서 술을 마시고, 춤을 추고, 식사를 위해 줄을 서고, 정치이야기로 멱살잡이를 하고, 매춘을 하는 행위들에 대해 문제를 제기하는 것은 공적인 생활과 사적인 생활을 구별하는 방식에 대한 계급적인 차이를 보여주는 것이다. 공공 공간에서 훌륭한 매너와 품위, 그리고 프라이버시를 중시하는 엘리트 계급에게는 공공 공간이 '구별짓기'(Bourdieu 1995)의 무대로서의 역할을 한다. 하지만, 탑골공원의 문화는 호숫가의 벤치에 앉아 호수를 헤엄치는 거위에게 먹이를 던져주거나, 다리를 꼬고 앉아서 경치를 감상하며 사색에 잠기는 등의 계급적인 '구별짓기'를 무력화시키는 곳으로 중산층의 육화된 성향에 공격을 가하는 공간이라고 할 수 있었다. 갖가지 요소들이 혼합되어 공존하는 탑골공원의 분위기는 중산층의 미덕이 먹혀들지 않고 쓸모없는 것이 되어버리는 공간일 수 있는 것이다.

화적 관계 속에서 생성되고 있다는 점을 밝혔다. 이는 노인을 돕기 위해 개입한 사회적 힘이 해결책을 제시하면서도 오히려 노인을 '문제 집단'으로 만드는 결과를 낳고 있다는 점을 시사하고 있다.

술 마시고, 노래하고, 춤을 추는 것, 혹은 도박을 하거나 밥을 먹기 위해 줄을 서는 것, 정치이야기로 언성을 높이는 것은 탑골공원의 노인뿐 아니라, 중산층의 노인이나 젊은이들도 하고 있는 행위들이다. 두 경우의 근본적인 차이는, 공적인 것과 사적인 것을 구분하는 '아비투스'의 차이라고 할 수 있다. 하고자 하는 것에 '적합한' 쇼핑몰과 클럽을 찾아가거나, 자동차를 타고 조용하고 격리된 곳을 찾아 갈 수 있는 중산층에게는 공원에서 술을 마시거나, 춤을 추거나, 도박을 하는 것 혹은 언성을 높이는 것은 일종의 금기로서 '공'과 '사'의 이분법을 깨는 것으로 혐오와 불안을 야기한다. 더글러스는 '순수'와 '위험'에 대한 논의를 통해, 체계적 질서가 부적절한 행위를 제거하는 과정에서 더러운 것이 부산물로 남겨진다고 주장했다(Douglas 1997:69-75). 지배적인 질서체계 속에서, 공공 공간에서의 매춘이나 술 마시고 춤을 추는 것 혹은 언성을 높이는 것은 더러운 것으로서, 공적인 것과 사적인 것의 경계들을 흐리는 것이다. 결국, 경계를 애매하게 하는 사람과 지역은 위험한 것으로, 지배적인 지위에 있는 사람들을 위협하는 것으로 간주된다. 따라서 '바람직하지 않은' 행위들은 물질적, 상징적, 정신적인 경계들에 대한 사회의 '문화적인 두려움들의 기록'으로서 (Papayani 2000), 자신들의 '순수함'을 주장하는 엘리트 계급의 자기확인과 다름없다. 반면, 그러한 행위들을 적은 비용으로 한 장소에서 즐길 수 있는 탑골공원은 자유롭게 자신들의 문화를 구현할 공간이 적은 중산층 이하의 노인들에게는 자유롭고 편리한 공간일 수 있었고 동시에, 이들의 말대로, "돈 있는 사람들은 거저 줘도 안 오는" 곳이었다.

　결국, 민족주의 이데올로기가 투영된 공간의 위상과, 공공 공간에서의 '바람직하지 않은 행위'에 대한 계급적 혐오와 불안은 탑골공원의 노인들의 행위들을 부랑자, 독거노인, 불우노인과 같은 문제와 동일한 지위에 위치시킴으로써 탑골공원의 노인들이 노인복지관으로 배제되는 것을 정당화하는 논리와 조우하게 된다. 탑골공원의 노인들에게 노인복지관을 제공함으로써 이들이 더 이상 탑골공원에 오지 않도록 할 수 있다는 전제는, 노인들에게 전유된 공원의 의미와 공원의 이미지를 "탈환"(Smith 1996:227을 참조할 것)하려는 도심의 공공 공간에 대한 계급적 전쟁을 포장하는 완곡한 표현이라고 할 수 있다. 1990년 대의 탑골공원의 또 다른 상징으로서, '불우 노인들의 무료급식소'는 노인들의 여가활동에 대한 '개선'을 촉구하는 담론적인 캠페인과 도덕성의 문제제기와 연계되어 있음을 알 수 있다. 탑골공원의 노인들은 가난뿐 아니라, 부도덕과도 결합되어 정치적이고 경제적인 소외뿐 아니라, 도덕적인 소외에 직면하게 된다. 탑골공원의 노인들에 대한 문제화는 결국, 연령-계급-도덕의 영역들에서 중첩되어 나타나고 있다는 점을 알 수 있다. 이와 같은 사회적 배제의 논리가 공간을 통해 직접적으로 실천되는 것이 '성스런 구역'을 설정해서 그와 반대되는 '추잡함'을 몰아내는 것이었다. 공원의 '성역화'의 논의는 공간에 배타적인 기능을 부여함으로써 그 외의 이용방식에 대해서는 배제하는 구역을 설정하는 것으로, 민족의 이데올로기를 공간에 구현하고, 일본인 등 관광객의 시선을 위해 정리된 깨끗한 공간을 창출하는 목적을 위해 추진된다.

이상에서, 1990년대의 탑골공원의 복잡한 경합의 전개를 살펴보았다. '민족의 성지'와 '노인의 전당'은 결코 대립관계가 아니었다. '민족의 성지'라는 위상이 어느 담론과 연계되느냐에 따라 그 실질적인 의미는 변화했다. 노인들이 공원에서 벌이고 있는 문화적 표현들은 '노인의 전당'을 '민족의 성지'라는 기존의 의미와 연계함으로써 자신들의 정체성을 부각시키는 결과를 가져왔다. 공원의 전유를 통해 '민족의 성지'의 쓰임새를 전유함으로써 '노인의 전당'에 연계시키고 있었다. 하지만, 이들을 문제화하는 엘리트집단에 의해 그러한 연계는 제한되기 시작했다. 대신, 미학과 조경 이론을 도구로 삼아 자신들의 이해관계를 공원에 반영하려는 엘리트 집단과 관광 상품으로 꾸미려는 정부의 의도가 일치됨으로써, '민족성지의 위상'은 공원에서의 무질서한 행동과 '바람직하지 못한' 사람들을 제거하는 데 이용된다. 결국, 탑골공원의 위상은 다른 의미들과 경합관계에 있는 것이 아니라, 집단들 간 공원의 상징적 의미를 둘러싼 경합에서 유리한 위치를 차지하기 위해 점령해야 할 '고지'라고 할 수 있다. 그 '고지'에 꽂힌 깃발들의 변화는 탑골공원의 의미에 대한 치열한 '점령'과 '탈환'의 결과를 보여주는 것이다.

2. '성지' 재창출과 공공 공간에 부여된 위상의 폭력

탑골공원을 전유하고 있는 노인들은 부정적인 소문과 미디어에서의 장면들로 인해 정형화 되었다. 하지만, 이런 소문은 거기에서 그치지 않았다. '민족의 성지'라는 위상은 다시금 사람들에게 환기되고, 공원을 위상에 부합하도록 재디자인 함으로써 물리적인 변경을 수반하는 정책에까지 나아간 것이다. 따라서 공원의 이용자들에 대한 면담만큼이나 공원에서의 경험을 조직하는 데 영향을 끼치는 전문가들과 정부 혹은 엘리트 단체와 같은 집단들이 공원의 의미를 조작하는 과정을 살펴보는 것 역시 중요하다. 공원이라는 물리적 공간 내에서 이용자들의 말을 듣고 그들의 행동을 관찰하는 것만큼, 공원의 생산에 직접적으로 참여하고 있는 사람들이 공원에 대해 갖고 있는 재현의 의도와 재현을 위한 도구들, 그리고 그것들의 교차를 통해 나타나는 결과를 살펴보는 것 역시 탑골공원에서의 문화를 이해하는 데 필수적인 요소라고 할 수 있다.

여기서는 탑골공원의 성역화 작업의 과정에 개입하고 있는 집단들의 의도들과 그 의도의 성취를 위한 도구들, 그리고 다양한 의도들 간에 나타나는 모순을 다룬다. 우선, 시의 정책과 엘리트 단체, 그리고 조경전문가의 의도들이 교차되는 지점으로서 '성역화 사업'을 다룬다. 다음으로, 새로운 탑골공원 디자인의 계획안을 검토함으로써 공원의 물리적 변화를 통해 공원의 의미를 새롭게 하는 전략에 대해 검토한다. 공공 공간은 설계자가 재현하고자 하는 이상과 미학이 정부와 엘리트 집단의 정치·경제적인 목적과 어긋남으로써, 겉으로는 자연스럽지만 모순이 내재되어 있는 것이 특징이다(Holston 1989). 그 의도들의 배경과 성역화 과정에서의 타협과정을 조망하는 것은 그 과정의 결과로서 나타난 현재의 탑골공원의 모습을 탈 신비화하는 결과를 낳을 것이다. 이러한 검토를 통해, '민족의 성지'와 노인들 간의 '당혹스런 결합'만큼이나, 새로운 탑골공원 역시 조경전문가의 계획과 엘리트 집단들의 목적들이 접붙이기된 '당혹스러운 모습'을 하고 있음을 제시한다.

(1) 시 정부의 성역화 계획

탑골공원의 성역화는 도심의 한 공간에 구역을 설정함으로써 그 공간에 '부적절한' 행위들을 제거하고, 디자인의 변경을 통해 통일되고 깨끗한 공간을 창출하는 정책이었다. 이러한 과정은 단순히 '민족의 성지'의 위상에 부합하는 모습으로 공원을 재정비하는 표면적인 목적에만 기여하는 것은 아니었다. 경제적인 이득과 엘리트 집단의 이데올로기의 반영, 그리고, 사회와 문화에 대한 계급적인 통제가 교차하고 있다는 점이 근본적인 배경으로서 역시 논의의 대상이 된다. 탑골공원의 성역화 작업의 추진과정에서 보이는 시 정부 정책의 특징은 당시 고건 시장의 면담 내용에서부터 검토의 출발점을 잡을 수 있다.

> 또 뭐가 있나. 아, 탑골공원이 있네. 3·1운동의 발상지라 일본인 등 외국관광객이 많이 찾는 데니까 성역화해야 하겠는데, 노인들이 계시니까 안 된단 말이야. 옛날처럼 불도저식으로 노인들에게 '오지 마시오' 하면 이건 **굿 거버넌스**가 아니잖아. 그래서 먼저 노인들이 갈 곳을 만들었죠. 지하철 안국역 근처에 하루 3,000명을 수용할 수 있는 무료급식소를 만들었어요. 거기 가면 없는 게 없어. 바둑, 장기, 당구 같은 오락기구는 물론이고, 진찰, 치료까지 해줘. 해야 할 일은 반드시 관철시킨다. 다만 방법이 다를 뿐이지. 옛날처럼 밀어붙이기로 강행하는 건 아냐. 최종적으로 강행할 땐 강행해야지. 그래도 강행하기까지는 계속 대화하면서(「행정의 達人 高建 前 서울시장」 (『월간조선』 2002. 9. 1)).

우선, 성역화 작업의 전제로 "굿 거버넌스"를 천명하고 있다. 그리고 "불도저" 식으로 노인들을 배제하는 방식은 현대적인 통치방식(governance)이 아니라는 점을 밝히고 있다. "불도저"는 독재정권 시기의 강압적인 개발방식을 상징하는 용어로서 1966년부터 1969년까지 부임했던 김현옥 시장의 별명이기도 하다. 김현옥 시장은 박정희 정권기인 1967년 탑골공원에 아케이드를 건설하고 공원을 유료화 한 실무자였다. 특히, 도심의 무허가 판자촌 철거의 과정에서 보이듯이 "시작하면 무조건 밀어붙이는" 방식이 그의 시정의 주된 특징이었다. 고건 시장은 1960년대 군사정권의 개발논리에 따라 진행된 "불도저" 식의 도시개발과 현대의 도시공간에 대한 통치방식은 동일할 수 없다는 점을 밝히고 있다. 그는 자신이 천명하고 있는 "굿 거버넌스"가 공원의 이용을 대체할 수 있는 노인복지회관을 제공하는 등, 대화를 통한 설득을 중시하기 때문에 '밀어붙이기'가 아닌 합리적 정책임을 강조했다. 특히, 노인 복지회관의 제공은 이동을 강제하기보다는 "갈 곳"을 마련해 준 다음 정책을 관철시키는 방식의 특징을 보여준다. "굳 거버넌스"로서의 시의 정책 방침은 탑골공원 성역화 이전에도 노인 단체들을 중심으로 해서 자원봉사대를 운영하는 등, 공원 이용자들이 자발적으로 질서를 유지하도록 유도하는 시책에서도 나타나고 있다. 중요한 것은, 공원을 점하고 있는 사람들을 공원에서 배제하는 1960년대식의 방식이 변화했다는 점이고, 새로운 통치방식인 "굳 거버넌스"가 어떤 요소들의 작용을 통해서 정책으로 실천되는가를 조망하는 것이다.

성역화의 목적 중에서 큰 비중을 차지하는 것이 "일본인 등 외국인 관광객"의 유치라는 점을 위의 면담에서 알 수 있다. 시 정부의 입장에서 직면한 가장 큰 문제는 탑골공원이 "도시미관을 저해한다"는 점이고, 이로 인해, 공원이 관광지로서의 기능을 하지 못하고 있다는 데 있었다. 탑골공원은 일종의 '문화상품'으로서 소비자의 기호에 맞추기 위해 꾸며져야 했고, 그 소비자란 다름 아닌 일본인 등 외국인 관광객들이었다. 공원은 하나의 '상품'으로 디자인과 설계의 구성에서 새로운 투자와 자본을 끌어들이는 수단으로서 침체한 도심을 활성화하는 전략으로서 이용되어 왔다(Zukin 1995; Low 2000). 서울 도심에서는 2002년의 한·일 월드컵을 계기로 찾아올 외국인 관광객들을 위한 도심 관광코스들이 설정되는 동시에, "한국 방문의 해", "서울 방문의 해"[55]와 같은 관광객 유치 목적의 정책들이 시행되면서, 탑골공원 역시 "도심 관광 패키지상품"의 하나로서 엮어져 있었다. 김대중 정권은 1998년 9월 26일 "한국방문의 해"를 선포했고, 2001년 1월 2일에는 당시 고건 시장이 2001년을 "서울방문의 해"로 정해서 관광객을 맞이하

---

55) 「2001 한국방문의 해 서울시 관광종합대책」 2001 서울시

기 위한 적극적인 시책을 추진했다. 그 추진 목적은 서울을 국제적 수준의 품격을 지닌 도시환경으로 조성하고 서울을 찾는 관광객에게 친절하고 깨끗한 도시상을 부각시키는 것이었다. 탑골공원의 성역화 역시 관광정책과 연계된 도시환경 정비사업의 일환으로 추진되었다. 2001년이 "서울방문의 해"로 지정됨에 따라 추진된 「관광종합대책」의 주요 내용은 다음과 같다. 1)국제관광경쟁력 제고를 위해 관광기반시설 구축, 2)세계도시 수준에 걸 맞는 서울의 도시환경정비 3)내실 있는 행동계획의 수립이 그 주된 시책이다. 특히, 외국인 관광객이 집중적으로 방문하는 지역을 선정해서 환경개선과 정비에 중점을 두고 있다. 따라서 '문화상품'으로서의 탑골공원은 "세계 도시의 수준에 걸 맞는 서울"의 한 부분으로서 관광객에게 선보여지는 곳으로 국가의 관광경쟁력을 위한 기반시설로 규정되었다. 단순히 서울 도심에서 시민들이 집회를 갖고, 벤치에 앉고, 일상을 보내는 데 공원의 가치를 두기보다는, 세계 관광 시장 속에서 하나의 상품으로 교환되는 가치에 중점을 두고 있다고 할 수 있다.

따라서, 탑골공원은 '상품으로서의 성지'가 될 필요가 있었다. 일상에서 공원을 이용하는 도시서민들이 만들어내는 지역적인 이미지보다는, 전 세계로부터 몰려오는 관광객을 끌어들일 세계도시의 '품격'을 갖춘 글로벌한 이미지로 창출될 필요가 있었다. 이러한 정책은 "국제관광경쟁력의 제고"로서 정당화되고 있으며, 서울 시민들과 관련단체들에게 성역화 사업의 필요성을 설명하는데 중요한 요소가 되었다. 또한, '문화상품'이란 용어는 관련단체들이 탑골공원의 성역화 사업에 대해 개입하는 과정에서도 자신들의 의도를 정당화하기 위한 용어로서 사용되기 시작했다.[56]

---

56) 탑골공원의 북문 바깥에 자리 잡고 있는 원각사의 주지스님은 원각사지 13

시장의 면담에 따르면, 탑골공원을 관광지로 창출하기 위해서는 노인들이 보여서는 안 된다는 점을 전제를 두고 있다. 이미 엘리트 단체들의 주장과 언론의 문제제기를 통해 불거진 '부적절한' 행위들과 노인복지에 대한 문제제기는 시 정부에도 압력으로 작용하고 있었다. 결국 시 정부는 노인들의 공원이용 통제를 정당화하기 위해 언론과 엘리트 단체들의 문제제기와 조우하게 된다. 탑골공원의 성역화 사업의 취지를 통해 관광지 활성화의 목적과 엘리트 단체의 문제제기가 어떻게 교차하는지를 살펴볼 수 있다.

> 3·1운동의 역사적 상징성을 지닌 '탑골공원'이 불우 노인들의 무료 급식권 배부, 고성방가 등 무질서 행위로 인해 독립운동 성지로서의 입지가 크게 퇴색하고 있는바, 내년 제82주년 3·1절을 기해 공원의 성역화를 추진하기 위한 계획을 수립·시행할 필요가 있다(「탑골공원 성역화 추진계획 보고」 (서울특별시 2000년)).

"노인들의 놀이터가 되고, 정숙해야할 공간이 무질서한 행락장소로 전락"[57]했음을 지적하면서 성역화의 필요성을 역설해온 관련단체의

층 석탑과 같은 불교 문화재의 보호를 강조한다. 그는 주장의 근거를 강화하기 위해 '문화상품'과 민족주의를 결합시키고 이를 다시 시민정신과 연계시킨다. "공원관리자인 서울시가 사적지 354호를 어떠한 역사적 의미가 담겨 있는지에 대한 문화재 영향 평가를 실시해야 합니다. 공사지역에 대한 문화재청의 허가 없이 문화재 보존 지역을 공사하는 것은 있을 수 없는 일입니다. 조상들이 긴 세월 걸려 만든 문화유산을 공사 기간을 정해 놓고 아파트 짓듯이 허물고 다시 짓는 식의 성역화 공사는 문화 상품화 시대에 살고 있는 성숙한 시민 사회에서는 절대로 용납 되서는 안 될 일입니다." 문화상품이라는 용어가 탑의 보호를 위한 도구로 이용되고 있음을 알 수 있다. 이는 시정부가 추진한 성역화 작업의 대전제 중의 하나인 관광패키지로서의 탑골공원을 주장의 근거로 제시함으로써 설득력을 강화하는 전략임을 알 수 있다.

문제제기 방식은 정부의 성역화 계획에도 반영되고 있음을 알 수 있다. 이와 함께,「탑골공원 성역화 추진계획」(서울시 2000)은 '성역화'의 기본전제로 공원을 이용하는 '불우 노인들'을 위한 대체시설로서 노인복지시설을 마련하는 것의 중요성을 강조하고 있다. 이 점을 볼 때, 노인복지문제에 대한 압력 역시 성역화 계획에 반영되고 있다. "3·1운동의 역사적 상징성"을 지닌 "성지로서의 입지"가 위협을 받고 있는데 대한, 엘리트 단체들의 반응은 앞의 절에서 살펴본 바와 같이 노인복지의 전문적인 지식을 동원하거나, '민족의 성지'라는 위상을 환기시키기 위해 정부와 언론에 압력을 넣어 왔다. 문화가 '전도된' 공원을 탈환하는 작업은 '불우 노인'을 탑골공원에서 지우는데 다양한 힘들을 작동시키고 있음을 알 수 있다.

정부의 탑골공원 '성역화'계획의 목적은 다음의 세 항목으로 정리될 수 있다. 첫째, 일본인 등 외국인 관광객을 위한 국제적 수준의 관광지로 정비하는 것. 둘째, 3·1운동의 역사적 상징성을 지닌 공원에 '적합하지 않은' 행위들을 근절하는 것. 셋째, 사회문제로 제기되고 있는 노인복지문제를 시 정부가 해결하는 것이다. 시 정부가 추진한 '성역화'는 노인들을 탑골공원에서 배제하고, 이들을 노인복지시설에 수용함으로써 관광지로서의 '문화 공간'을 창출하는 데 궁극적인 목적이 있었다고 할 수 있다. 즉, 탑골공원의 성역화 사업은 세 가지 목적을 엮어서 성취하기 위한 하나의 '수단'이었다. 이로써, 탑골공원을 이용하던 노인들에게 '적합한' 공간은 노인복지관으로 규정되고, 새롭게 디자인된 공원은 깨끗한 관광지로 재창출되는 동시에, 골칫거리였던 노인들의 '바람직하지 못한'위까지 공원에서 보이지 않게 되는 것이 전체적 계획의 예상된 결과라고 할 수 있다. 이러한 정책의 도구로서 박정

---

57)「파고다 公園 文化空間 造成 事業(案)」(광복회 1999)

희 정권에 의해 형성된 경건함과 엄숙함을 요구하는 '성지'로서의 이미지가 채택되고 있다. 각기 다른 역사적 궤적을 가진 논리들과 제도들이 '성역화'의 필요성에서 교차하고 있다는 점에서 '성역화 작업'은 하나의 거대담론으로 설명하기 어렵다는 점을 알 수 있다.

이 과정에서 특징적인 것은, 정부의 정책방침에 따라 일사천리로 진행되었던 "불도저"식 도시계획과는 달리, 전문가들의 견해와 언론의 문제제기, 자문위원회 그리고 '세계화'를 반영하는 국제적 이미지와 같은 외적인 요소들이 정부의 정책에 활발하게 개입하고 있다는 점이다. "굳 거버넌스"는 교차하는 다양한 힘들을 정책에 반영함으로써, 강압적이기보다는 자발적인 '협조'를 통해 정책의 목적을 달성하는데 초점을 두고 있음을 알 수 있다. 하지만, 그 협조의 장 속에 탑골공원의 직접적인 이용자들은 문젯거리로 치부되고 특정한 단체와 계급적인 취향이 계획에 지배적 위치를 점하고 있다는 점에서, '불도저식'보다는 은밀하고 세련된 방식을 통해 '깨끗하고', '질서 있는' 공간을 창출하는 분명한 방향을 갖고 있음을 알 수 있다.

'합리적인' 통치방식으로서 "굳 거버넌스"를 전제로, 위에서 밝힌 성역화 작업의 목적들은 다음의 네 단계를 통해 추진되었다. 첫째, 노인복지관을 건설하는 것이다. 공원을 대체하는 복지시설은 "교통이 편리한 곳에 위치하고, 무료급식소, 휴식 공간, 건강센터, 무료이발관, 그리고 각종 단체의 봉사활동 프로그램을 수용하는 것"을 주요 내용으로 하고 있다. 이는 탑골공원을 찾는 노인들이 복지시설의 부족으로 도심까지 먼 길을 오고 있으며, 무료급식이 공원을 찾는 주된 이유라는 피상적인 인식에 기초해서 추진되고 있음을 알 수 있다. 둘째, 공원의 시설물과 디자인의 변경을 통해 "위상에 걸 맞는" 상징물들로 공간을 배열하는 것이다. 또한 "상징물들을 중심으로 '관람코스'를 조성하고,

관람객의 이동로를 제외한 지역은 수목을 식재하거나 조형물을 설치해서 불필요한 여유 공간을 축소하고 유기(遊技)행위를 방지 한다"는 것을 명확히 하고 있다. 셋째는, 성역화 공사 이후 공원의 질서유지를 위한 방안이다. "노인 단체의 자정 노력에도 불구하고, 여전히 지속되고 있는 바둑과 일부 가무행위들을 근절하기 위해 1시간 범위 내에서 관람을 마치도록" 정했다. 마지막으로, "성역화를 선언하고 시민이 참여하고 이해할 수 있는 행사"로서 2001년 제82주년 3·1절을 기념행사를 탑골공원에서 개최하고 이를 정례화 하는 방안을 마련한다.[58] 성역화 사업의 과정은 단순히 공원의 디자인을 물리적으로 변경하는 것을 넘어서, 공원 이용자들에 대한 통제와 함께 공원의 의미를 변화시키려는 적극적인 개입을 포함하고 있는 프로그램의 일환임을 알 수 있다.

(2) 조경전문가의 개입

조경전문가의 공원 재디자인 계획은 공원에 부여된 상징과 의미를 공원의 형태를 통해 구체화시키는 작업이었으며, 이 작업은 정부가 탑골공원에서 새로운 사회와 개인들의 일상생활을 창출하는 수단으로 이용되었다. 따라서 탑골공원은 물리적 공간이 생산되는 사회적 과정과 공원에서의 행위를 일정방식으로 통제하는 도구로서 공원의 조경 지식이 이용되는 사례로서 살펴볼 필요가 있다. 그리고 계획의 실천과정에 엘리트 단체들이 개입함으로써 공원의 본래 계획이 왜곡되고, 다양한 의도들과 이해관계의 뒤얽힘 속에서 나타나는 모순들을 살펴본다. 공원의 설계안은 조경전문가와 각 관련단체들의 의도들이 줄다리기를 하는 장으로서 설계도면 위에서 상징성과 미학적 통일성을 위

---

58) 「탑골공원 성역화 추진계획 보고」(서울특별시 2000)

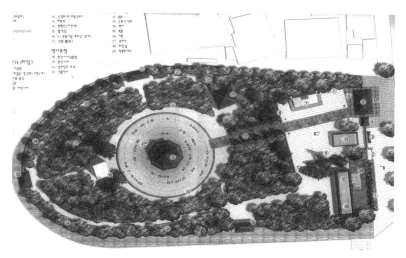

[그림 19] 탑골공원 성역화 계획 전면도(「탑골공원 성역화를 위한 공원재정비계획안 현상공모」(서울시 공원과 2000)

해 기존의 요소들을 제거하거나 변경하려는 조경전문가와, 자신들의 위세를 상징하는 요소들을 그대로 유지하면서 새로운 공원에서 그 위세를 더 확장시키고자 하는 관련 단체들의 의도들이 중첩되는 과정을 보여준다.

최초의 설계안의 특성은 '성지'와 '도시'라는 이분법에 따라, 공원의 상징을 배열하고 있다는 점이다. 상징적 질서는 몇 가지 상징을 담고 있는 도형과 단순한 범주들의 창출에 의존한다. 그럼으로써 공원의 이용자들의 전유에 따라 흔들린 위상을 안정된 머릿속 지도 위에 고정시키는 것을 목적으로 하고 있다. 즉, 공간을 구획하고 문을 닫고, 동선을 확립하고, 이용시간을 통제하고, 배제의 규칙들을 다각화함으로써 결국, "세계를 단순화해서 동봉해버리는 것"이다(Caldeira 2000:20). 그럼으로써, 질서 잡힌 세계를 상징하는 안정된 공간을 창출하고, 공원의 노인들은 빈곤과 경제위기와 제도의 부재, 복지문제, 범죄와 하나로 연계됨으로써 '성역'으로서의 공원과는 대립하는 요소들로 치부된다.

응모 지침[59])과 이에 대한 조경전문가의 해석[60])은 정부와 관련단체들의 의도를 조경전문가의 미학적 통일성을 통해 구체화하는 작업이다. 이 해석을 통해, '성역'으로서의 공원과 도시의 이항대립이 공원의 이용자들의 사회적 관계로 확장되고, 종국적으로는 물리적 디자인을 통해 실천되는 단계를 밟아 볼 수 있다.

> 문화재 등 역사적인 상징물을 중심으로 관람객들로 하여금 과거 탑골공원의 분위기를 느낄 수 있도록 공원 내 인위적인 사항을 정비하여 자연스럽고 정숙한 분위기의 공간으로 조성하고, 성역화 된 공원으로서 3·1운동의 사적지 분위기를 회복하도록 녹지 및 시설물을 재정비해야 합니다.(「탑골공원 성역화를 위한 공원재정비계획안 응모지침」(서울시 2001)).

응모지침에 대한 조경전문가의 해석은 더 상세하다. 공원의 이용현황과 문제점에 대한 진단을 통해 성역화 사업의 사회적 맥락을 파악하고 구체적인 방안을 제시한다. "3·1운동의 기폭제가 된 독립선언문 낭독이 이루어진 역사적이고 문화적인 장소의 의미보다 도심 내 노인들의 유기(遊技)장 또는 무료급식소로 전락했다"는 점과, "잡상인, 경범죄(고성방가, 음주, 방뇨 등)가 증가"하고 있다는 점을 지적했다. 그리고 그 결과로 "시위 및 불법집회, 노인들의 가무행위 등으로 외국인들이 관람을 꺼려하는 실정"이라고 진단했다. 그 해결책은 다음과 같

---

59) 서울시는 탑골공원의 성역화를 위한 재정비계획을 현상(제안)공모했다. 총 4점이 제출된 심사를 통해 "(주) 조경설계 서안"이 제출한 계획안이 당선작으로 선정되었다. 「탑골공원성역화추진을 위한 공원재정비계획 현상(제안)공모작품 심사결과 보고」(서울시 2001)
60) 「탑골공원 성역화를 위한 공원재정비계획안」(서울시 2001)

다. 1)탑골공원이 노인들의 휴식 공간, 유기 공간으로 고착되어 벤치와 같은 편의만을 충족시키는 시설물은 성역화에 불필요하므로 제거하거나 이동시킨다. 2)문화재와 상징공간, 기념공간 중심으로 식별성과 상징성을 부여해서 공원 외부(도시)와 내부(성지)를 차단하여 성역으로서의 인지성을 제고한다. 3)노인들의 유기장에서 탈피해 3·1운동의 구심점이자 성지로 회복시킬 필요가 있다. 4) 배식기법을 통해 상징성을 구현하고 성역으로서의 이미지에 부합하는 수목과 화초류를 도입한다.

응모지침과 그에 대한 해석에서 나타나는 이항대립들은 '성지'와 '도시'의 차단이라는 가장 기본적인 이분법에서 공원과 관련된 사회관계에 대한 평가로 확장되는 것을 볼 수 있다.

(성역 : 도시), (내부 : 외부), (과거 : 현재) → (자연스러운 : 인위적인),
(정숙 : 유기장), (외국인 : 노인), (관람 : 시위·집회·가무행위·잡상인·
경범죄(고성방가, 음주, 방뇨))

이항대립은 공원의 상징과 기존의 공원이용방식이 어긋나고 있다는 전제 하에서 확장되고 있다. 특히, "과거의 분위기"와 "현재의 유기장화"의 '전'과 '후'의 이분법은 공원의 의미가 뒤바뀌었다는 점을 가정하고, 현재의 무질서를 부각시킨다. 그럼으로써, 공원의 현상들을 단순화시키고, 과거와 현재의 구분은 '선'과 '악'의 이분법으로 환원된다. 과거의 탑골공원의 '성스러운 분위기'는 가고, 현재의 '지저분하고 혼란스런 무료급식소'만이 남았다. 이러한 분류를 통해, 성역화는 다시 한번 합리적인 것으로 정당화된다. 또한 내부와 외부를 성역과 도심으로 구획해서 공원 주변의 거리와 건물들 그리고 보행자들이 공원을 통해 갖고 있는 사회적 관계들의 단절을 의도했다. 강화된 안과 밖의 구별을 통해, 공원은 종로거리로부터 고립된 세계로 창출되고 있다. 서로 구별된 각 항들을 비슷한 요소들끼리 묶으면, 조경전문가가 재현하고 있는 이상적인 미래의 공원의 모습이 도출된다.

> 공원의 내부는 성스러운 구역으로, 과거의 자연스러운 분위기를 유지하면서
> 사람들이 정숙한 태도로 공원을 이용하는 가운데 외국인도 관람하기에 적합
> 한 장소가 되어야 한다.

이상적인 공원의 모습은 성스러움, 과거, 자연스러움, 정숙한 태도, 외국인의 관람이라는 요소들로 구성되어, 앞에서 논하였던, 성역화 작업의 목적들을 공간화 하려는 의도를 보이고 있음을 알 수 있다. 이 이상화된 공원은 '과거'에 '고립'된 '채' '있다'. 이번에는, 조경전문가가 재현하고 있는 현세를 구성해 볼 수 있다.

> 외부의 도시와 구별되지 않은 채 인위적인 시설들이 흩어져 있고, 노인들의
> 유기장으로, 시위의 장소로, 경범죄가 난무하는 곳

여기서 나타나고 있는 요소들은 공원에서 배제되어야 할 것들로 노인이라는 사람들과, 유기행위, 시위, 경범죄와 같은 행위들, 그리고 인위적인 시설들(벤치, 등나무벤치들)을 들고 있다. 이분법의 확장은 공원 디자인으로 실천되면서 물리적인 공원의 모습으로 또 한번 확장된다. 그럼으로써, 사회관계는 설계도의 격자판 위에 통일적인 공간으로 재현된다. 계획안에서의 대립 항들은 다음과 같다.

> 성역 및 역사요소 : 일상적 근린공원시설(화장실, 벤치, 등나무),
> 기념광장 및 상징광장 : 휴식 공간 및 유기 공간
> 연속된 체험 : 불필요한 동선

이에 따라, '3·1운동의 민족의 성지'의 위상이 부각되고 나머지는 그 배경으로서 혹은 보완으로서 뒤로 물러나게 된다. '성역'과 관련 없는 것은 제거하거나 이전함으로써 시각을 정리하고, 숲을 강화함으로써 상징적인 광장과 그 배경간의 대비효과를 의도하고 있다. 그리고 '불필요한' 동선을 제거하고, 단선적인 동선체계를 설정함으로써 공원에서 걷는 경험을 단일화시킨다. 따라서 공간 구조는 간결해지고 질서가 부여되며, 공원에서의 경험은 구조화된다. 이항대립의 연쇄를 통해, 탑골공원의 새로운 디자인은, 상징 - 사회관계 - 물리적인 공간의 배치들이 연계되어 머릿속에서부터 사회통제로, 그리고 공원의 디자인까지 오롯한 세계를 그려내고 있다.

새로운 탑골공원이 보이는 특징은 공원의 사회적 행위가 세 가지의 기능에 부합되도록 계획되어져 있고, 그 기능들이 각각 상호 배타적인 구역들에 할당되어 있다는 점이다. 3·1절과 광복절, 그리고 손병희 선생 관련 기념일 외에는 어떤 행사도 금지되어 있는 탑골공원에서 '사각광장'은 기념행사만을 위한 기능을 위해 설계되었고, '원형광장'은 역사를 환기시킨다는 의미로 과거를 재현하는 기능이 부여되었다. 그리고 나머지 공간은 "탐방로"로서 계속 걸으면서, 역사적 의미를 "반추"하는 기능이 부여된 공간이었다. 새로운 디자인은 이 세 가지 기능에 따라 공원을 이용하는 사람들이 움직이고 생각하도록 배치되었으며, 공원에 들어온 사람들이 그렇게 행동하고 생각할 것을 가정하고 있다.

공원의 공간구성은 크게 팔각정을 중심으로 원형을 이루고 있는 '상징광장'이 하나의 중심을 이루고, 손병희 동상과 3·1운동 기념비가 서로 마주보고 있는 사각형 모양의 '기념광장'이 두 번째의 중심을 이룬다(그림 20). 그리고 '주진입로'가 두 광장을 연결하고 있다. 나머지

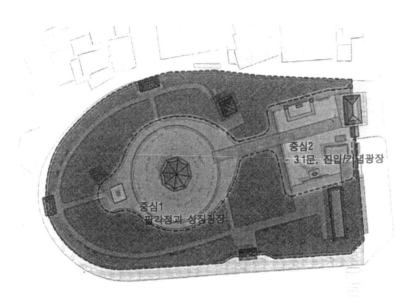

중심2
3.1문, 진입/기념광장

중심1
팔각정과 상징광장

[그림 20] 중심과 주변의 구별(「탑골공원 성역화를 위한 공원정비 계획안」(서울시 공원과 2000)

공간은 짙은 숲으로 처리되어서 두 광장의 배경의 역할을 하고 있다. 공원의 공간은 '채워진 곳'과 '비어 있는 곳'으로 나눌 수 있다. 게슈탈트심리학에서 보여주듯이, 형태를 인식하기 위해서는 형태가 나타날 수 있는 맥락이 있어야 한다. 즉, 앞으로 드러나는 전경(figure)과 뒤로 물러나는 배경(ground)을 통해, 원형이든 사각형이든 그 형태가 드러나게 된다. 전경과 배경의 경계를 통해 우리는 물체의 형상을 지각할 수 있는 것이다(Holston 1989:120). 탑골공원은 전경과 배경을 통해 공원 내의 다양한 공간들이 형상을 갖게 되는 하나의 장으로서 조경전문가의 공간구획이 전경과 배경의 조작을 통해 공원을 경험하는 사람들의 시각과 행동을 조직한다는 점에서 살펴볼 가치가 있다. 나무들은 공원에서의 배경을 이룬다. 나무로 둘러싸인 텅 빈 공간들이 사람들이 실제로 이용하면서 경험하게 되는 전경이라고 할 수 있다. 새로운 디자인의 탑골공원의 경우, 나무로 둘러싸인 채 부각되고 있는 전경은 팔각정을 중심으로 하고 있는 상징광장과 3·1운동 기념탑과 손병희 동상이 서있는 기념광장이라고 할 수 있다. 주변의 빽빽한 숲들이 연속적으로 '채워진 곳'(solid)을 이루면서 '비어 있는'(void) 광장을 부각시키고 있다. 따라서 공원의 이용자들은 대부분, 이 두 공간에서 공원을 경험하게 된다. 하지만, 전경과 배경의 관계는 두 광장에서 눈에 띄게 배치되어 있는 팔각정과 기념비 및 동상으로 인해 다시 한번 뒤바뀌게 된다. 상징광장은 중심에 팔각정이 위치하고 있어서, 공원을 경험하는 사람으로서는 팔각정이 하나의 전경으로 드러나게 되고 원형광장 자체는 다시 배경으로 물러나게 된다. 또한 사각광장 역시, 기념비와 동상으로 인해 사각형의 공간 자체는 기념비를 돋보이게 하는 배경으로 물러난다. 이 두 공간을 이용하는 사람들의 시선을 지배하는 팔각정과 기념비/동상으로 인해 탑골공원의 경험은 상징과 기념적인 것에 집중된다. 그리고 사람들이 이용하게 되는 두 공간은 전경이라기보다는 배경이 되고, 그 곳에 서 있는 사람들 역시 배경이 되는 공간에 위치한다. 기념적인 조형물들이 주인공이 되고, 사람들은 기념적인 조형물들에 대한 시각적 경험을 주로 하게 된다. 이로써, 주인공은 기념물이고 사람은 오히려 배경이 된다. 다음의 항들이 상동관계를 이루면서 공원의 의미를 형상화 하고 있다.

('채워진 곳' : **'비워진 곳'**) = (전경 : **배경**) = (팔각정·기념비 : **이용자들**)

계획안의 커다란 두 공간에서는 시선을 지배하는 기념물과 그 기념물에 어울리지 않는 행위들이 즉각적으로 대조될 수 있도록 틔어져 있어서, 사회적 통제로부터 자유로울 수가 없다.

반면, 성역화 이전의 탑골공원은 작은 물리적 공간들이 여기저기에 흩어져 있었다. 이 공간들은 숲을 배경으로 하는 자그마한 복도나 방들처럼 배열되고 있어서, 벤치에 앉아 있거나, 주변사람과 대화하거나, 장기를 두는 사람들의 사회관계가 이루어지는 곳이었다. 사람들의 주된 경험은 자신들의 행동과 말, 즉 사회적 관계에 집중되어 있었다. 이 작은 공간들에서는 공원의 중앙에 자리 잡고 있는 팔각정이나 기념비도 잘 보이지 않을뿐더러, 비슷한 행위를 하는 사람들의 모임이 다른 모임이나 사람들에게 보이지 않았기 때문에, 이질적인 행위들이 공원의 여기저기에서 경계를 이루며 지속될 수 있었다.

　('채워진 곳' : **'비워진 곳'**) = (배경 : **전경**) = (녹지·건축물 : **이용자들**)

　이전의 복도와 방처럼 생긴 공간들에서는 타인에 대한 관심과 의사소통이 증폭될 수 있었다. 실제로, 1990년대까지의 탑골공원에서 지속되어 왔던 다양한 행위들은 팔각정이나 기념비 혹은 부조상이 있는 곳이 아니라, 주로 복도와 방(등나무아래)처럼 나뉘어 있는 공간들에서 이루어졌고, 동성애자들이 모이고, 이야기판이 벌어지고, '박카스 아줌마'와 노인들이 음주와 가무를 즐기던 곳은 바로 이러한 곳들이었다. 팔각정 주변과 기념비 주변은 여전히 정치인들의 참배가 이루어지고 있었는데도 말이다. "유명한 정치인이 기념비에 참배하러 왔을 때도, 한 쪽에서는 술 먹고, 노래하고 별 짓 다했지"라는 한 이용자의 회상은, 공간의 구획이 행위의 다양성과 지속에 영향을 끼치고 있었음을 알 수 있다. 탑골공원의 현재는 그러한 것을 상상하기 힘들다. 공간은 두 개의 커다란 광장으로 통합되어, 기념과 상징의 반추만을 강요하고 있다. 사람들과 그들의 행위가 전경이 되어 서로의 눈에 띄는

[그림 21] 공원의 서남쪽 복도처럼 생긴 공간들(사진출처:서울시 공원과)

공원에서, 기념비 같은 공원의 물리적 요소가 전경이 되고 사람들이 배경이 되어 버리는 전도를 통해 탑골공원은 기념과 상징을 위한 공원으로 다시 태어나게 된 것이다.

이러한 변화가 공원에서의 사회관계에 어떤 영향을 끼치는지는 과거 탑골공원에서 오랫동안 자리 잡고 있던 행위들의 특징을 관찰함으로써 발견할 수 있다. 이야기 터는 'ㄴ'자로 꺾인 녹지대 앞에 있는 등나무 아래에 자리 잡고 있었다. 장기와 바둑을 두는 곳은 녹지들이 맞대고 있어서 마치 하나의 골목을 이루는 듯한 모양을 하고 있는 벤치 위에서 주로 이루어졌다(그림 21). 그러한 곳에는 주로 벤치들이 줄을 지어 마주 보도록 배치되어 있고, 한 쪽의 벤치에서 십여 명이 모여서 장기를 두거나 이야기를 하는 경우에도 통로가 생길 수 있는 정도의 넓이를 가지고 있다. 지나가던 사람들은 흥미를 끄는 것이 있으면, 한번 '쓱' 고개를 들이밀고 구경할 수 있었고, 반대편 벤치에 앉

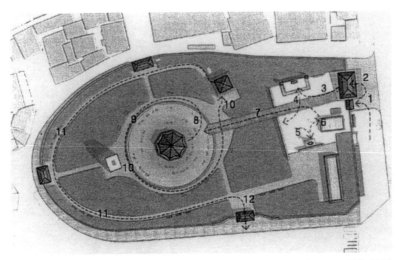

[그림 22] 공원의 이동경로(「탑골공원 성역화를 위한 공원재정비 계획안 공모」(서울시 공원과 2000))
설계안에 제시된 공간체험의 순서는 다음과 같다. 1.안내 및 설명문 읽기 2.공원입구로 진입
3.참배, 추모, 헌화 4.3·1운동 정신선양(비문, 동상보기) 5.실내전시관람 6.3·1만세길(함성
로) 걷기 7.당시상황 읽기(팔각정과 원형광장) 8.당시상황 읽기(3·1운동 기념부조상 보기)
9.원각사탑, 원각사비 보기 10.식물 전시한 것 관람하기 11.재음미, 반추 12.퇴장

아 있는 사람들도 건너편 장기판에 훈수를 둘 수 있었다. 결국, 공원
이용자들에게는 3·1운동 기념비나 동상보다는 골목과 같은 길쭉한 공
간이 더 일상에서 중심을 차지하는 공간이었다. 광장과는 달리 자신들
이 서있거나 앉아 있는 공간은 이용자들의 사회적 관계와 의사소통에
더 익숙하다고 할 수 있다. 비록, 골목과 같은 공간이 아니더라도, 직
각으로 꺾이는 곳 역시, 두 면이 공간을 감싸줌으로써 일종의 '방'의
역할을 할 수 있었다. 그 '방'을 둘러싸는 '벽' 혹은 '가구'는 '한문강습
소'의 경우 손병희 동상과 원각사비일 수도 있고, 이야기터의 경우,
등나무 벤치의 두 면을 둘러싸고 있는 녹지대라고도 할 수 있다. 따라
서 탑골공원은 여러 조각난 방들과 복도들이 그 곳에서 각각 자신들의
재미에 따라 공원에서의 일상을 보내는 사람들이 '여기저기 어슬렁거

리면서' 만들어 내는 공간이었다. 중요한 것은, 이 공간들은 결코, 어떤 기념비를 부각시키기 위해 있는 것도 아니고, 단 하나의 배타적인 기능만을 전제해서 만들어진 공간도 아니라는 점이다. 사람들은 이 마당과 골목에서 다른 사람이 지내는 것을 관찰하고 참견하고 흥미를 갖고, 말을 거는 사람들에게 답할 수 있었다. 공원의 이용자들에게 탑골공원은 "풍경이었다가, 방이었다가"(Benjamin 1978:156)를 반복하는 후미진 장소들로 이루어져 있었다.

'기념'하고 '상징'하고 통로를 따라 걸어서 '나가기'를 바라는 새로운 디자인에서, 과거의 방과 복도들은 찾을 수 없다. 과거의 방들은 다른 기능을 허락하지 않는 광장에 복속되었고, 과거의 골목들은 두세 사람 지나다닐 수 있는 이동을 위한 좁은 통로가 되었다. 다양한 행위의 영역들은 서로 다른 집단들 간 회피를 가능하게 하는 기능도 갖고 있었고, 행위에 따라 공간을 분리하는 도구이기도 했다. 이에 반해, 현재의 두 광장에서는 모든 행위들이 다른 사람들에게 노출될 수밖에 없다. 공원 관리소 직원은 관리소에서 사각광장을 쭉 훑어보거나, 가끔 원형광장까지 가서 한번 두리번거리면 모든 행위들이 눈에 들어온다. 그리고 무엇보다도 중요한 것은, 그 광장에서 공원의 이용자들이 서로의 행위를 지켜볼 수 있게 되었다는 점이다. 새롭게 디자인된 탑골공원의 공간들은 단순히 상징적인 재현을 넘어서, 공원에서 이용자들의 행위를 통제하기 위한 도구인 동시에, 그들의 경험을 조직하는 기능을 발휘하고 있다.

새로운 탑골공원의 설계안은 공원에 들어가서 나갈 때까지의 경로를 단선적으로 설정해서 순차적으로 공간을 경험하도록 의도하고 있다. 이 동선은 곧 공원에서의 경험을 구조화하는 것으로 기존에 탑골공원에서의 다양한 의미와 경험들의 '난립'을 정리하고 역사를 환기하

[그림 23] 동문 밖의 골목노점에서 흥정하는 모습들(저자 촬영)

고 '반추'하는 기능을 동시에 발휘한다고 할 수 있다. 그리고 공원의 시간은 3·1운동 당시에서 멈추어 서고 있다. 단일한 동선을 위해서는, 들어오는 문과 나가는 문만이 개방되고 나머지 문은 폐쇄될 수밖에 없었다. 그럼으로써, 공원의 북쪽과 동쪽의 식당가와 노점들과 공원의 일상의 연계는 단절된 채, 남쪽의 종로에서 서쪽의 인사동쪽으로 연계되는 문만 열려 있는 것을 가정하고 있다. 하지만, 이러한 계획이 단순히 동선을 단일화하는 목적에 그치는 것은 아니었다. 주목할 점은, 성역화를 제기하는 시 정부의 문서에서 빠지지 않았던 지적으로, 북문과 동문 밖의 거리가 '게토화' 되고 있다는 점이었다. 공원과 이 거리는 북문과 동문을 드나드는 사람들의 발걸음을 통해 복잡한 사회관계가 엮어져 있는 곳이었고, 이곳과 새롭게 디자인된 탑골공원의 통로를 그대로 열어두는 것은 탑골공원이 다시 기존의 모습으로 되돌아갈 위험을 방치하는 것으로 여겨졌다. 동문 밖의 거리는 저가의 상점들로 이어지고, 골목에는 중고품 노점이 매일 열리는 곳이다. 이 골목의 형태는 일제 강점기의 사진 속에서 보이는 골목의 형태와 거의 변함이 없다. 현재의 모습은 다음과 같다.

> 환경미화원 숙소와 리어카들 / 탑골이발소 이발 3500, 염색 5000 / 파고다 미니고시텔(구 파고다극장) / 커피자판기 2대 100원 / 신문판매대(동문) / 구두닦이 / 별미 황태국 콩비지 백반 2000원(황태해장국 2000, 콩비지 2000, 냉콩국수 3000, 황기닭곰탕 2,500) / 신토불이 식당 / 풍년집: 조개국(안주) 1000, 막걸리 안주 김치전(2000), 돼지 국탕 2000, 빈대떡 3000, 돼지불고기 3000, 갈치조림 / 파크헤어이발관 3500, 5000 / 오복식당 소주 1500 / 농협지점 양곡판매점 / 커피자판기 2대 100원 / 塔(tower) 다방(3층) / 0/30(Love / thing) 다방(2층) / 선비옥: 갈비 전골 불고기 삼계탕 백반 2500 / 2층에는 원각사 복원위원회 / 종로구 재활용센터 / 대림모터 사이클 / 아진 가스산업 / 2층 탑골공원원각사 노인무료급식소 / 각종 중고품 매매소 / 파고다 식당 / 충남 슈퍼 / 낙원상가

공원을 일상적으로 이용하던 노인들에게는 정문보다 북문과 동문을 통해 드나드는 경우가 더 많았다고 한다. 따라서 두 문을 폐쇄하는 것은 이곳을 이용하는 노인들의 이동방식에 대한 제한이 될 수밖에 없었다. 그리고 공원 주변의 환경과 공원 내부를 완벽하게 고립시킴으로써 공원의 안과 밖을 명확하게 구분하고, 포함될 것과 배제될 것에 대한 기준을 확립하는 기본적인 도구로서 이용된다.

공원의 물리적 변화 중에서 가장 큰 영향을 끼친 것 중에 하나가 벤치 수의 감소이다. "탑골공원이 노인들의 휴식 공간, 유기 공간으로 고착되어 벤치와 같은 편의만을 충족시키는 시설물은 성역화에 불필요하므로 제거하거나 이동시킨다."라는 기준에 따라서, '성역'과 대치되는 '세속적'인 시설물인 벤치들은 상당수 제거될 수밖에 없었다. 그리고 성역과 '어울리는' 돌벤치만을 배치하고 있다. 따라서 성역화 전

[그림 25] 성역화 이후의 돌벤치(저자 촬영)

[그림 24] 성역화 이전의 벤치와 이용자들
(사진출처: 서울시 공원과 1998)

196개의 벤치가 성역화 이후 24개로 감소했다. 그리고 공원 수칙에 의해서 설치된 벤치 이외에서 돗자리, 신문지 등을 깔고 앉는 행위를 금지하고 있어서 24개의 벤치 중에서 자리를 차지하지 못하면 서있어야 했다. 벤치를 이용해서 장기나 바둑을 두고 술을 마시는 사람들의 수를 줄이고 전반적으로 공원 이용자의 수를 줄이려했다는 것이다. 이에 더해, 등받이가 있는 나무의자가 아니라 차가운 돌벤치가 배치되어 이용자들은 육체적 불편으로 벤치에 머무는 시간을 줄일 수밖에 없었다. 때문에, 공원을 오래 이용한 경험이 있는 사람들은 일간지나 정보지를 구해서 깔고 앉고, 옆 사람에게 권하기도 한다. 공원을 오래전부터 이용해 왔던 사람들의 새로운 벤치 디자인에 대한 비평을 들어보자.

[사례 III-11] 벤치 비평1

(이형준(80세, 남)씨와의 면담 중 일부이다. 이형준씨는 현재 젖소 농장을 운영하고 있으며 생생한 여론을 듣기 위해서 탑골공원이나 종묘공원의 정치판에 들린다. 2003.11.15)
공원에 벤치도 전부 없어지고 속이 나쁠 때는 돌멩이에 못 앉아. 배가 아파서. 관리사무소에 물어보니, 술 먹고 장기 두는 거 방지하기 위해서래. 왜 공원을 그렇게 운용하느냐 말야. 난 그 정책이 뭔지 모르겠어.

[사례 III-12] 벤치 비평2

(장원석(72세, 남)씨와의 면담 중 일부이다. 장원석씨는 철도청 사무관을 정년퇴임하고 친구들을 만나러 탑골공원에 나오다가 성역화 이후부터는 종묘를 이용하고 있다. 2003.10.16)

우선 벤치가 없어 벤치가. 벌써 치질도 생겨요. 돌은 못써, 치질도 걸리고 겨울에는 앉지도 못하고, 여름에도 찬대 겨울에 어떻게 앉아? 거 위정자들이 잘 생각해서 해야 하는데 그렇게 못했어, 잘못 계획한 거지, 그런 건 경험이 있는 사람이 했어야 하는 데 요새 정부에 경험이 있고 그런 사람이 있어?

돌벤치는 사각광장에는 하나도 없고, 원형광장 가장자리와 산책코스에 띄엄띄엄 놓여 져 있다. 육중한 돌로 만들어져 하나에 세 사람 정도가 앉을 수 있으며, 벤치와 벤치의 간격은 두 개씩 짝을 이루면서 가까이 놓여 져 있다. 하지만, 기차모양으로 나란히 놓여 져 있기 때문에 마주보거나 대각선으로 마주보고 이야기 할 수는 없다. 또한, 벤치에 앉아서 팔각정을 바라보게 되어 있는데, 팔각정과 벤치 사이의 공간이 너무 넓어서 지나가는 다른 사람들과의 소통보다는 팔각정을 관람하기만 좋게 되어 있다. 단 한 군데, 원형광장의 팔각정의 남서쪽에 위치한 네 개의 벤치만이 마주보거나 대각선으로 바라볼 수 있도록 배치되어 있다. 바로 그 이유 때문에 이곳은 탑골공원에서 유일하게 모르는 사람끼리 앉아서 대화가 이루어지는 사교적인 장소가 되고 있다. 이곳은 "사회 구심적 공간"(Hall 2002:188)으로 사람들을 모이게 하는 경향을 갖고 있어서[61] 시사적인 대화를 주고받거나 새로운 말동

---

61) 홀(Edward T. Hall)은 프랑스 노천카페의 테이블 같이 사람들을 모이게 만드는 공간을 '사회 구심적 공간'으로, 철도 대합실과 같이 사람들을 떼어놓

무를 사귈 수 있는 곳이다. 탑골공원의 사각광장은 광복회나 천도교 기념행사를 위해 이동식 의자를 배치할 수 있는 비어 있는 "기념광장"으로 설계되었다는 점에서 벤치가 '필요 없는' 공간이었고, 나머지 공간 역시 오래 앉아 있는 것을 지양하고 잠깐 들렀다 가는 공간으로 이용되도록 적은 수의 돌벤치를 배치하고 있다. 이상적인 상징을 구현하는 것이 주된 목적이었던 공원 설계자들의 시각은 기념성과 상징성과 관광 상품에 초점을 맞추고 있었기 때문에 이용자들의 편의가 고려되지 않았다. 벤치의 변화는 디자인이 변하기 전에 공원을 이용해왔던 노인들에게서 강력한 비판을 받고 있고 공원이 재개장 되자마자 벤치에 대한 청원이 이어졌다.

> 늙으면 앉아 버틸 수 있는 기력이 모자랍니다. 그래서 등을 기대고 앉을 수 있는 의자(벤치)가 꼭 필요합니다. 담장에서 공원의 중심을 보고 앉을 수 있게 두 줄 혹은 석 줄로 공원의 담 둘레에 등받이 의자를 둥글게 배치하되 그 등받이 의자마다 일련번호를 지정해 주시면 노인들이 "몇 번 의자에서 만나자"는 약속을 할 수도 있고 서로 찾기가 쉬워 퍽 편리하겠습니다(「탑골공원 보수조경에 관한 청원문」2002.3.1).

벤치는 단순히 앉아서 쉬었다 가는 장소, 혹은 기념물을 감상하기 위한 벤치는 아니었다. 벤치는 그 자체가 사회관계의 무대로서 사람을 만나고, 이야기하고 장기를 두는 곳이었다. 벤치의 모양과 배치는 공공 공간에서 갖추어야할 태도를 규정하거나, 특정한 인구집단을 배제

는 경향이 있는 공간을 '사회 원심적 공간'으로 나누었다. 36인치 탁자에서 직각으로 대하는 모서리상의 대화가 마주 대하는 대화의 여섯 배에 달했고 옆으로 나란히 앉는 유형보다 두 배나 많았다는 한 심리학자의 실험결과를 들면서, 가구나 벤치의 배치가 사회성에 미치는 영향을 제시하고 있다(Hall 2002:188).

하기 위한 수단으로 이용되고 있는 경향이 강화되고 있다. 마로니에공원의 경우, 공원 내의 벤치에 가로로 굵은 나무토막을 박아서 노숙자들이 누울 수 없도록 하고 있다. 지하철 6호선과 7호선 등의 좌석 역시 7명의 승객이 모두 앉을 수 있게 엉덩이에 딱 맞는 모양으로 홈이 팬 모양으로 구획되어 있다. 전자는 공원의 이용방식에 '적절하지 않은' 인구집단을 배제하는 수단으로 이용되고 있으며, 후자는 공공 공간에서의 자세와 이용자 수를 물리적인 모양을 통해 규정하고 있다.[62] 탑골공원의 경우, 이용자의 수뿐만 아니라 공간을 이용하는 시간까지 제한하면서, 오랫동안 공원을 이용해온 사람들에게 '차가운' 충격을 주고 있다.[63] 성역화 논의 이전, 시정부는 "공원의 주요 이용자가 노인임을 감안하여 등받이 의자를 새로 설치"하는 성의를 보이기도 했지만, 공원의 성역화의 취지가 확실해진 이후에는 입장이 변화되었다. 상징과 사회관계를 넘나드는 이항대립 관계는 공간의 구체적인 디자인 방

----

[62] 지하철 좌석의 경우, 지하철 객차 안에서 나름대로 공간의 개인화 또는 개별화를 찾아, 즉 모르는 다른 사람과의 접촉을 최소화 하면서 개인적인 안락을 추구하는 경향을 반영(송도영 1998)하고 있는 반면, 사회적인 상호작용의 무대라는 점을 전제하고 있는 공원의 벤치는 비교적 개인적인 영역을 넓게 갖고 오랜 시간 앉아 있을 수 있다는 점을 반영한다. 하지만, 탑골공원과 마로니에공원 등에서 나타나고 있는 벤치의 물리적 변화는 기존의 공원 벤치가 갖고 있던 의미가 변화하고 있음을 보여준다.

[63] 세넷(Richard Sennett)은 서구 도시에서 '앉는 행위'의 역사를 기술하면서, 19세기의 사회적 변화가 의자의 쓰임새와 모양을 변화시켜 왔으며, 특히 개인주의의 영향으로 사생활을 보호하고 침묵을 유지할 수 있도록 자세와 앉는 방향을 변화시켜 왔다는 것을 제시하고 있다(세넷 1999). 도시의 공공 공간에서 벤치의 재질과 모양의 변화, 그리고 수의 감소는 사회관계의 변화와 밀접한 관계를 맺고 변화되어 왔다. 벤치의 역사적 변화와 현재의 공간들마다 특성이 있는 벤치를 비교함으로써 탑골공원 벤치의 사회적 의미를 밝힐 수 있다.

식으로까지 확장되면서, 공원의 물리적 공간이 상징뿐 아니라, 공원에서의 체험과 행위와 사회관계까지 '보여야 할 것'과 '보이지 말아야 할 것'을 구분해서 통제하는 기능을 수행하는 것을 의도하고 있음을 알 수 있다. 공원의 위상에 '적절하지 않은' 행위들에 대해 문제를 제기해 왔던 '연고' 있는 단체들과 공원을 품위 있는 관람지로 창출하려는 정부의 시책을 조경전문가는 미학과 상징적인 도구들을 통해 설계도면의 격자 위에 재현함으로써 구체화 시켰다.

'작품으로서의 성지'로 미학적 통일성을 갖춘 탑골공원 설계안은 사회의 다양한 집단들의 의견을 반영하는 과정에서 타협의 과정 속에 놓여지지 않을 수 없었다. 한 조경전문가가 공원의 현상설계에 개입하는 다양한 집단과 계층들이 조경 '작품'을 어떻게 재단하고 조경전문가를 좌절시키는지에 대해 '안타까움'을 말하고 있다. 조경설계를 하나의 독립된 작품으로서 '시인의 시'처럼 '화가의 그림'처럼 비유하면서, 전문적인 평론은 있되 '작품세계'에 간여하는 것이 미개한 행위로 간주되는 사회분위기를 바라고 있음을 알 수 있다.

> 앞에서 조경계는 그 제도상 혹은 구조상의문제로 조경공사는 있되 설계가는 슬그머니 실종되어 버리는 안타까움을 말했다. 시인이 되려면 신춘문예니 추천이니 하는 등단의 길이 있고, 화가의 경우 전시회의 출품이 있듯이, 건축이나 조경의 경우 대표적인 등단은 현상설계가 아닐까. 솔직히 지금까지 현상설계 때문에 마음에 상처받지 않는 조경인들이 있을까. 작품선정을 다양한 계층의 사람들의 입맛에 맞는 기호식품을 고르듯 후일의 말썽을 없앤다는 명분하에 이런저런 분야의 교수, 언론인, 시의원, 무슨무슨 분야의 시민운동단체장. 심지어는 유치원원장까지 불러놓고 작품을 심사하는 실정이니, 전문성은 두고라도 조경이 예술의 한 장르라는 말이 무색하다. 아마 대한민국 미술대전에 이런 심사위원들이 도열했다면 나라가 들썩일 만큼 시끄러웠을 것이다(『월간 환경과 조경』 1998.11).

그리고 공원을 이용하는 사람이나 공원과 관련된 단체들의 개입이 "선비의 풍류" 수준의 관심에 머물고 있다는 점을 지적하고 있다. 조경계의 비평과 작가성을 확고히 함으로써 조경전문가가 '대우' 받을 수 있는 분위기를 공고히 해야 한다는 점을 강조하고 있다.

> 과거 우리 조경사가 아무개라는 한 인간의 작품이 아니고 풍류를 아는 선비라면 누구나 할 수 있는 교양적인 일이었고, 그래서 혹여 아직도 이런 선비정신 때문에 조경은 누구나 간섭하고 끼어들 수 있는 것쯤으로 알고 있는지도 모른다. 그러나 세계 주요 조경 작품에 작가가 없는 경우가 어디 있는가. 나는 많은 욕심을 부리지 않는다. 우리도 칸트가 말한 "예술로서의 조경"으로 작가의 이름이 더 이상 실종되지 않는 한국 조경계의 내일에 대한 기대를 걸고 싶다. 그러기 위해서 우리는 작가가 있어야 하고 비평이 있어야 하고 조경의 영역을 견고히 해야 할 것이다(『월간 환경과 조경』1998. 11).

조경전문가가 생각하는 '예술'로서의 조경 혹은 '작품'으로서의 조경은 탑골공원의 설계에도 스며들어 있음을 위에서 살펴보았다. 공공공간의 조성이 예술작품과 닮았다는 인상을 심어주는 것은 비전문가가 결코 평가할 수 없는 전문가의 영역을 만드는 동시에, 개발 과정에서 나타나는 이데올로기 논쟁을 벗어날 수 있도록 해준다. 시의원, 교수, 언론인, 직접적인 이용자들과 같은 '비전문인'의 눈은 작품을 '평가할' 정도로 충분히 '교육받지 못한' 사람들로 간주된다. 이에 더해, 공원을 일상적으로 이용해 오던 탑골공원의 노인들을 불결한 존재 혹은 불이익을 받을 수밖에 없는 불운한 존재로 인식시키고 있다. 이항대립적인 통일성의 연쇄 속에서 공원의 기존 이용자들이 공원에 부적합한 인구집단으로 치부되고 공원에서 배제되어야할 요소로 배열되었다는 점을 알 수 있다. 공원에서 지속되어 왔던 소소한 역사들과 문화들은 그 단순화되고 일관된 이항대립 속 어느 곳에도 자리 잡을 수는 없었다. 탑골공원은 "사회적 통제의 수단으로 활용되는 유토피아의 환상이 제조되는" 공간(Miles 2001:211)으로 설계되었다.

하지만, 복잡하게 얽혀 있는 도심의 공공 공간에서 단지 조경전문가의 전문성과 예술성만을 구현하고 '작품'의 순수함을 보존하려는 의도는 도심 공공 공간의 현실적인 실타래 속에서 길을 잃고 방황할 수밖에 없었다. 시 정부의 자문회의와 '연고자'인 단체들의 개입, 그리고 땅속에 묻혀 있던 원각사의 유적들, 땅위에 솟아 있던 원각사 13층 석탑 등, 공원 설계의 단순한 통일성을 복잡하게 만드는 다양한 요소들이 조경전문가의 '우려'대로 설계안에 개입하게 된다. 공원의 의미가 몇 가지 상징만으로 축소되고, 기존의 이용자들의 이용방식에 무관하게 변경된 것에 대해, 시 자문회의[64]에서는 공원의 성역화의 필요성에 대해 근본적인 의문을 제기하는 사람들이 있었다. 한 시의원은 너무 많은 노인들이 공원을 이용하는 것과 역사적 위상을 유지하기 위해 추진되는 성역화 사이에 관련성이 없다는 점을 지적했다.

> 저는 탑골공원과 서울시민의 관계에 주목해야 한다고 생각합니다. 탑골공원에서 변화시킬 수 없는 아이템은 고수해야 합니다. 저는 지금도 탑골공원의 역사성과 기념성은 유지되고 있다고 생각해서 성역화의 필요성에 대해 체감하지 못하겠습니다. 수목을 많이 심는다고 해서 성역화에 도움이 되는지 의문시됩니다. 그리고 현재의 이용 과밀과 슬럼화는 공원 관리의 문제이지 성역화가 필요하다는 문제제기가 될 수 없습니다. 노인들의 휴식 공간이 차단되어서는 안 된다는 겁니다(「탑골공원 성역화 계획 자문회의」(서울시 2001)).

공원을 이용하는 노인들의 행위가 '바람직하지 않다'라는 전제를 공유하지 않고 있는 이 자문위원은 공원의 새로운 계획안이 갖고 있는

---

64) 「탑골공원 성역화 계획 자문회의」(서울시 2001)

상징성과 통제장치들이 노인들을 배제하는 결과를 낳을 것이라는 점을 경계하고 있다. 또 다른 자문위원은 탑골공원의 다양한 역사적 요소들이 성역화를 통해 사장되고, 오히려 여론 형성을 위한 군중집회의 장을 억제하는 결과를 초래할지도 모른다는 점을 지적했다.

> 탑골공원은 원각사, 근대공원, 3·1운동 등 어느 하나 중요하지 않은 것이 없습니다. 3·1운동 또한 누구나 자유롭게 드나들 수 있었기 때문에 탑골공원에서 시작된 것입니다. 공원이 조성된 직후부터 만민공동회가 열려 시민운동의 발상지인 동시에, 군악대의 연주회가 열리는 곳으로 근대음악의 발상지이기도 합니다. 다양한 역사적 기록들을 담을 필요가 있습니다. 그리고 수목을 심은 것은, 3·1운동 이후 일제가 군중집회를 억제하려는 목적에서입니다. 성역화라는 이름으로 이러한 역사적 사실들이 사장될까 우려됩니다. 열린 공원으로서 시민 여론 형성의 장으로 할 때 성지가 되지 않을까 생각합니다(「탑골공원 성역화 계획 자문회의」(서울시 2001)).

탑골공원의 성역화 사업에 대해 의문을 제기하고 있는 의견들은, "노인들이 공원에 '적합하지 않은' 행위를 해서 3·1운동의 성지를 더럽히고 있다"는 성역화의 전제에 대해 거부하고 있다. 또한, 탑골공원이 '3·1운동의 성지'로 단순화된 상징성과 미학적 통일성 갖춘 공원으로 창출되어야 한다는 전제 역시 거부하고 있다. 하지만, 일상적인 이용자들의 입장에서 제기된 이러한 반대의견과는 무관하게 성역화 사업은 추진되었고, '연고자'[65]로 간주되는 엘리트 단체들의 의견이 더

---

65) 2001년에 설계안을 기초로 열린 자문회의에 참석한 단체는 조경전문가 두 명과, 기자, 시의원, 대학교수, "탑골공원 연고자"로 시 정부에 의해 호칭되고 있는 천도교계와 불교계, 그리고 서울시 공무원들이었다(「탑골공원 재정비사업 현장자문회의 결과보고」(서울시 2001). 천도교계와 불교계는 각각 손병희 동상과 한용운 선사비가 공원에 위치하고 있다는 점에서 공원의 '연고자'의 지위를 인정받고 있다.

큰 영향력을 갖고 반영되는 모습을 보여주었다. 관련 단체들이 중시하는 요소들을 이전하거나 중요성을 상대적으로 감소시키는 설계안의 요소들이 변경되면서 공원의 '작품'으로서의 통일성은 와해되었다. 설계안을 둘러싸고 전개된 관련 단체들의 개입은 탑골공원이 단순히 시 정부의 의도만이 개입된 것이 아니라, 공원에 자신들의 의견을 반영하고 유지하고자 하는 엘리트 단체들의 의도가 비중 있게 반영되고 있음을 보여준다. 손병희 동상과 한용운 당대선사비를 옮기는 기존의 계획에 대해 천도교계와 불교계가 반대했고, 3·1절 기념식 공간을 확보해 달라는 광복회의 요청에 따라 사각형의 '기념광장'은 더 확대되었다. 이에 더해, 설계안이 3·1운동을 중심으로 공간을 구획하고 있어서 불교 유적이 상대적으로 간과되고 있음을 지적하는 불교계의 요청도 더해졌다. 팔각정 주변이 3·1운동을 상징하는 팔각정이 중심이 되어야 할지, 아니면, 팔각정 북쪽에 있는 원각사지 13층 석탑이 중심을 이루어야 할지에 대해 불교계와 조경계획가 및 천도교계의 입장대립이 있어서 팔각정 주변을 두르는 원형단 조성은 미루어졌다. 이에 더해, 원각사 구비(龜碑)주위가 연못이 있었다는 점을 들어 주변에 연못을 조성해 달라는 불교계의 요청이 있었다. 그 결과, 손병희 동상의 우측에 이용자들에게 거의 보이지 않는 작은 연못이 하나 만들어졌다.

공원의 성역화가 진행되면서 또 다른 문제가 돌출된다. 원각사지 석탑의 붕괴 위험이 언론에 의해 제기되고, 원각사 유적을 전면 발굴할 것을 불교계가 주장하기 시작하면서 기존의 계획안은 통일적인 의미구조가 왜곡되는 동시에 공사 도중에 성역화가 중단되는 결과를 초래하게 된다. 여기서 나타나는 논쟁은 '사회통제인가 유적 보존인가'(Low 2000:188)를 둘러싸고 벌어지는 것으로, 수많은 역사적 지층들이 묻혀 있으면서도 현재까지 사회관계가 복잡하게 얽혀 있는 도심 공원의 특성을 간과한 채 진행되어 온 성역화의 한계를 보여준다. 그리고 문화재 출토에 책임을 다하지 못하는 시 정부에 대해 우려하는 문화재청과 여론의 반대에 밀려, 성역화 공사는 도중에 중단되고 만다. 그 결과로 나타난 현재의 탑골공원은 각 집단들의 이해관계와 조경계획의 의도들이 뒤엉켜, '되다 만' 성역화로 끝맺게 되었다. 특히, 3·1운동을 재현하는 부조들 13개를 팔각정이 있는 원형광장 주변에 배치하는 것은 포기되었다. 원형광장이 3·1만세운동이 시작된 곳으로 당시의 상황을 재현하고 있는 부조들이 서 있어야 할 곳이라는 점은 공원 조경의 통일성을 위해 추진된 것이었다. 하지만 부조상들은 본래의 장소에 그대로 세워져 있다.

이러한 모순들에도 불구하고, 공원에서의 '바람직하지 못한' 행위를 하는 인구집단을 배제하는 방향은 전혀 영향을 받고 있지 않았으며, 설계안의 목표가 근본적으로 공원으로 사람들을 끌어들이는 것보다는 배제하는 것에 맞추어져 있다는 점을 알 수 있다. 그 배제의 의도는 지금까지 다루었던 물리적인 도구뿐만 아니라, 공원의 이용방식에 대한 세심한 통제를 통해 더 정교화 된다는 점을 다음 절에서 제시한다.

3. 도덕의 공간화에 대한 기록

여기서는, 도심의 한 공간이 다른 공간보다 더 높은 질서와 도덕적 행위를 요구함으로써 공원에 대한 사람들의 인식과 공원 이용자들의 행위가 다른 공간과의 관계에서 위계적인 위치에 놓이게 되는 결과를 보이고자 한다. 다음과 같은 질문들을 통해, 탑골공원에서 진행되어 온 도덕의 공간화를 기록할 수 있다. 왜 다른 공공 공간에서는 할 수도 있는 일들이 여기서는 안 되는 것일까? 왜 얼마 전까지만 해도 가능했던 행위들이 여기서 더 이상 해서는 안 되는 것일까? 그리고 왜 사람들이 예전의 행위들을 자제하는 것일까? 그것을 가능하게 하는 힘은 무엇이고 어디서 나오며, 어떻게 적용되고 있는가? 탑골공원의 이용방식에 대한 통제는, 공원의 물리적 환경을 변화시키는 것을 넘어서, 공원을 이용하는 사람들의 행위에 대한 적극적인 개입에 까지 전개되고 있음을 보여준다. 그리고 그 궁극적 목적이 공원에 새롭게 부여하고자 하는 의미에 '적합하지 않은' 행위의 배제와 연관되어 있음을 제시하고자 한다.

(1) 법의 그림자: 도덕적 규칙들과 사적 통제들

특정한 공간에만 적용되는 작은 규칙들은 일상생활의 경로에 직접적인 영향력을 행사하기 쉽다. 도시에서의 생활은 각 공간들을 옮겨 다니는 것인 동시에, 그 공간에서 요구하는 세세한 규칙들에 따라 행동하는 것을 말한다. 그만큼 일상생활의 경로는 공간과 시간에 적용되는 규칙들에 따라 다양한 경로를 그려낼 수 있다. 다른 곳과 구별되어 한 공간에만 적용이 국한되고 '무질서'가 나타나는 상황을 미리 제거하는 규칙들이 탑골공원에 적용된 이후, 탑골공원의 일상은 변화되기 시작했다. 특정 공간을 통치하는 '작은 법'들은, 특히 매춘, 구걸, 폭력, 음주 그리고 노숙 등의 행위가 거리와 공원을 포함한 공공 공간에 나타나는 것을 예방하는 데 초점을 맞추고 있다. 도시의 공공 공간에서 그러한 행위들을 할 수밖에 없는 가난한 사람들이라는 의미에서 "새로운 형태의 빈민"(Rose and Valverde 1998)에 대한 통제방식으로 부각되고 있다고 할 수 있다. 이 '작은 법'들은 공간을 기준으로 실천되는 특징을 갖는다. 따라서 공간에서 배제되어야할 자들과 포함될 자들 사이의 영역을 확실히 구분함으로써, 특정한 공간을 소비와 관광과 같은 목적에 알맞은 곳으로 창출하는 과정에서 중요한 역할을 하게 된다. 배제와 포함의 기준이 되는 것은, '바람직한 것'과 '바람직하지 않은' 것을 구분하는 도덕적인 기준이고, 이 기준은 질서와 무질서에 대한 상식적 수준의 지식에 의해 정해진다.

탑골공원의 경우, 그 '상식'은 '민족성지'라는 위상과 '경건함'이라는 태도의 자연스러운 연계라고 할 수 있다.[66] 「공원이용 안내문」은 "탑골공원은 과거 원각사가 있던 곳이고, 서울 최초의 근대공원이며, 3·1독립정신이 깃든 사적지이므로 시민여러분께서는 경건한 마음으로 관람하여 주시기 바랍니다"라는 내용이 적혀 있다. 특히, 공원 이용을 1시간 이내로 제한해서 자발적인 준수를 요구하고 있으며, 연설회, 집회는 물론이고, 돗자리와 신문을 깔고 벤치가 아닌 곳에 앉는 행위, 바둑과 장기, 음주, 가무, 상거래 행위들이 모두 금지되었다. 공원에 부여된 위상과 그 위상에 부합되는 '마음가짐'으로서의 '경건함'은 곧장, 공원의 이용방식에 대한 통제로 이어진다. 공원의 상징과 사회관계에 대한 해석, 그리고 물리적인 디자인으로 이어지는 성역화 작업은 공원의 이용방식에 대한 통제까지 확장되고 있다. 성역화 작업은 탑골

---

66) 단체나 국가 혹은 공동체에 속한 특정 행위자들이 사회적 추세와 담론들에 동조하는 방식을 통해, 위기와 해결책을 조작해서 흡연, 마약소비, 성행위, 음주 등의 새로운 패턴을 요구하는 방식이 도시공간에서의 행위를 통제하는 방식으로 부각되고 있다. 이러한 요구는 주로 "도덕적인 캠페인"으로 나타난다(Hunt 1999). 시 정부와 질서유지 위탁을 받은 광복회가 공원 내에서 '민족의 성지'라는 위상에 맞지 않는 행위들을 '계도'함으로써 공원의 이미지의 변화에 영향을 끼치고 '부도덕한' 행위들을 공원에서 제거하는 과정이 하나의 예가 된다.

공원에서 지속되어 왔던 노인들의 행위들에 대한 문제제기와 짝을 이루면서 진행되어 왔다는 점에서, 「공원이용 안내문」에서 나열하고 있는 금지되어야할 행위는 결국, 노인들의 공원 이용방식에 대한 통제가 될 수밖에 없다. 그리고 시 정부는 광복회와의 계약을 통해 1년간 공원의 '질서계도'를 위탁하고, '자원봉사자'들을 하루에 30명씩 배치해서 이용수칙에 따라 공원의 이용에 대한 도덕적 캠페인을 펼쳐 나갔다. 애초에 "정숙해야할 공간이 노인들의 놀이터가 되었다"고 주장해 왔던 광복회가 시 정부와 계약을 맺고 공원의 이용을 통제함에 따라, 공원은 관리사무소와 공원 관리 당국에 더해, 사적 단체의 통제들이 겹겹으로 적용되기 시작했다. 그 결과, 공원의 일상은 예전과는 전혀 다른 모습을 보이고 있다. 이제, 탑골공원이라는 구체적인 공간에서 경험되는 도덕의 공간화 과정의 특징과 그 함의를 살펴보기로 한다.

　필자가 공원을 찾은 2003년 가을에는 탑골공원에서 집회나 시위는 물론이고, 사람들이 모여 있는 모습이나, 예전부터 지속되고 있던 행위들의 상당부분이 사라졌다. 노인들은 대부분 혼자 앉아 있거나, 두 사람 정도가 이야기하고 있을 뿐, 과거의 모습처럼 원형을 이루며 집단적으로 모여 있는 모습이 보이지 않았다. 노인들의 상당수가 빠져나간 자리에는 어두운 색 양복을 입은 부동산 브로커들이 일과 고객을 기다리며 두세 명씩이 모여 서있다. 공원에서 예전의 모습들을 찾는 연구자에게, 부동산브로커들은 "종묘공원에 가봐, 거기에 다 있어"라고 일러주었다. 탑골공원의 북문 밖에서 만난 한 노인은 그 이유에 대해, 다음과 같이 설명해 주었다.

[사례 III-13] 공원 안에서 자유도 없고.
(구상현(75세, 남)씨와 탑골공원 북문 밖에서 한 면담 중 일부이다. 구상현

씨는 무료급식을 하는 원각사에서 점심을 먹고, 탑골공원을 들리지 않고 곧장 종묘공원으로 가서 4시까지 지내다가 집으로 돌아간다. 2003.10.6)

연구자 - 탑골공원은 안 가세요?

구상현 - 탑골공원은 장기도 못 두고 노래도 못 부르고, 자리도 못 앉게 하고, 자유가 없으니. 서울에 살면서 원래 이용했던 사람은 절대 안 가. 가끔 시골에서 올라온 사람이나 구경하러 가지, 아니면 혼자 고독해 하는 사람이나, 두어 명이 와서 다방대신 이야기나 하려고 가는 거지.

연구자 - 노인분들 불만이 많으시겠네요?

구상현 - 암 많지. 이 민주주의 국가인데 공원 안에서 자유도 없고, 젊은 것들 자원봉사자가 아무리 거기서 떠들어도, 너희가 뭔데 그러느냐 하며 말도 안 들었지. 게다가, 옛날에는 4대문이 다 열렸는데 지금은 하나만 달랑 열어놨어.

연구자 - 노인복지관도 시설 좋고 노래도 부를 수 있는데 거긴 안 가세요?

구상현 - 아 노래를 불러도 거긴 자유가 없지. 노래방이 있기는 해도 자유롭게 부를 수 없으니까. 맘대로 누울 수도 없고 잘 수도 없지.

성역화 공사 이후의 탑골공원에서는 사방으로 개방된 문들을 폐쇄해서 공원에 접근하는 통로를 정문 하나로 줄였다. 그리고 '자원봉사자'들의 질서유지 캠페인을 통해, 공원에서의 기본적인 행위들이 통제되기 시작했다. "민주주의 국가인데 공원 안에서 자유도 없다"는 견해를 갖고 있는 노인들은 공원이 시민들의 자유와 평등을 구현하는 곳이라는 점을 근거로, 새로운 공원이 문과 자원봉사를 통해 자신들의 '자유'[67]를 침해하고 있다는 점에 대해서 항의하고 있다는 것을 알 수 있다. 공원과 광장과 같은 도심의 공공 공간은 자유와 평등이라는 근

[67] 공간의 "공공성"은 이상적으로 다섯 가지 공간적 권리를 포함하고 있다. 접근성: 공공 공간에 들어가고 머물러 있을 권리 / 행동의 자유: 자유롭게 행동할 권리 / 요구주장: 공공 공간 안에 있는 자원과 공간을 차지하는 권리 / 변화: 환경을 변경시킬 수 있는 권리 / 소유권: 궁극적으로 공적으로 소유될 것.(Carr & Francis & Rivlin & Stone 1992; Low 2000:241)

대 자유민주주의의 이상을 물리적으로 구현하고 있는 핵심으로 간주되어 왔다(Caldeira 2000). 도심에 자리 잡은 탑골공원은 정치적 집회의 장소가 되어 왔으며, 다양한 문화적 차이들이 공존하는 곳이었고, 이러한 곳을 도심에서 제거하거나 그 접근성과 행동의 자유가 제한을 받는 경우에는, 도시 변두리에 아무리 광장과 공원을 조성해도 같은 효과를 볼 수는 없다. 하지만, 노인들이 말하는 '자유'란 추상적인 의미에 머물지 않고, 일상적으로 공원을 이용해 왔던 경험에 근거하고 있었다. '노인의 전당'이라는 의미가 부여되기까지, 공원의 문화를 주도해 왔던 것은 공원을 무대로 자신들을 표현해 왔던 노인들이었다. 공원의 분위기는 '노인들의 공원'이라는 데 알맞게 형성되어 있었고, 서울 도심의 역사적인 공간에서 자신들의 문화를 표현하고 있다는 점에서 상징적인 가치를 가지고 있었다. 따라서 이들이 말하는 '자유'란, 공원의 물리적인 변화에도 불구하고 이전의 놀이와 행위들을 지속하는 것이었다. 노래를 부르면서 춤도 추고, 벤치가 아닌 곳에 돗자리나 신문을 깔고 앉거나 눕는 것과 같은 공원에서의 기본적인 행위들이 바로 '자유'를 의미하고 있다. 그 '자유'의 요소들이 의례적으로 지속되어 왔던 '이야기판', '정치일번지', '음주가무' 등의 영역들을 유지하는 데 기반이 되어온 것이다. 시정부가 탑골공원을 대체할 목적으로 마련한 노인복지회관은 그러한 '자유'를 대신할 수 있는 곳도 아니었다. 결국, 노인들은 탑골공원을 대체할 다른 공원으로 이동하기에 이르렀다. 그 결과, 탑골공원은 "시골에서 구경 온 사람"이나 "혼자 고독해 하는 사람"들이나 찾는 곳이 되었다는 점을 위의 노인은 지적하고 있다. 공원이 일상적인 이용자들보다는 관광지로서, 혹은 다양한 행위들이 공존하던 곳이 개인주의적인 행위만으로 채워지고 있다는 지적이다. 이렇게 변화된 탑골공원을 마치 '다방 혹은 복덕방처럼 이용하는'

부동산 브로커들이 현재의 공원을 이용하는 주된 사람들이 되었다. 다양성을 포괄할 수 있는 근대도시공간의 전제가 제한되고, 관광과 개인주의적인 취향으로 공원이 이용됨으로써 공원의 쓰임새가 변화하고 있다는 것을 의미한다.

종묘공원으로 옮겨간 노인들은 여전히, 탑골공원의 동문 쪽 골목을 함께 이용하기도 하고, 과거에 탑골공원에서 벌어졌던 놀이나 정치이야기들의 영역을 종묘공원에서 다시 펼쳐놓고 있다. 현재의 탑골공원에 대해 비평하는 종묘공원의 한 노인에게서, 성역화의 전체적인 과정 속에서 노인들이 어떤 위치에 놓여지게 되었는가를 발견할 수 있다.

[사례 III-14] 지금 거기 아무것도 없어요

(신기중(69세, 남)씨와의 면담 중 일부이다. 신기중씨는 함께 벤치에 앉아 있던 두 친구를 종묘공원에서 매일 만나고 있다. 2003.10.21)
거기 어른들 다 내 쫓는 바람에 여기로 다 옮겨왔어. 거기가 성역화한다고 두 번씩이나 공사하고, 의자들도 다 없애버렸지. 성역화 만든다는 의도는 좋았었는데, 외국인 관광객을 유치한다든가, 한국을 알리기 위해서……. 지금 아무것도 없어요, 거기. 손병희 동상밖에 없고 독립선언 기념탑 해놓고 아무것도 없는데 그게 뭐 성역여 그게. 서울시에서 수억을 부어서 공사해놓고. 예전에는 노인네들 정치싸움 하고 그랬었는데. 그래서 아마 그게 보기 싫어서 그랬는지. 공원에 들어가는 사람보다는 거기 관리하는 사람이 더 많았어. 지금은 별로 제재하진 않아도 의자도 없고 앉을 데도 없고 해서 별로 들어가고 싶지도 않아. 어떤 놈이 돈 벌어 처먹을라고, 공사를 한거야 그게. 지금 그거 아무것도 아니잖아. 사람이 들어가? 거기 들어가는 사람들은 전부 브로커 사기꾼들야 부동산업이라고 해도. 전부 몇 100억 몇 10억 불러도 그거다 사기야. 순전히 거기는 그런 사람들 모여서 연락하고. 그거에 혹해서 걸려들고.

공원에서 진행된 도덕적인 캠페인으로 인해, 공원에서의 '자유'를 잃어버렸다고 생각하는 노인들은 더 이상, 탑골공원을 찾지 않고 있다.

[그림 26] 탑골공원의 사각광장에서 두세 명씩 모여 부동산 업무 이야기를 하고 있는 브로커들
(저자 촬영)

이들은, "공원 안의 무질서는 노숙자나 잡상인들이 초래한 것인데, 애꿎은 노인들에게 책임을 돌리고 있다"고 지적하면서, "누구나 자유롭게 이용할 수 있는 공원이 되도록 공원을 완전 개방해야 한다"고 주장한다. 또한 "노인들이 무료하니까 공연이나 서예경연을 벌고 나라의 장래에 대해 연설하고 토론도 했지. 그런 것이 꼭 3·1 정신에 위배된다고 봐야하는 건가"라고 반문하기도 했다. 탑골공원에서 노인들의 행위가 도덕적으로 문제시되는 과정에서 노인들은 노숙자와 부랑자들의 행위처럼 '바람직하지 않은'행위를 하는 집단으로 이항 대립적 체계 속에 위치 지워졌다는 점은 앞의 절에서 밝힌 바 있다.

　중요한 것은, 이러한 변화를 이끌어내는데 근거가 되었던 것이 '성역'에서의 '경건함'이라는 도덕적인 품행이라는 점이다. '성역'과 '경건함'을 연계하고 있는 도덕적 가치는 단순히 공원 질서유지의 위탁을 받은 자원봉사자들과 정부의 시책에만 국한되는 것은 아니었다. 현재 공원을 이용하는 사람들 중에도 공원에서 강조되기 시작한 도덕적 기준으로 다른 이용자들의 이용행태에 대해 문제를 제기하기도 한다. 공원에서 '혼자 고독하게' 산책을 하고 있던 한 노인은 과거의 행위들에 대한 문제제기부터 시작해서, 그 후, 공원에서 지속되어온 영역들이 사라진 이유와 그 결과에 대해 긍정적인 평가를 내렸다.

[사례 III-15] 깨끗해진 공원

(김진환(72세, 남)씨와의 면담 중 일부이다. 김진환씨는 젊었을 때 초등학교 선생님이었고 현재는 젊은 사람들에게 경기민요를 가르치고 있다. 탑골공원에서 오전을 보내고, 오후 2시쯤에 종묘공원으로 향한다. 2003.10.9)
탑골공원이 그 전만 해도 전부 노인들이고, 젊은 사람이고 무직자 실업자들의 회합장소야 여기가. 노인들이 전부 술 먹고 싸우고 노래하고 정치싸움들 많이 하고 멱살잡고 하던 데예요 여기가. 종묘공원은 많이 안가고 여기만 모였어. 모여 가지고 미어터지게 사람이 말도 못했어, 국가유공자들이 관리하는 걸로 된 다음에는, 일절 여기서 작년 3·1절 개장하고 나서 음식물을 금지시켰어. 못 들어오게 못 먹게. 작년에 이렇게 해놓곤 각 기업단체, 데모 연설 같은 건 아무것도 못하게 해. 매점도 다 없었지. 매점이 잘 벌었지. 그 수많은 사람들이 매점에서 사먹었으니까. 작년부터 깨끗한 거야. 여기 사람들이 다 종묘로 가서 지금은 그렇고 그런 사람들은 없다. 그래서 여기는 조용한 거 좋아하는 분들이 많이 오지. 작년에 그 유공자들이 다 질서유지하고 그러면서 깨끗해졌어. 매일같이 한 4-5명씩 교대로 하나 보더라고. 빨간 쪼끼 입고. 이런 데도 앉지 못하게 하고, 앉으면 관리사무소에서 와서 막 말하고 그랬는데, 올해만 해도 이런데 뭐 난장판이지. 잔디도 죽고 이러더라고. 아무데나 앉길래 내가 그랬어. '아니 지금 잔디를 말려야지 지금 다 밟고 그러면 어떻게 하느냐'고. 그런데, 조금만 뭐라고 그러면 욕하기나 하고 말도 안하고 그래. 독립선언기념비 앞에도 못 앉게 써 붙었지만 지금은 다 앉는 걸. 작년에 거기도 못 앉게 했어.

노인들의 행위가 문제시되는 과정에서 부각되었던 '바람직하지 않은' 행위들이 탑골공원에 대한 기억의 대부분을 차지하고 있다는 점을 알 수 있다. 노인들 스스로가 공원에서 벌이고 있던 다양한 놀이의 영역들에 대한 기억은 사라지고, 공원을 문제시하는 시각들에 의해 부각된 장면들만이 나열되고 있다. 그리고 이러한 예시들에서 공원의 이용자들 스스로가 탑골공원의 성역화의 정당성을 주장하고 있다는 점에 주목할 수 있다. 그리고 자원봉사자들의 캠페인을 통해 유지되었던 질서가 1년간의 계약이 끝나면서 공원이 다시 "난장판"이 되고 있다는 해석을 하고 있다. 무엇보다도 중요한 것은, 스스로 공원에서 다른 이용객들의 행위를 나무라고 있다는 점이다. 단순히, 잔디를 밟지 말라는 말을 하는 것을 넘어, '솔선수범'을 통해 공원의 질서를 유지하는데 기여를 하고 있다는 점을 강조하는 경우도 있다.

[사례 III-16] 야스꾸니 신사와의 비교

(김기선(81세, 남)씨와의 면담 중 일부이다. 김기선씨는 4시에 탑골공원에 들려 쓰레기를 줍고 5시에 종묘공원으로 간다. 관철동에서 광고포스터 제작 일을 하면서 탑골공원을 젊었을 때부터 봐왔다. 2003.10.23)
성역화 하고 나서는 분위기가 훨씬 좋아졌어. 여기가 성지 아녀, 탑골공원이. 깨끗해야지. 일본에 야스꾸니 진자에 가봐. 쓰레기 하나 없더라. 3·1운동이 여기서 시작하고 나라를 여기서부터 되찾은 거 아냐. 민족의 얼이 깃든 것이거든 여기가. 해방 후에 이승만, 김구 선생 다 여기에 다녀가셨으니까. 독립투사들이 다 여기 다녀가시고 여기서 연설도 하셨다고. 그 때(성역화 하기 전) 내가 왔을 때는 쓰레기에 담배꽁초, 먹다 남은 음식들이 있었는데, 늙은이가 지팡이 짚고 불편한 몸으로 쓰레기 줍고 그러니까 이제 좀 바뀌더라고. 내가 여기 시작하기 전에는 드러웠다고. 성역화 한 이후에도 말야. 나는 비가와도 하루도 안 빼놓고 오거든. 그래서 담배꽁초 줍고 그러면, 몸도 불편한 늙은이가 그러면 미안할 꺼 아냐. 성역화 이전에는 그런 얘기해야 듣기나 하나. 성역화 사업, 이거 잘 한 거야. 그래야 외국인들이 와도 면목이

서지. 그 전에는 외국인 오면 다들 찌푸리고 그랬지. 요새는 5시 반되면
다 내보내거든. 잘 한 일야 잘 한 일.

  탑골공원의 분위기가 예전의 '자유'로운 분위기에서 '도덕적인' 행위
를 요구하는 분위기로 변화되었음을 알 수 있다. 성역화 이후부터, 3
·1운동을 재현하는 의례를 통해 공원이 '성지'임을 환기시키고[68], 기
념비적인 조형물들이 돋보이도록 하는 공간의 새로운 배치를 통해서
공원의 새로운 쓰임새가 강화되었다. 이에 더해, 공원 내의 이용수칙
과 이 수칙을 철저히 적용하는 관련 단체의 캠페인이 지속되고, 새로
운 위상에 동조하면서 스스로 질서 유지에 일조 하는 이용자들에 의해
탑골공원은 '도덕적'인 행위만을 포함하는 공간으로 변해가고 있었다.
탑골공원에서 오랜 기간 이어온, '자유'로운 행위들과, 새롭게 부여되
고 있는 '도덕'적 행위에 대한 요구간의 갈등은 예전에 공원에서 나타
났던 모습들에 대해 문제를 제기해 왔던 사람들에게서도 나타나고 있
다. 이들은 공원의 성역화를 위한 민족주의성향의 단체들의 캠페인에
참여 했지만, 그 결과가 공원을 일상적으로 이용하는 사람들이 공원을
이용하는 자유를 상당히 제약하고 있다는 점에 불만을 표했다.

---

68) 2002년 3월 1일 탑골공원의 공사가 끝나고 개장행사가 열렸다. 징소리와
   함께 삼일문이 열리고 301마리의 비둘기가 하늘로 비상하는 가운데, 시장,
   광복회장, 종로구청장 등이 공원 안으로 입장했다. 시장의 연설이 있고, 탑
   골공원 관리위탁증서가 시장에게서 광복회장에 전달된 이후, 삼일독립선언
   문을 낭독하는 재현행사를 가졌다. 참여한 사람들은 흰색저고리에 검은색
   치마를 입고 태극기를 휘날렸고, 단상의 인사들은 만세삼창을 했다. 새롭게
   변화된 공원을 관람을 한 후에, 주요 인사들은 보신각으로 가서 타종행사를
   열었다. 경찰악대가 3·1절 노래를 연주하고, 33회 보신각종을 타종했다. 그
   리고 흰 저고리에 검정치마를 입은 여학생과 시민 500여명이 만세를 부르며
   탑골공원에서 보신각까지 행진했다.

[사례 III-17] 공원이니까 사람들이 많으니까 만세를 불렀지

(김성철(78세, 남) 대학 총장을 지내고 탑골공원의 독립유공자 유족회의 활동에 참여했었다. 2003.11.6)
공원이 먼저였지 성지가 먼저였냐 이거지. 독립유공자 유족회가 시에서 보조금을 받고 하루 10시, 11시에 1년간 감시를 했기는 했지. 근데, 공원이라는 데는 개방을 해야지. 동서남북 다 열어놔야지. 밤에도 문을 안 잠궈야지. 그래서 직장인들의 만남의 장소도 돼야지. 대가리통들은 썩어가지고⋯. 98년하고 99년 정화이후에는 일체 부랑자, 술 마시는 사람 없었어. 경고문으로 정치싸움하고 고성방가 같은 거 금지도 했고⋯⋯. 조금 불량한 사람이 올 수도 있겠지만, 그렇게 심하지 않았어. 핑계야. 다른 핑계. 예산 안 줄게 남은 예산을 다 쓰려는 거지.

공원의 성역화와 공원의 의미에 '적합하지 않은' 행위들의 대립관계를 전제로 진행되었던 성역화 작업의 고리를 벗어나서, 공원을 문제화하는 시각과 정부의 예산운용으로의 문제로 성역화의 근본적인 출발점을 찾고 있는 것이다.

위의 세 사례들은 여러 노인들을 면담 한 후에 선택된 전형적인 반응들이다. 특히, 탑골공원 내에서 산책을 하거나 벤치에 앉아서 신문을 보는 노인들의 경우, 상당수가 탑골공원의 변화에 대해 긍정적인 반응을 보였다. 물론, 공원에 벤치가 줄어서 앉을 곳이 마땅치 않다는 점에 대해 비판하면서도, '깨끗해지고 조용해진' 공원의 모습은 "그래도 잘 되었다"라고 평했다. 종묘공원과 탑골공원을 하나의 세트로 이용하면서, 탑골공원은 "산책과 고요함을 즐기기 위해 들르는 곳"으로, 종묘공원은 "사람 사는 거 구경"하거나, "요즘 세상이 어떻게 되어가나"를 여기저기 둘러보며 확인하는 곳으로 이용하고 있었다. 이들은, 과거의 탑골공원은 난잡하고 사람들로 메어터지고 혼란스러운 곳이었던 반면, 현재의 탑골공원이 깨끗하고 조용해진 모습을 하고 있다는 점에서 바람직한 방향으로 변화되었다는 의견을 갖고 있었다. 그러면서도, 탑골공원만 이용하는 데 그치지 않고, 과거의 탑골공원의 행위들이 옮겨간 종묘공원에서 오후를 보내고 있다. 반면, 탑골공원에 입장하지 않고, 공원의 주변 골목에서 식사나 친구들을 만나 종묘공원으로 발길을 돌리는 노인들의 경우, 혹은 종묘공원에서 만나 탑골공원 주변으로 점심식사나 물건을 사러 오는 노인들에게는 탑골공원이 더 이상 흥미로운 장소가 아니라는 점을 알 수 있었다. 이들은 아예 탑골공원을 찾는 것을 거부하고, 탑골공원의 성역화에 대해 비판적인 시각을 갖고 있었다. 이러한 시각의 차이는 공원에서 허용되는 행위와 허용되지 않는 행위에 대한 도덕적 가치의 차이이며, 현재의 탑골공원에서 진행되고 있는 경합의 주요 특징은 공간과 그 공간에 부여된 도덕적 가치에 대한 투쟁이라는 점을 알 수 있다.

필자는 탑골공원이 '성지'임을 주지시키고, 그 위상에 적합하지 못한 행위들을 제재하는 다양한 전략들이 현재의 탑골공원의 일상에서 활용되고 있음을 관찰을 통해서 알 수 있었다. 다음은 하루 동안 공원을 관찰한 경험을 통해 탑골공원 현지의 상황을 기록한 것이다. 방송의 목소리와, 공원관리사무소, 공익용원, 다른 이용자들의 행위에 참견하는 이용자들, '민족의 성지'라는 위상을 주지시키는 노래와 안내방송이 뒤섞이면서, 할 일과 하지 말아야 할 일의 부침이 서서히 드러나게 된다. 그리고 공원의 일상에서, 탑골공원이 '민족의 성지'로 태어난 박정희 정권시절의 공원의 이미지가 보이고 있다는 점을 알 수 있다.

[사례 III-18] 1일간의 관찰 기록

2003년 10월 24일 금요일. 햇볕이 공원 내에 잘 들고 있고, 기온도 평년보다 높아서 아직 여름처럼 느껴진다. 오전 9시, 문이 열렸어도 별로 들어오는 사람이 없다가, 10시 30분을 넘어서면서 공원의 사람들이 빠르게 늘어나기

[그림 27] 팔각정에서 잠자는 중년남자
신문을 깔고 누워서 자다가 "아저씨, 아저씨, 여기 누워 계시면 안돼요. 공원이용
수칙이거든요"라는 공익근무요원의 말에, 기둥에 기대어 자고 있다(관찰기록 2004.
4.20).(저자 촬영)

시작한다. 오전 10시경, 공원의 북문 밖 나무에 매달아 놓은 스피커를 통해,
원각사의 주지스님의 독경이 공원에 울려 퍼진다. 그리고 그 독경과 함께
탑돌이를 하는 불교 신자들의 모습이 보인다. 하지만, '민족 성지'를 알리는
공원 관리사무소의 방송이 나오면서 원각사의 독경이 겹쳐지고, 공원 안은
두 소리의 경합이 시작된다. 이에 아랑곳하지 않고 공원에서 대화를 나누고
있는 사람들은 자신들의 목소리가 서로에게 들리게 목청을 돋우면서 스피커
를 동원한 두 거대한 소리들 속에서 자신들만의 영역을 만들어 낸다.
11시 16분에 노숙자 한 명이 손병희 선생 동상 주변에서 잠을 자고 있었다.
이것을 발견한 관리사무소 직원이 노숙자를 깨우려고 실랑이를 벌이다가
포기하고 돌아갔다. 관리사무소로 돌아가서 몇 분이 지나자, 독립선언문 방
송이 시작되었다. 공원의 곳곳에 설치된 스피커를 통해 공원 전체를 쩌렁쩌
렁 울리면서 다음과 같은 노래가 시작된다.
"백두산의 푸른 정기 이 땅을 보호하고 한라산의 높은 기상 이 터를 지켜왔
네. / 무궁화 꽃 피고 져도 무궁한 우리강토 온 세계 사라왔네 슬기로운
우리 겨레"[69]

---

69) 이 노래는 박정희가 작사·작곡한 「나의 조국」이다. 탑골공원의 '성역화'는

이 노래가 울려 퍼지고 난 후, 다음과 같은 안내방송이 뒤따라 나온다. "탑골공원을 찾아주신 내방객 여러분 안녕하십니까? 민주평화통일자문회의 종로구협의회에서는 여러분과 함께 민족정신 함양을 위해서 잠시 민족중흥 정신을 되돌아보려 합니다. 이곳 탑골공원은 우리 민족에게 가장 소중한 정신적 유산인 3·1운동의 발상지올시다. 1919년 3월 1일 아침부터 이 공원에서 5,000명의 학생과 시민들이 모여 독립선언서를 낭독하고 대한독립 만세를 외쳤고 만세시위의 불길은 전국적으로 퍼져 나갔던 장소입니다. 겨레의 숨결이 숨쉬고 맥박이 뛰고 있는 곳이올시다. 지금부터 거룩한 우리 선열의 얼을 되새기고자 독립선언문을 낭독하겠습니다. 경청하시고 조국을 생각하는 시간을 가지시기 바랍니다."

「3·1절 노래」가 장중하게 배경음으로 흐르는 가운데, 독립선언서가 낭독된다. 방송이 시작되기 전 기타를 갖고 공원에 들어온 한 백인 남성이 원각사지 13층 석탑 옆의 석축에 앉아서 막 기타를 치려는 폼을 잡고 있었다. 이때, 공원의 스피커에서는 안내방송이 시작할 때 나오는 노래가 쩌렁쩌렁 울리기 시작한다. 사람들의 말소리, 지저귀는 참새소리, 공원 밖의 자동차소리는 탑골공원이 '민족의 성지'임을 알리는 목소리 속에 모두 묻혀버렸다. 그리고 당황한 백인 남자는 어색하게 기타를 다시 기타 케이스에 넣고 일어섰다.

역사 유적지를 답사하는 숙제를 하기 위해 찾아온 초등학생들과 중학생들, 그리고 일본인 관광객들로 공원은 오후로 넘어가면서, 더욱 많은 사람들로 붐비고 있다. 노인들과 중년들의 둔탁한 웅성거림을 꼬마들의 날카로운 목소리들이 파고든다. 공원에 핀 꽃들을 사진에 담으려는 젊은 남녀와, "공원

박정희 정권 이후로, 강화된 '민족 성지'의 위상을 다시 찾는 작업이기도 하다. 따라서 성역화의 과정에서, 입장료 징수와 같은 과거의 관례들을 검토할 만한 아이디어로 다시 끌어내는가 하면 박정희 정권의 이미지 중 일부는 공원의 질서유지에 실제로 이용되기도 했다. 입장료 징수문제는 탑골공원이 사적지인가 아니면, 개방성을 전제로 하는 '공원'인가에 대한 경합 의 한 국면에서 나타났다. 성역화 과정에서 추진되었던 입장료 징수의 문제는 탑골공원을 또 다른 유적지 혹은 사적지로 만들어서 예전의 '바람직하지 않은' 행위들이 공원을 전유할 위험을 애초에 제거하고자 하는 의도를 담고 있었다. 입장료는 공원의 성역화 과정에서 갑자기 등장한 아이디어가 아니라, 탑골공원에 대한 사회적 통제를 위해 반복적으로 이용되는 관성을 갖고 있다. 시민단체와 노인들의 반발로 입장료 징수는 포기될 수밖에 없었다.

의 사람들이 움직임이 적어서 그림 그리기에 좋아서 왔다"는 디자인 학원 학생들 등, 사람들이 늘어나면 늘어날수록 공원 내에서의 방송 횟수는 증가 했다. -12시, 1시, 2시11분, 3시 30분에 방송은 계속되었다.- 2시 11분에는 수 백 명의 초등학생들이 견학오자, 선언서 방송이 시작되었다. 초등학생들은 한용운선사비 옆에 서있던 나에게, 역사 유적지의 코스가 그려져 있는 과제물을 보여주며, 운현궁을 찾아가는 길을 물었다. 1시 13분, 점심을 먹고 잠시 잔디가 깔려 있는 북문 쪽 화단에 누워서 잠을 잤다. 얼마 후, "저기요. 여기서 주무시면 안 되거든요"라고 하며, 순찰을 하던 종로구청 소속의 공익근무요원 두 명이 깨우고 지나갔다. 1시 21분에는 또 다른 내용의 방송이 공원에 울려 퍼졌다.

"탑골공원은 순국선열의 참배 장소입니다. 3·1독립선언과 3·1운동이 시작된 장소로서, 국민의 산 교육장으로서, 독립운동의 성지입니다. 시민 본연의 역할을 다 해주시기 바라며, 공공질서를 준수하는데 솔선수범 해주시길 바랍니다. 거듭 당부의 말씀을 드립니다. 시민여러분께서는 탑골공원이 엄숙한 참배의 장소가 될 수 있도록 질서를 지켜주시기 바랍니다."

이 방송을 듣고 관리사무소로 찾아가서, 방송을 내보내는 이유와 그 시간에 대해 물어보았다.

"방송은 상황에 따라 틉니다. 사람이 많을 때나 질서가 흐트러질 때 이 방송을 틀면, 사람들의 마음이 다듬어지고 단속하는데 있어서 수월해집니다. 교육적 효과로 인해 사전적인 인식효과 기능을 합니다. 지난 10년 간 공원이 퇴색했고 문란했는데 그에 대한 교육적 기능을 한다고 할 수 있습니다. 노인복지센터로 노인들이 많이 갔는데 복지의 맛을 보았다고 할 수 있습니다. 요즘 공원을 이용하는 사람들의 인식이 변화했는데, 피부로 느끼는 '감'이 변한 것인데, 관리하고 있는 쪽에서도 주입시켰기 때문입니다."

2시 20분에는 성역화 이후에도 꾸준히 탑골공원으로 찾아와 다시 예전의 이야기판을 벌이려는 이야기꾼이 나타났다. 그는 관리사무소 바로 옆의 나무그늘에서 분필로 바닥에 "Swapping"을 쓰고, 그 밑에 고려시대 왕조를 한자로 적기 시작했다. 사람들의 시선을 끌고, 이야기에 필요한 사전 준비를 하는, 일종의 '무대설치' 작업을 하고 있었다. 사각광장이 등나무나 벤치 하나 없기 때문에 분필로 적은 글자로라도 이야기판이라는 영역을 표시하는 것으로 보인다. 그 때, 양복을 입은 한 중년남자가 "선생님 여기서 이런 거 하시면, 관리사무소에서 뭐라고 해요" 하며 지나갔다. 그러자, 이야기꾼은 자신이 분필로 써놓은 글자들을 발로 비벼서 지우기 시작하고, 그 발을 종묘공원으로 향했다. 3시 30분 벤치에 앉아 있던 필자는 옆의 노인들의 이야기를 엿듣고 있다.

"청소부들이 신문 같은 거 쓰레기 아무데나 버리는 거 보면서 혼잣말로 '개새끼' 하더라고. 바람이 날리면 흩어지니까"

그 말을 듣고 있던 다른 노인은 휴지통 주변에 떨어진 담배꽁초를 가리키면서 "문제야……"라고 말을 흐렸다. 5시 30분이 되자, 공원의 폐관시간이 다 되었음을 알리는 방송이 나왔다. 끝까지 공원에 남아 있었던 연구자에게 관리사무소 직원은 "다른 사적지도 다 9시에 열어서 6시에 닫으니까, 탑골공원도 이 시간에 문을 닫는 거죠. 그리고 비원보다는 오히려 늦게 닫아요"라고 문 닫는 시간에 대해 설명해 주었다.

이야기꾼은 여전히 탑골공원으로의 진입을 시도하고 있다. 이야기꾼은 탑골공원의 분위기가 어떻게 변화했는지를 가장 잘 드러내는 사례가 될 수 있다. 다섯 명에서 여섯 명에 이르던 이야기꾼들은 현재 단 한 명만이 종묘공원에서 활동하고 있다. 하지만, 여전히 탑골공원에서 이야기판을 만들어보려는 시도는 계속하고 있다. 이야기꾼이 오전 11시쯤에 처음 들리는 곳이 탑골공원으로 그 곳에서 노인들의 이야기를 청취하고 기회가 생기면 이야기를 시작한다. 띄엄띄엄 앉아 있는 공원 안쪽의 원형광장보다는 사람들이 서서 누군가를 기다리거나 햇빛이 잘 드는 사각광장에서 주로 이야기터를 꾸린다. 특히, 관리사무소 바로 옆에서 이야기를 시작하는 경우가 있는데, 공원 내의 방송소리가 거의 들리지 않는 '어두운 등잔 밑'에서 이야기를 하는 것이다. 하지만, 공원의 질서가 강화된 탑골공원에서 쉽사리 관중들이 모이거나 그들의 호응을 얻어내지는 못했다. 특히, 강화된 공원의 규칙의 준수를 자신의 일처럼 여기는 사람들의 간섭이 가해지거나, 관중들이 될 만한 공원 이용자들의 변화로 인해 이야기를 듣고 즐거워 할만 한 사람들이 줄어들고 있다는 점에서 이야기터를 유지하는 데 어려움을 겪고 있었다. 이야기꾼은 여전히 탑골공원이 종묘공원을 가기 전에 들르는 첫 코스이다. 이야기터를 재생하려는 그의 시도는 후에도 계속적으로 이루어졌는데, 이야기터의 흥이 지속되기는 쉽지 않았다.

[사례 III-19] 이야기꾼의 고초

(탑골공원에서 이야기꾼에 대한 관찰기록이다. 2003.10.9)
이야기꾼이 관리사무소 바로 앞에서 무대를 차리고 관심을 가진 몇 사람에게 이야기를 시작하자, 속속 사람들이 모여든다. 이야기꾼이 이야기의 한 대목에서 관중들에게 "여기 계신 여러분들에게 제가 하나만 여쭐 깨요. 처녀하고 총각이 한 방에서 밤을 지새우는데 그래 아무 일 없을 거라고 생각하시는 분 나와 보세요"라고 묻자, 관객들은 "허허허"하고 우스워한다. 이때, 충남 예산사람이라고 밝힌 한 노인이 고래고래 소리 지르면서 "어디서 그런 얘기를 해?, 처녀하고 총각이 뭐 어쩌고 저째?"라고 버럭 화를 내며 이야기판에 달려들었다. 그러자 공원관리소장이 나와서 무슨 일인가 살피기 시작했다. 관중 중에 한 사람은 "저 양반은 종묘공원에 가 봐야 돼, "종묘공원

[그림 28] 한산한 이야기터
오른쪽에서 이야기꾼이 땅에 써놓은 한자들을 손가락으로 가리키고 있다. 그는 탑골공원에서 마땅한 이야기터를 찾는데 어려움을 느끼고 있다. 관중들도 열명을 넘기기 힘들 정도로 한산하다.(저자 촬영)

가보시오!"라고 말하며 이야기꾼을 변호했다. 이야기 판의 흥을 깬 노인이 가자, 이야기꾼은, "아까 그런 사람이 처녀 뭐 어쩌고 저째 해도 그런 사람들이 처녀 더 좋아해요"라고 말하며 다시 이야기판의 분위기를 되돌려 놓으려 했다. 이야기가 다시 진행되는 중에 독립선언서 낭독 방송이 시작되었다.

문제는 끼어든 관중이 아니라, 그런 관중을 제지하고 계속 이야기를 할 수 있게 해주는 관중들의 지원이 확고하지 않다는 점에서 이야기를 계속하는 것이 힘들어졌다는 점이다. 오랜 기간 붙박이 관중들과 암묵적으로 확고한 영역을 유지했던 이야기터에서 지속되어 왔던 이야기꾼 문화가 현대의 탑골공원의 분위기 변화 때문에 겪고 있는 '고초'들을 볼 수 있다. 공원에서 민담과 시사비판과 섞여서 구연되는 육담에 대해 흥겹게 반응해주는 관객들이 줄어들고 물리적인 무대의 역할을 해주던 등나무벤치가 사라진 이후, 이야기의 품위를 문제 삼는 사람들에 의해 이야기터의 흥은 취약한 상태에 있었다. 이에 더해, 공원 여기저기에 설치된 방송용 스피커를 통해 흘러나오는 독립선언서와 질서 안내방송 때문에 이야기꾼은 오히려 방송이 잘 들리지 않는 '등잔 밑' 관리사무소 옆에서 이야기터를 재개하는 시도를 할 수 밖에 없었다.

종로3가를 지나 탑골공원으로 들어서면, 두 공간이 모두 공공 공간임에도 불구하고, 두 곳에서 준수해야할 도덕적 규칙들은 전혀 다른 수준과 의미를 갖게 된다. 특히, 예전에 탑골공원을 이용하고 있던 노인들은 더 이상 자신들이 매일 들르던 공원 내의 장소들에서 머물러 있을 수 없게 되었다. 이야기판도 황량해지고, 서예판이며, 정치판같이 사람들이 모여서는 행위들은 모두 사라졌다. '성지'로서 지켜야할 도덕적 규칙들은 공원에 부여된 위상에 '부적절한' 행위가 보이는 것을 방지하고 공원 이용객들이 일정한 방식으로 행위하고 사고하도록 통제하는 수단으로 이용되고 있음을 알 수 있다. 따라서 탑골공원은 분별력 있는 이용자들이 스스로 질서를 지키는 모습을 보여주면서, 다른 이용자들의 '바람직하지 않은' 행위들을 통제하는, 즉 통제하는 자들과 통제 받는 집단이 별 차이가 없어지는 공간으로 변화되는 모습을 보이고 있다. 그리고 탑골공원의 경계는 그 밖의 '위험한'사람들에 대해서 접근을 배제하는 '담'과 '문'으로 구성되어 공원 밖의 다른 공공 공간과는 수준이 다른 깨끗하고 안전한 '성지'로 유지되고 있다. 탑골공원의 '문'은 종로3가와 탑골공원의 경계를 이루고 있는 동시에, 공원을 이용하고자 하는 사람들의 분별력을 검토하는 검색대이기도 하며, 입장한 후에 탑골공원의 새로운 분위기를 따르겠다는 '선택'을 표현하는 장소이기도 하다.

(2) 공원 경계의 구성

......〔중략〕
문이라고 해서 반드시
열리기도 하고 또 닫히기도 하지 않고
또 두드린다고 해서 열리지 않는다.

어느 집에나 문이 있다.
어느 집이나 문은
담이나 벽을 뚫고 들어가
담이나 벽과는 다른 모양으로
자리 잡는다.

담이나 벽을 뚫고 들어가
담이나 벽과 다른 모양으로
자리 잡기는 잡았지만
담이나 벽이 되지 말라는 법이나
담이나 벽보다 더 든든한
문이 되지 말라는 법은 없다.　　　　　　　 — 오규원, 「門」에서 부르디외는 '안'과 '밖'이 아무 관계없이 분리되어 있는 영역이라기보다는 두 영역간의 반영을 통해서 의미를 드러내는 대항관계에 있다는 점을 제시했다(Bourdieu 1990). 안과 밖은 둘을 나누는 고정된 경계가 있는 것이 아니라, 관련된 사람들이나 시간과 상황에 의해 결정되고, 그 결과 나타나는 접근과 배제의 정도에 따라 구성되는 것이다. 탑골공원은 분명히 담장과 문이라는 물리적인 경계를 갖고 있다. 하지만, 과거의 탑골공원의 담장은 마치 "사랑방"처럼 공원 안의 노인들에게 "포근함"을 느낄 수 있게 해주는 경계로 작용하고 있었다. 이와 같은 물리적 경계는 노인들이 공공 공간에 모일 수 있는 곳이 적은 서울에서 노인들의 공원이라는 점을 명확하게 인식시키는데 도움을 주었다. 그리고 현재 자신들이 주로 이용하고 있는 종묘공원보다 "자유롭기만 하다면야 탑골공원이 훨씬 좋다"고 노인들이 대답하는 중요한 이유 중에 하나이기도 한다. 실제로 그런지 확인해 볼 수는 없지만, 탑골공원의 담장으로 인해 "주변 소음도 덜 들리고 겨울에는 바람도 덜 찬" 공원이라는 느낌을 갖게 해주는 것으로 노인들은 말하고 있다. 하지만, 현재 탑골공원에서 배제된 노인들에게 담장의 의미는 정반대로 변화했다. 또한, 담장 속에 파고들어가 있는 '문' 역시, 담장보다 더 든든한 문이 되어가고 있다. 과거, 공원 밖의 음식점과 노점들에 가기 위해서 선택하며 드나들었던 문이 현재는 공원 내에서 요구되는 행위의 수준에 대해 스스로 준수할 수 있는가를 자문해 보는 자발적인 검색대로 작용하고 있기 때문이다.

위와 같은 과정의 결과, 탑골공원을 이용하던 사람들에게 탑골공원이 갖는 의미는 변화하게 되었다. 그리고 그 경계를 명확히 인식하면서, 자신의 행위를 자제하고 자신의 하고 싶은 행위에 따라 대안적인 도심의 공공 공간들을 선택함으로써 탑골공원의 위치는 다른 공간과의 비교

속에서 결정된다. 다음에서는, 예전에 탑골공원을 이용한 노인들이 탑골공원에 대해 갖고 있는 인식이 어떻게 변화했는지를 보여준다.

[사례 III-20] 차라리 지금이 나아

(박동석(61세, 남)씨와의 면담 중 일부이다.)

지금은 늘 내가 파고다공원을 다니면서 또 변했구나 하는 생각이 들어. 한참 안 오다가 몇 달만에 한번 와보니까 그전에는 내가 장기·바둑 두고 그랬었는데, 싹 바뀌어 버렸다고. 한번 오니까 완전 문을 닫고, 공사하고 그러더라고. 뒤에 문을 열고 보니까 다 없어져 버린 거야 그게(장기와 바둑 두는 사람들). 나는 지금도 여기 나오면 들르곤 하는데, 많이 변해 버렸어. 근데 이제는 장기·바둑 안 둬. 나는 예전에도 불만이 많았어. 옛날에 3·1운동 있었고 그랬는데, 너무나 난잡하게 그러는 게. 전두환 시절에는 뒤쪽에 그늘도 있고 그랬는데 여름에 가면 화투를 엄청 많이 쳤어. 술도 마시고. '여기 도심에서 이런데서 이렇게 해서는 안 되는데, 이거 너무 하는 거 아니냐'. 이렇게 속으로 불만을 많이 했어. 외국 사람들이 많이 오고 그러는데, 장기·바둑 두는 것은 이해되는 데 술 먹고 화투치는 것은 너무 난잡하다고 나름대로 안 되는데 생각했었지. 지금은 잘 됐다고 봐요. 지금 건물이 옛날보다는 깨끗해졌고. 지금 그렇게 운용하는 것은 낫다고 봐. 거기가 놀이터가 된다는 것은 이해가 안 돼지 내가. 어떤 사람은 불만을 하더라고. 옛날하고는 달라졌다고. 내가 봐서는 차라리 지금이 나아. 성지이기도 하니까. 불만 하는 사람들은 내가 보니까 옛날 같이 자유롭지 못하다 이거지, 술 한 잔도 먹고, 얘기도 하고 그래야 되는데 그렇지 못한다고.

[사례 III-21] 비록 글자는 탑골공원이지만.

(송영철(61세, 남)씨와의 면담 중 일부이다. 송영철씨에 대해서는 사례 III-3에서 언급한 바 있다.)

탑골공원 일행들이 전부 이리로 온 거야. 비록 글자는 탑골공원이라고 해서 현재도 공원이라고 하지만, 지금 조용히 하라고 제한을 하고 있기 때문에 춤도 못 추고, 술 못 마시고, 장기도 못 두고 하는 거지…… 정부에서 그런 걸 막았으니까 다 여기로 옮긴 거지. 우리나라 유적지가 있기 때문에 그렇게 하기를 제한을 하고 있기 때문에, 당연히 국민으로서 국가의 유적지를 모신다는 것은 찬성을 해야지. 거기나 여기나 마찬가지 아닌가. 나도 옛날 같이는 못해도 지금도 (탑골공원에) 가긴 가. (예전처럼) 그런 것이 없으니까 흥미가 없으니까 여기로 온 거지. 복지노인네들(독립유공자유족회), 바로 그것이 공원의 질서를 잡기 위해서 그랬는데, 나는 그걸 찬성해. 옛날과 마찬가진 줄 알고 노인네들이 몰려왔다가 뭐라고들 불평하는데, 술 먹고, 팔각정에 누워 있고 그러면, 나이 먹은 사람뿐 아니라 젊은 사람들은 지금 일절 못 들어와. 남자 여자 보따리 둘러메고 공원 안에서 잘 라고, 저녁에는 얼었으니까. 걔네들 지금 못 들어가. 그거 막아야 돼. 성지가 돼가지고 꼭 막아야 돼.

위 두 사례는, 과거의 탑골공원에서 일상을 보냈음에도 불구하고 변화된 탑골공원의 쓰임새에 대해 긍정적인 평가를 내리고 있는 경우이다. 특히, 함께 공원을 이용하고 있던 사람들에 대해 문제시하고 '성지'와 '관광지'와 같은 담론들을 끌어들이면서, 현재의 변화와 자신이 더 이상 탑골공원을 찾지 않는 이유를 정당화하고 있음을 알 수 있다. 그 결과, 탑골공원은 다른 도심공간과는 차별화된 질서수준을 요구하는 공간이라는 인식을 갖게 되었고, 이러한 인식 역시 탑골공원을 더 이상 찾지 않는데 대한 정당화에 이용되게 된다. 공원간의 서열을 통해 자신의 '처지'와 맞는 공간을 택하고 탑골공원에 가지 않는 것으로 스스로 협상을 하고 있다. 스스로 찾아가지 않는 공원이 된 탑골공원은 노인들을 쫓아낸 것과 동시에, 노인들에게 회피되고 있음을 알 수 있다. 그리고 새롭게 형성된 공간에서의 질서를 준수하지 않는 자들에 대해서도 도덕성을 지적하는 것을 볼 수 있다. 각 공간에서 요구하는 질서에 부합하지 못하는 사람들이 굳이 그러한 공간에서 '바람직하지 않은 행위'를 하는 것을 나무라면서, 자신에게 맞는 공간을 선택할 필요가 있다는 점을 강조한다.

[사례 III-22] 머무는 자리에서 지나가는 곳으로

(계의연(72)씨와의 면담 중 일부이다.)

탑골공원에 있던 행위들이 그대로 다 종묘공원으로 옮겨왔어. '머무는 자리'에서 '지나가는 곳'으로 성지화를 통해 변화한 거지. 노인들 중에 불만이 있는 자들이 있지만, 종묘-탑골공원-종묘공원에 따라서 자기 취향에 맞게 선택할 수 있으니깐, 탑골공원에서 이 모든 욕구를 충족하려는 자는 소아적인 사람이야. 탑골에서 먹고, 싸고, 싸우고, 조용한 것까지 추구하려는 소아적인 사람이야.

[사례 III-23] 분산된 노인들

(원각사 보리스님과의 면담 중 일부이다.)

분산시킨 것은 잘 한 일입니다. 입추의 여지없이 빽빽이 몰려들었었는데, 너무 사람들이 많았지요. 행동이 부적절한 사람은 종묘공원으로, 사색하고 문화재를 감상하고 독립의 기상을 느끼고 조용한 분위기를 좋아하는 사람은 탑골공원에 남고, 배우고 할 사람은 노인복지회관으로 분산된 것은 잘 된 일입니다.

    이렇게 해서 탑골공원은 도심의 공간들 간의 위계적인 서열 속에 위치한다. 성역화 작업과 "법적 수준"은 연계되어, 탑골공원에서의 행위의 통제와 '바람직하지 못한' 행위들을 배제하는 수단으로 이용되고 있다는 점을 알 수 있다. 이 공간들이 모두 근대적 도시에서의 공공공간임에도 불구하고, 행위의 수준에 따라 입장에 대한 선택을 제한하고 있다. 그리고 그 입장과 배제의 기준이 되는 것은 도덕적인 근거인 동시에, 그 공간의 분위기에 대한 개개인의 선택이라는 점을 보았다. 탑골공원, 종묘공원, 종묘, 노인복지회관은 개개인의 취향에 따라 선택하는 공간들로 언급되고 있고, 그 중에서 탑골공원은 더 이상 예전처럼 노인들이 오랜 시간 머물면서 자유로운 행위들을 하는 곳이 아니라는 점에서는 일치하고 있다. 탑골공원은 적어도 종묘공원보다는 "법적 수준"이 높고 오래 머무르지 말고 "지나가는 곳"인 동시에, "조용한 취향"의 사람들이 이용해야 하는 공간이라는 인식이 자리 잡고 있음을 알 수 있다. 결국, 과거 시끌벅적하게 공원을 이용했던 대부분의 노인들은 자신의 행동거지를 바꾸지 않는 한, 탑골공원에 '부적절한' 이용자가 되고, 때문에 탑골공원으로의 입장을 회피하고 있음을 알 수 있다.

탑골공원과 그 밖의 공간에서 적용되는 통제의 기준들은 동일하지 않았다는 것이 특징이다. 탑골공원은 일반적인 법이나 단순한 공원이용수칙에 의해 통제되는 곳이 아니라, 서로 다른 곳에 연원을 두고 있는 통제의 규칙들의 조각들이 겹쳐져서 구성된 공간이라고 할 수 있다. 단순히 경찰들의 순찰에 의존하지 않고, 종로구에서 파견해서 순찰을 하는 공익요원들과, 공원의 직접적인 관리를 담당하고 있는 공원관리사무소, 그리고 시 정부와 계약을 통해 활동한 독립유공자유족회, 마지막으로 공원 내에서 적용되고 있는 도덕적 캠페인에 동참하는 공원의 일상적인 이용자들의 질서준수에 의해, 그리고 관광지라는 점에서 외국인의 시선에 대한 배려가 겹쳐지고 있다. 이에 더해, '성지'와 '참배의 장소'라는 공원의 위상으로 인해 탑골공원은 새로운 행위의 패턴을 요구하는 도덕적 공간으로 방향 지워지고 있었다. 따라서 탑골공원의 질서를 유지하는 규칙들은 결코 일반적이고 추상적인 법에 연원을 두기보다는, 도덕적 상식, 시선의 미학과 취향에 근거를 둔 '법의 그림자'라고 할 수 있다.[70]

---

70) 그 도덕적 상식은 박정희 정권으로부터 시작된 '국민주체 만들기'(II장)에 뿌리를 두고 있다. 다른 공원이 아닌, 탑골공원에서 질서를 지키고 경건한 마음가짐을 갖는 것은 국민이라는 주체로서 자신과 타인을 판단하고 그 판단에 따라 행동하고 행동하도록 만든다는 것을 의미한다. 하지만, 위의 사례들에서 나타나는 견해의 차이들은 국민주체 만들기의 효과가 균등하게 사회집단이나 개인들에게 배분되지 않았다는 점을 보여준다. 국민주체로서의

중요한 것은, 탑골공원의 도덕화는 공원 이용자의 질서수준을 더 높이기 위한 교육적인 목적에 초점을 두고 있지 않다는 점이다. 경범죄나 바람직하지 않은 행위를 한 개인을 직접 통제하기보다는 그러한 사람들이 공간으로 접근할 수 없도록 문의 폐쇄와 개장시간의 조정을 통해 처음부터 입장을 제약하고 있다는 점에서 배제에 초점을 두고 있다는 점을 알 수 있다. 그리고 공원의 도덕화에 대한 경험을 통해 다음에는 이곳에서 그러한 행동을 할 수 없다는 점을 알게 된 사람들에게 공원으로의 입장을 회피하도록 하고 대안적인 공간을 찾아서 발길을 돌리도록 하는 전략으로 이용된다고 할 수 있다. 즉, 궁극적인 목적은 공원으로부터 '바람직하지 않은' 행위들을 배제하는 것이다. 이와 같은 현상은 도시사회질서에 대한 더 광범위한 논의와 연계된다. 규율을 통한 정상화(Foucault 1977)에 초점을 맞추는 통치방식과는 차별성을 보이면서, 특정한 공간 내에서 경범죄, 혹은 '바람직하지 않은' 행위들을 배제한다. 수용을 통해서 규율하는데 목적이 있기보다는, 공간의 경계를 통해 '바람직한' 행위는 공간 내부에 포함하고 '바람직하지 못한' 행위들을 배제함으로써 보이지 않는 곳으로 내몰았다는 점이 탑골공원에 새롭게 적용되고 있는 통제 방식의 특징이라고 할 수 있다. 따라서 공원의 배제방식이 이질적임에도 불구하고 그 전략적인 방향은 분명하다. '적합한' 행위와 '적합하지 못한' 행위의 개념을 구체

품행 대신, 공원에서 일상적으로 누려오던 자유로움을 찾고자 하는 노인들은 '참배'와 '경건함'보다는 "민주주의 사회에서의 자유"를 주장하고 있음을 보았다. 교육을 통해, 미디어를 통해, 국민의 대다수가 당연한 상식으로 여기는 것 대신에, 일상에서 자신들이 경험한 문화적 가치를 토대로 탑골공원이 어떠해야 한다는 것을 암묵적으로 주장하고 있다. 동시에, 자신들의 경험보다는 재창출되는 '민족성지'의 위상에 더 가치를 두고 탑골공원을 '양보'하는 사람들의 경우도 보았다.

화하고 있는 규칙들이 적용되는 공간을 창출함으로써, 안전하고 깨끗한 도심의 섬으로 탑골공원을 조성하는 것이다. 탑골공원은 실증적인 지식이나 공식적인 법에 의해 규제되는 것이라기보다는, 일상적인 질서와 무질서에 대한 상식과 도덕적 감각에 의해 지배되기 시작했다.

The Park of Walls: The Meaning of Urban Public Space

IV

도심공간의
분화와 전유

The Park of Walls: The Meaning of Urban Public Space

도심의 공공 공간은 도시 변두리의 그것과는 같을 수 없다. 이질적인 사회적 배경의 사람들이 모여 드는 도심에서 공원이나 광장 혹은 거리가 갖고 있는 역할은 일터와 거주지에서는 경험할 수 없는 차이들을 경험할 수 있는 기회를 제공하는 것이다. 자신과는 다른 사람들과 우연히 마주치고, 이들에게 자신을 보이고, 이들과 모임을 갖고 토론하고 농담을 주고받는 곳이다. 별로 다를 것이 없는 사람들끼리 모여 사는 변두리 동네의 공공 공간과는 그 다양성과 우연성의 면에서 큰 차이를 보일 수밖에 없다. 하지만, 도심의 공공 공간이 사람들의 문화적인 차이에 따라 혹은 '품행'에 따라 그 출입과 행동이 제한되는 경우, 즉 사유화 되거나 친밀한 사람들만이 이용하는 공간으로 변화되는 경우, 도심에 자리 잡은 공공 공간의 특성이 변질되는 것을 의미하며, 더 크게, 도시사회질서가 변화하고 있다는 점을 보여준다고 할 수 있다.

일상적인 이용자들이 공원에서 요구되는 질서수준의 차이를 인식하고 있다는 점에서, 탑골공원과 종묘공원은 접근성에 있어 더 이상 동등한 공공 공간이라고 할 수 없게 되었다. 성역화 사업은 탑골공원을 여타의 공간보다 더 '깨끗하고' '안전하게' 재창출함으로써, 탑골공원에서 배제된 '더러움'과 '위험함'이 흘러들어갈 대안적인 공간을 배태하고 있었다. 즉, 탑골공원에서 배제된 노인이나 노숙자들이 다른 공간을 전유하는 하는 것은 특정 공간을 성스럽게 하는 대신 다른 공간을 속되게 하는 결과와 짝을 이루고 있었다. 따라서 도심공간의 '분화'와 '전유'는 서로를 반영한다. 주목할 것은, 누구에게나 개방될 것을 전제로 하는 근대도시의 공공 공간의 성격이 이러한 과정을 통해 변질되고 있다는 점이다. 도심의 공공 공간들이 더 이상 자유롭게 걸어다닐 수 있는 곳이 아니라, 각각의 공간에서 요구하는 질서를 지킬 수 있는지에 대한 판단에 따라, 입장과 회피에 대한 선택을 반복하도록 하는 공간으로 변화하고 있음을 탑골공원을 통해 알 수 있다. 공간 내에서 처신을 어떻게 하느냐에 따라 그 공간으로부터 배제되고 포함되는 것이 결정된다. 하지만, 제실공원이었던 탑골공원이 근대적 군중들에 의해 전유되어 근대 공원으로서의 개방성이 확보되었듯이, 현재 성역화 된 탑골공원 역시 새로운 전유의 가능성이 열려 있으며, 그로 인한 의미의 변화에도 역시 가능성을 열어두고 있다.

1. 탑골공원의 변이들: 배제된 것, 남은 것, 새로운 것, 옮겨간 것

(1) 탑골공원: '박제된' 공원

로우(Setha M. Low)는 여러 도시의 도심 공원에서 공원의 전유와 그 전유를 배제하는 조치가 주기적으로 반복되어 왔다는 점을 보여주었다. 마약상이나 노숙자와 같은 '바람직하지 않은' 사람들이 공공 공간을 전유하는 경우, 짧은 기간동안 공원은 폐쇄된다. 새로운 디자인으로 다시 개장된 공원에는 더 강화된 순찰을 통해서 질서를 유지하는 정책이 이어진다는 점을 민족지들의 분석에서 밝히고 있다(Low 2000:184). 탑골공원의 경우, 공원을 전유한 노인들이 '바람직하지 않은' 행위를 하는 집단으로 간주되었고, 성역화는 그러한 지배적인 담론을 근거로 정부 중심으로 추진되었다고 할 수 있다. 이를 위해, 성역이라는 상징을 통일적으로 표현하도록 공간을 배치한 디자인으로 변경하기 위해 1년간 폐쇄되었다가 개장되었다. 그리고 민족주의 성향의 단체의 질서 계도, 공익근무요원의 순찰 등을 통해 공원에서의 행위를 통제하는 데까지 이르게 되었다. 그 결과, 현재의 탑골공원은 다른 공원보다 더 높은 '법적 수준'을 갖춘 '엄숙한' 분위기의 공원이 되었다. 하지만, 그 의미를 통일시키는데서 모든 것이 일단락되지는 않았다. 도심의 공간에서 지속되고 있는 전유는 공공 공간에 대한 또 다른 경합의 시작이라는 점에서 탑골공원에서 다시 나타날 수 있는 경합의 가능성을 보여주는 것이기도 하다.

새롭게 변한 탑골공원에 대한 시민들의 평가는 공원이 깨끗해졌다는 점을 드는 경우가 있는 반면, 공원이 다양한 역사적 요소들을 제거하고 공원 밖의 도시사회의 변화에 아랑곳하지 않고 과거를 재현하는 공간으로 '박제화'되었다는 평가가 엇갈리고 있다. 하지만, '역사가 멈추어 버린' 탑골공원은 여전히 경합의 장이 되고, 새로운 방식으로 공원을 전유하고 있는 사람들과 장소가 형성될 가능성을 갖고 있다. 공원의 역사적 요소를 단일화 하려는 시도와 그러한 시도에 대해 항의하는 다양한 경로들에 대해 검토해 봄으로써, 탑골공원에서 배제된 것과 남아 있는 것, 그리고 새롭게 형성되고 있는 것이 공존하고 있음을 제시코자 한다.

현재의 탑골공원으로 입장하는 길은 단 하나이다. 종로3가를 지나 정문인 삼일문을 통해 들어가는 길밖에는 없다. 공원의 문이 열리는 9시에 공원의 서문 밖에서는 종교단체에서 나누어주는 빵을 타기위해 노인들이 담을 따라 줄을 서있다. 탑골공원의 성역화 이후, 무료급식은 물론, 무료급식을 받기 위해 줄을 서는 행위가 금지되어 있다. 아침이나 점심시간에 무료급식을 하는 봉사단체들은 대부분 종묘공원으로 옮겨 갔지만, 여전히 탑골공원 담장 밖에서는 몇 군데의 봉사단체들에서 제공하는 무료급식을 받기 위해 줄을 서는 노인들을 볼 수 있다. 하지만, 현재의 무료급식이 탑골공원과 직접적인 관련이 있다고는 말할 수 없다. 탑골공원과 급식하는 곳을 잇던 북문, 서문, 동문이 폐쇄된 이후, 조용하고 깨끗한 탑골공원은, 담 밖의 '지저분한 게토'에서 무료급식을 받는 사람들과 완전히 고립된 채 문을 종로 쪽으로만 열어 놓고 있기 때문이다.

[사례 IV-1] 빵타는 법

(탑골공원 북문 밖에서의 관찰기록이다.)

9시 '효촌교회'에서 사도신경과 주기도문이 적힌 종이를 코팅해서 나누어 준 다음, 줄을 선 노인들과 노숙자들에게 찐빵을 나누어 준다. 서문에서 북문에 이르는 길에 쭉 늘어서 있다. 원각사 주변의 북문 바깥에는 원각사에서 점심을 먹기 위해 먼저 자리를 맡았다는 표시로 깨진 벽돌을 얹어 놓은 일일 정보지로 5개의 자리가 줄을 서고 있었다. 빵을 받기 위해 줄 서있는 한 노인에게 '빵표'를 어디서 받을 수 있는지를 묻자 앞에서 받아오라고 말했다. 옆 사람이 "젊은이는 안 줄 껄"하자, 앞사람이 "다른 노인에 줄 거라고 말하고 받아와"라며 젊은 사람이 '빵 타는 법'을 알려주었다. 기도문이 코팅되어 있는 '빵표'를 받아오자, "받아왔어? 남자는 수단도 부릴지 알아야지"라고 하자, 옆 노인이 거들기를 "저 뒤쪽에 가면 100원짜리 커피자판기

있으니 그거랑 먹어"라고 말하며, 공원 동문 바깥쪽을 가리켰다. 찐빵 세 개가 따끈하게 비닐봉지에 담겨 있었다.

노인이 가리킨 곳은 동문 밖에서 여전히 노인들이 매일 모여 정치토론을 하고 있는 골목이다. 값싼 음식점과 100원짜리 커피자판기가 있는 이곳은 노인들을 상대로 영업을 해오던 주변 상인들이 이들의 편익을 보아주면서 상권을 유지하고 있다. 탑골공원 내에서 수십 명이 모여 정치토론을 하는 것이 금지되고 주변 상가와의 연결도 단절되면서 정치판의 일부 사람들은 동문 밖, 음식점과 커피자판기가 있는 골목으로 옮겨 왔다. 비록 탑골공원의 바깥이지만, 이곳의 노인들은 과거 탑골공원의 '정치 1번지'가 이곳으로 옮겨 왔다는 점에 긍지를 갖고 있었다. 하지만, 이 곳 역시 도심에서 노인들이 보이지 않기를 바라는 지역 상인들에게 견제 받고 있다. 이들을 주된 대상으로 영업하고 있는 동문 밖의 상인들은 종로구와 주변 상인 협회의 집단적인 압력에 대항하고 있다.

[사례 IV-2] 새마을 청소의 압력

(주상갑(52세, 남)씨와의 면담 중 일부이다. 탑골공원 동문 밖에서. 음식점을 하고 있다.)

낙원협회 사람들은 일요일 '차 없는 거리'로 세받아 먹는 놈들이야. 동네가 지저분하다고 어르신들을 분산시키려고 해요. 월요일이면 협회 사람들이 새마을 청소 한다고 나와서 압력을 넣는데, 담배꽁초 하나 없는걸. 요즘 가게세도 왜 그리 높아졌는지. 일요일이면 텐트 하루 쳐주고 자릿세 5만원씩 받아먹는데, 주변 상인들 장사도 못하게 말야. 발전이 아니라 이 지역을 다 죽여 놓는 거야. 노인들 다 내쫓고 탑골공원은 한번 빙 돌아 나오면 그만이게 만들고. 차 없는 거리에 할아버지 대신 젊은 사람들 모으려고 구청, 파출소랑 함께 단속하러 나와. 파출소는 여기저기 끌려 다니기 싫어서 이제 나오지도 않아.

『낙원동 차 없는 거리』는 일요일 오전 10시부터 밤 10까지 차량을 통제하고 각종 문화축제를 개최하는 등 주변 상권의 활성화를 위해 종로구와 종로경찰서가 후원하고 있다. 인사동, 관철동, 마로니에길에 이르기까지, 차량을 일정시간 통제함으로써 사람들이 걸을 수 있는 거리로 만들고 소비력이 있는 젊은이들과 관광객들을 유치하려는 의도로 진행되고 있다. 젊은이들에 비해 소비력이 없는 노인들은 '지저분함'으로 치부되어 주변 '차 없는 거리' 만들기에 동참하는 상인들과 관할 구청의 압력과 임대료의 상승 속에서 계속해서 배제의 대상으로 간주되고 있음을 알 수 있다. 탑골공원의 동문 밖에서 모이고 있는 노인들은 탑골공원에서 뿐만 아니라, 낙원동 거리에서까지 배제될 가능성에 직면하고 있다. 이처럼, 탑골공원의 담 밖에는 여전히 과거 탑골공원에서 보였던 요소들이 잔존하고 있다. 동문 밖의 골목은 종묘공원을 주로 이용하는 노인들이 물건을 사거나 점심을 먹기 위해 낙원동 골목을 통해 찾아오는 곳인 동시에, 이곳의 노인들 역시 점심을 먹고 종묘공원으로 옮겨 가면서, 종묘공원과도 발길이 닿아 있다.

아침부터 빵을 받기 위해 줄을 선 노인들이 있는 공원 밖과는 달리, 탑골공원의 내부는 '법적 수준'이 높은 공간으로 도심의 공공 공간의 위계 속에서 상당히 높은 자리를 차지하고 있다. '자유'도 없고, '아무 것도' 없는 곳으로 '재미'없는 공원이 되어버린 탑골공원은 개인주의적인 취향을 가진 노인들과 부동산 브로커들이 주로 이용하는 공원으로 변화하고 있다. 우선, 예전에 노인들이 즐기던 놀이들과 오랜 동안 지속되어 왔던 장소들은 사라졌다. 이야기판, 장기바둑, 음주가무, '한문학습장소', '정치 1번지'와 같은 장소들은 종묘공원으로 옮겨갔고 '박카스 아줌마들'도 이들을 따라 이동했다. 그 결과 수십 명이 몰려 있거나, 언성을 높이며 정치토론을 하는 등의 행위들은 공원에서 사라지고,

공원의 전체적인 분위기는 '깨끗해졌고', '조용해진' 동시에 "인심은 각박해"졌다.

종로에서 탑골공원 정문을 통해 공원에 입장하면, 가장 먼저 눈에 띄는 사람들이 짙은 색 양복을 입은 40대에서

[그림 29] 사각광장의 부동산 브로커들(저자 촬영)

60대 사이 남성의 부동산 브로커들이다. 이들은 노인들이 가득 메우고 있던 성역화 이전에도 공원을 복덕방으로 이용하고 있었지만, 상당수의 노인들이 빠져나간 이후는 공원 이용자의 반수 이상을 차지할 만큼 부각되고 있다. 정문 쪽을 보며 사람들을 기다리고 있다가, 휴대폰을 연실 눌러대며 시끄럽게 통화를 하기도 하고, 벤치 하나 없는 사각광장에 쭈그리고 앉아서 담배를 피워대며 사업이야기를 한다. 이들의 업무용 책상은 돌벤치이다. 서류를 돌벤치 하나에 펴놓고, 두세 명이 돌벤치 주위에 쪼그려 앉아 서류 뭉치들의 숫자들을 맞추어 본다. 한 사람이 돌벤치 앞에 쪼그리고 앉아 주재하고 두 사람이 각각 벤치의 양 끝에 앉아서 그 주재자의 설명을 열심히 듣고 있는 모습이 매일 오후 펼쳐진다. 오전 9시 공원의 문이 열리자마자, 사각광장의 구석들을 차지하기 시작하는 이들은, 주로 원형광장 벤치에 앉아 있는 노인과 경계를 이루고 있다. 주목할 만한 것은, 공원이 성역화 되기 이전과 현재 자리 잡고 있는 곳이 변함이 없다는 점이다. 공중전화 박스가 가까이 있다는 점에서 여전히 부동산 브로커들이 주로 점유하는 장소로 지속되고 있다고 할 수 있다.

부동산 브로커들이 주로 차지하고 있는 사각광장을 지나 원형광장으로 들어가면, 노인들이 띄엄띄엄 있는 벤치들과 팔각정을 차지하고

[그림 30] 신문을 읽는 노인과 관광 지도를 보는 외국인(저자 촬영)

있다. 이 노인들은 과거 탑골공원을 이용하던 노인들과는 달리, 혼자 앉아서 신문을 보거나 주로 두 사람 간에 대화를 하는 '조용한' 취향을 갖고 있는 노인들이다. 공원의 북문 쪽에서 만난 한 노인은 탑골공원 이 조용하고 사람도 별로 없어서 자신에게 맞는다고 대답했다. 안양에 살면서 일주일에 네 번 정도 탑골공원에 나오고 있는데, "안양에 친구 들도 얼마 안 남았고, 노인정은 화투치고 시끄러워서 나한테 안 맞아. 예전에 많이들 와서 유희로 시끄러울 때도 이쪽에서 있었어"라고 설명 해주었다. 하지만, 현재 탑골공원을 찾는 대부분의 노인들은 단순히 탑골공원에서만 하루 전체를 보내지는 않는다. 탑골공원의 조용하고 엄숙한 분위기는 하루 종일 있기에 "지루하다"는 것이다. 때문에, 오전 엔 탑골공원에서 보내다가, 오후에는 예전의 탑골공원의 장터와 같은 모습을 옮겨놓은 종묘공원에 찾아가기도 한다. 탑골공원 벤치에 앉아 있던 한 일본인 관광객은 "여기 오면 한국의 전통적인 놀이를 하고 있는 노인들을 볼 수 있다고 해서 왔는데, 별로 노인들도 없고 텅 비어 있는 느낌이네요"라며 관광 안내 책자를 보여주며 실제의 탑골공원의 모습과의 차이에 실망하는 모습을 보였다.

이렇게 조용해졌다고 해도, 탑골공원의 원형광장에서 유난히 사람들의 대화가 많고 가끔 연설과 토론이 진행되면서 관중들이 형성되는 곳이 나타나고 있다. 원형광장에 벤치가 두 줄로 놓여지고 주변에 바위가 놓여 있어서 수 십 명의 사람들이 모여 앉을 수 있는 곳이다. 노인들이 주로 앉아 있는 이곳에 50대 정도의 남성이 "노인분들 제가 외람되지만 한마디 올리겠습니다."하며 연설을 시작하는 모습을 자주 볼 수 있다. 모택동부터 시작 되서 현직 대통령에 이르는 정치이야기와 "요즘 손자들의 세태"에 대한 이야기, "경제성장보다는 교육이 중요하다"는 이야기까지 하나의 줄거리로 꿰어져서 연설이 진행된다. 또 한명의 연설가가 나와서 자신의 주장을 피력하면 먼저의 연설가는 잠깐 뒤로 물러나서 무슨 이야기를 하는지 잘 듣고 있다가 서로 의견이 맞지 않는 지점에서 서로 토론이 붙기도 했다. 주거니 받거니 하는 토론이 진행되면 일시에 관중석이 되어버린 벤치와 화단의 바위에 앉은 사람들은 옳다는 의견을 내보이며 찬성을 하거나, 자기들 끼리 새로운 이슈로 논쟁을 하기도 했다. 이곳은 자신의 의견을 표현할 수 있는 곳으로, 단지 앉아서 신문 보고 누구를 기다리는 데에 머무는 곳은 아니었다. 과거의 탑골공원 '정치 1번지'의 활기와는 비교가 안되지만, 시사문제에 대한 토론에서 자생적으로 나타나는 연설과 토론의 장소는 탑골공원에서 끈질기게 나타나고 있다. 아직은 이 장소의 이름이 붙여지지는 않았지만, 점차 그 그와 같은 행위들이 반복되고 있다는 점에 주목할 수 있다.

탑골공원의 담 밖으로 배제된 장소들, 그리고 공원에 여전히 남아서 자신들의 영역을 유지하고 있는 사람들에 더해, 공원의 변화에 따라 새롭게 등장하고 있는 사람들과 장소들이 있다. 주말에는 어머니와 어린아이들이 나들이를 와서 사진을 찍기도 하고, 젊은 연인들의 데이트 코스로도 이용되기도 한다. 성역화 이전에, 노인들과 부동산 브로커들 그리고 실직자들이 모여 있는 탑골공원은 여성이 들어오기에 쉽지 않은 곳이었다. 탑골공원에 들어온 중년 여성은 '박카스 아줌마'로 오인 받을 수도 있었고, 아이들을 데리고 온 어머니들은 "벌써 눈빛이 달라져서 허겁지겁 공원을 빨리 관람하고" 나가기 일쑤였다. 현재, 공원이 새롭게 디자인되고 공원에서의 행위들이 바뀌었어도, 여전히 젊은 여성들을 찾아보기는 힘들다. 토요일과 일요일 아이들을 데리고 온 어머니들이나, 연인이 함께 공원을 찾는 경우가 많았지만, 평일에

[그림 31] 팔각정의 노인들(저자 촬영)

는 그와 같은 경우는 드물었다. 여성들에게 탑골공원은 여전히, 할아버지들이 많은 공원으로 인식되고 있으며, 실제로 찾아와서 직접 보아도, 할아버지들이 많다는 인상을 갖게 된다. 노인들로 '바글거리는' 수준은 아닐지라도, 공원 이용자의 대부분을 남성 노인들과 50대의 남성들이 차지하고 있기 때문이다. 혼자 공원을 찾아온 한 20대 여성은 언론매체를 통해 노인들이 많다는 예전의 인상을 갖고 공원을 찾아왔고, 변화된 공원에 대해 인상이 달라지진 않았다고 했다. 탑골공원에 대한 인상과 직접 찾아 왔을 때의 인상의 차이에 대해, "생각보다는 별로 바뀐 것 같지는 않아요. 처음 왔을 때, 원래 인상대로 '노인들이 많구나' 하는 생각이 들더라고요"라고 대답했다. 공원 같은데서 햇볕을 쬐려고 자주 온다는 이 여성에게 여성들이 탑골공원을 잘 찾지 않는 이유에 대해 물어보았다.

[사례 IV-3] 볼거리, 놀거리, 살거리가 없는 곳
(조희선(26세, 여)씨와의 면담 중 일부이다.)
저는 인사동은 자주 가요. 인사동 갈려고 여기 왔거든요. 공원 정문에 오니까 딱 들어오기가 그렇더라고요. 처음 들어 왔을 때 젊은이들이 없고 그래서 분위기가 좀 그렇더라고요. 여자들이 좋아하는 거는 이런 게 아니니까. 20대에 특히나 관심 있는 거는 볼거리, 살거리, 놀거리 이런 건 데, 우선 여기 오면 분위기 자체가 침체되어 있고 노인들 밖에 없고, 덩그러니 기념비와 유적들만 있기만 하고, 참여를 바라는 사람들한테는, 갈 데가 없어서 오는 거지, 별로 올 데는 아닌 것 같아요. 행동하는 뭔가가 필요하지 않을까 싶어요. 이렇게 앉아서 아무것도 볼 것도 없고 걸을 데도 없고, 시멘트바닥 밖에 없고, 노인분들이 많이 오시는 것 같은데, 앉아서 죽 쳐서. 뭔가 할 수 있는 것, 참여를 불러일으킬 만한 재미있는 것도 없고……

젊은 여성 혼자서 탑골공원을 찾는 경우는 드물었으며 주로 연인끼리 혹은 친구들끼리 찾아왔다가 사진을 찍고 벤치에 잠시 앉았다가

나간다. 아이들을 데리고 서점에 왔다가 탑골공원에 잠깐 들렸다고
하는 한 어머니는 "젊은 사람들이 올 곳이 못되는 것 같고, 노인들이
많아서 좀 멋쩍어요"라고 말했다. 탑골공원에 대한 여성들의 인식은
성역화 이전의 공원에 대한 인식에서 큰 변화를 찾아 볼 수 없었다.
이러한 반응에 대해, 공원관리소 직원은 "언론이 공원의 이미지를 생
산한 후에 그에 대한 뒷 책임을 지지 않는다"고 지적했다. 과거의 탑골
공원을 '불우 노인들'이 '술 먹고 싸우는' 문제의 장소로 다루면서 탑골
공원에 부정적인 인식 혹은 노인들만의 공원이라는 인식을 형성하는
데 상당한 영향을 끼쳤음에도 불구하고, 변화된 현재의 탑골공원에
대해서는 전혀 보도를 하고 있지 않는다는 것이다.

이제 막 시작된 새로운 행위들은 변화하고 있는 탑골공원을 특징짓
고 있다. 원형광장의 북쪽 끝에 있는 원각사지 13층 석탑의 주위는

[그림 32] 탑돌이 하는 40대 여성(저자 촬영)

오전에는 탑돌이는 하는 사람들이, 오후에는 관광객들이 차지한다. 원각사지 13층 석탑에서 탑돌이를 하는 풍경은 성역화 이전에는 찾아볼 수 없는 것으로 주로 오전 일찍 공원 문이 열리자마자 찾아온 중년 여성들을 중심으로 지속되고 있다. 탑돌이를 하는 한 중년 여성은 "자녀들 잘되게 해달라고 소원성취 비는 중"이라고 탑돌이를 하는 이유를 말해주었다. 탑돌이를 하는 오전 시간은 공원이 거의 텅 비어 있는 상태로 청소하는 인부들의 말소리만 들리고 한 두 사람만 산책을 하고 있을 뿐이다. 관광객도 별로 없는 이른 시간이기 때문에, 조용히 탑돌이를 하기 좋은 시간이라 할 수 있다. 다섯 달 이후 다시 만난 중년 여성은 연구자를 알아보고 그 동안의 '성취된 소원'에 대해 이야기 해주었다.

[사례 IV-4] 탑돌이

(심상옥(55세 여)씨와의 면담 중 일부이다. 심상옥씨는 관철동에서 식당을 하고 있고 거의 매일 아침 탑돌이를 했다.)

심상옥 - 2003년 6월 17일부터 막내딸 건강하게 해달라고 빌고 있는데, 좋은 신랑 만나서 좋은 곳으로 가게 해달라고. 기도 쭉 했는데 경찰 신랑 만나서 3월 17일 결혼해.

연구자 - 소원 빌었던 대로 잘 됐네요?

심상옥 - 절 다니고 탑돌이 하면 마음이 편하고 가정이 다 좋아. 가정 애기들도 착하게 크고 집안이 다 좋아. 착하디 착하게 커. 딸 건강하게 해달라고 빌러오는 분도 있어. 요즘 날이 쌀쌀하고 그러니까 사람들은 빨리 안 오는데, 날 푹하면 더 많이 오겠지. 예전에는 도선사(우이동)에서 했었는데, 너무 멀어서 이리로 오는 거야.

한편, 공원의 서문 옆에서는 오후 2시 전후로 기독교 신자들이 모여 기도를 하거나 찬송가를 부른다. 원각사지 13층 석탑과 한용운 선사비, 원각사비와 같은 불교 관련 유적들과 손병희 선생 동상과 같은 천도교 관련 동상이 서 있는 곳을 피해서 '아무 것도' 서 있지 않은 서문 쪽을 택하고 있음을 알 수 있다. 오전 일찍 탑돌이를 하는 불교신자들과 점심시간에 가까워지면서 울려 퍼지는 원각사의 독경이 없는 오후에 공원의 서쪽은 기독교 집회의 장소로서 선택되고 있다. 성역화 이후 공원에서의 집회가 금지되었다는 점을 들어 이들의 모임을 나무라는 노인들도 있었다.

변화된 탑골공원의 현재 모습을 더 상세하게 이해하기 위해 필자는 탑골공원을 이용하는 사람들의 성별, 연령을 시간에 따라 집계하였다. 그리고 공원 이용자들의 행위들을 공원의 지도 위에 위치시켜서 몇 장의 행위 지도를 작성했다. 사회적 배경과 문화의 차이가 탑골공원의 일상에서 공-시간의 변화에 따라 달리 구성된다는 점에서 현재의 탑골공원에 그어진 보이지 않는 경계선들을 발견할 수 있다. 그리고 이 자료들의 분석을 통해 성역화 이전의 탑골공원 이용패턴과 비교해서 공원의 변화에 따라 나타난 사회적 구성의 변화를 살펴본다. 공간의 경계는 영향력의 영토를 암시한다. 예를 들어, 탑골공원의 부동산 브로커들은 특정한 시간, 정해진 장소에 자신들의 영역을 형성함으로써 다른 사람들의 점유를 막는 보이지 않는 경계를 긋고 있는 것이다. 이러한 경계는 곧 세계 내에서의 존재감을 형성하고 사람들이 타인의 정체성을 확인하는데 이용된다는 점에서 중요한 연구대상이라고 할 수 있다. 세계에 대한 질서를 지우는 것은 인간의 문화에 필수적인 것이고 경계를 짓는 체계가 곧 사회조직과 사회구조의 가장 기초적인 형태를 구성한다는 점에서도 중요하다. 서로 겹치거나 투명해져 버리는 법 없이 많은 것들이 같은 공간 속에 위치해 있으면서 그 차이들은 강화된다.

우선, 연령과 성별에 따라 각 시간별로 공원에 체류하고 있는 사람들의 수를 세어서 인구자료를 만들었다. 체크리스트를 들고 공원을 걸으면서 각 시간별로 정각에서 15분 일찍, 혹은 15분 늦게 시간격차를 두어 집계했다. 동시에, 하루 동안 공원에서 일어나는 행위들을 현지조사노트에 기록함으로써 인구변화의 맥락을 비교할 수 있도록 했다. 필자가 사람들의 연령을 모두 직접 확인하기는 어려웠으므로, 면담을 한 사람들의 연령과 그 외모를 비교하면서 습득한 외모와 연령의 관계에 대해 감을 이용했다.

겨울의 공원이용자와 완연한 봄날의 공원이용자들은 총인구에서 두 배 이상의 큰 차이를 보임에도 불구하고, 평일의 이용패턴은 유사하게 나타나고 있다(표 5, 6). 특히, 부동산 브로커들이 주를 이루는 50에서 64세 사이의 남성들과 65세 이상의 남성 노인들의 시간대별 체류 인원의 변화는 모든 조사기간에 걸쳐서 비슷한 추세를 보였다. 65세 이상의 남성 노인들은 오전 10시 전후로 공원을 찾기 시작해서 정오까지 그 수가 증가하다가 정오에서 1시 사이에 점차 감소하는 것을 알 수 있다. 그 이유는 오전을 탑골공원에서 보내고 오후가 되면서 종묘공원 으로 향하는 노인들이 많기 때문이다. 점심을 먹고 다시 공원으로 돌아오는 것이 아니라 주로 종묘공원으로 발길을 옮겨, 오후부터 본격화되는 장기판, 서예판, 정치판, 이야기판, 음주가무판에 참여하는 것을 관찰할 수 있었다. 이에 반해, 50세에서 64세 사이의 연령을 주로 차지하고 있는 부동산 브로커들은 점심식사가 끝난 1시에서 3시 사이에 이용인원이 절정을 이루고 있다. 그 결과, 이들은 오전에 노인들 보다 숫자가 적었지만, 오후가 되면서 공원의 반수를 차지할 정도로 늘어나고 있다. 한편, 적은 수임에도 불구하고 50대 이하의 이용자들은 주로 오후에 공원을 이용하고 있다. 이들 중에는 외국인 관광객들이 상당수를 차지하고, 가끔 어린이를 데리고 나온 부모들도 포함되어 있다.

　주말(표 7)에는 평일의 이용패턴과는 전혀 다른 모습을 보인다. 우선, 평일에 공원의 대부분을 차지하는 50대 이상의 남성들이 모든 시간대별로 평일보다 적다. 보다 주목할 점은 오후 들어 10대, 20대, 30대, 40대 이용인구가 급증한다는 점이다. 오후로 갈수록 점차 증가하는 추세를 보여서 이들이 공원의 과반수를 차지하게 되는 것을 볼 수 있다. 주로, 어린이를 데리고 나온 30대와 40대 부부들이나, 연인 혹은 친구들 끼리 공원을 찾은 청소년과 20대들로 평일과는 전혀 다른 모습이 공원에 펼쳐진다. 20대에서 40대의 여성들이 공원에서 가장 많은 수를 차지하는 시간대도 나타나기도 해서, 여성들끼리 공원을 찾는 모습들도 많이 관찰되었다. 주말 오후 탑골공원은 비둘기를 쫓는 아이들과 비둘기에게 먹이를 주는 중년부부의 모습을 볼 수 있었고, 견학을 온 아이들과 꽃을 배경으로 사진을 찍는 20대 여성들로 여느 때와는 다른 모습들로 채워졌다. 이와 같이, 공원을 이용하는 연령과 성별이 시간대별로 차이가 나는 것은 결국 인구집단들의 사회적 배경과 문화의 차이를 반영하는 것일 수밖에 없다. 직장과 학교, 그리고 소비와 휴식을 하기 위해 선택하는 시간대와 공간의 차이는 결국 탑골공원에서의 인구구성의 배경이 된다는 점을 알 수 있다.

　다음에는 2003년의 인구구성과 성역화 이전의 인구구성과의 비교를 통해 나타나는 차이가 어떤 의미를 갖는가를 살펴볼 필요가 있다. 1998년 인구조사(표 2: 1998년 4월 17일 집계)에서는 평일 총 이용자가 10,260명, 토요일은 8,160명에 이르렀다. 이에 반해, 2004년의 이용인구(표 6: 2004년 4월 20일)는 평일 1,439명, 토요일(표 7: 2004년 4월 17일)은 1,511명에 그치고 있다. 성역화 이전에 비해 공원 이용시간이 3시간 줄어들었다는 점을 감안해도 그 감소폭이 상당하다는 것을 알 수 있다. 시간대별 최대 체재 인원도 1998년(표 2) 평일 오후 3시에 3,100명을 기록하고 있는 반면, 2003년(표 6)은 오후 1시 242명밖에 되지 않았다. 여성 이용인구 역시 감소했다. 1998년 평일(표 3)에는 472명이었지만 2003년(표 6)에는 151명으로 줄었다. 현재 주말에 여성 이용자들이 많은 수를 차지하지만, 1998년과의 비교자료가 없어서 주말 여성 이용자의 비교는 제외한다. 그럼에도 불구하고, 주말에 젊은 이들과 여성이용자들의 비율이 2003년에 이르러 급격하게 증가한 것은 틀림없다. 이는 평일이과 주말 모두 중장년층이 절대 다수를 차지했던 1998년과는 크게 대조되는 점이다. 하지만, 더욱 주목되는 것은 모든 연령과 성별에서 1998년보다 2003년에 이용자가 감소했다는 것이다. 이와 같은 변화는 다수를 차지했던 노인들을 배제하고자 했던 '성역화' 정책의 결과라고 할 수 있다. 그 의도에 따라 노인들의 상당수가 다른 곳으로 옮겨가긴 했지만, 동시에 전 연령층에서 공원 이용자의 감소를 초래했다. 이는 청년층과 여성 그리고 관광객들이 탑골공원의 노인들로 인해 공원이용을 적게 하고 있다는 점을 '성역화'의 명분 중 하나로 들었던 시 정부의 예상과는 전혀 다른 결과라는 점을 알 수 있다. 탑골공원 인구구성의 변화는 노인들의 배제뿐만 아니라, 청년층과 여성이용자들도 감소시켰다는 점을 보여주고 있다. 성역화 이후, 공원은 깨끗해지고 조용해졌지만 이전보다 훨씬 더 적은 시민들이 이용하고 있다.

공원의 각 구역에서 나타나는 행위의 차이는 곧 서로 다른 사회적 배경을 지닌 사람들이 공원에 공존함으로써 나타나는 경계들을 반영한다. 이 경계는 시간에도 영향을 받기 때문에, 시간에 따라 사람들이 점유하고 경계도 변화할 수밖에 없다. 다음은 평일과 주말 그리고 오전과 오후로 나누어 공원에서 나타나는 행위들을 공원의 지도위에 그린 행위지도들이다. 부동산 브로커들은 무리를 이루며 명확하게 자신들의 영역을 유지하고 있다. 평일에도 주말에도 오전에도 오후에도 이들이 차지하는 장소는 공중전화 부스가 가까이 있고 정문으로 들어오는 사람들을 지켜볼 수 있는 곳이다. 성역화 이전에 자신들이 서 있던 곳을 기억하고 있던 이들에게는 공원이 재개장 된 이후에도 이 장소가 활동의 중심점으로 지속되고 있다. 반면, 노인들의 경우에는 이들의 다양한 문화들을 지속할 수 있게 해 주었던 장소들이 모두 사라지면서 단지 두 세 사람씩 대화를 하거나 혼자 앉아서 신문을 보는 모습이 원형광장 쪽에 주를 이루고 있음을 알 수 있다. 주말 오후에는 십대에서 삼십대 사이의 남녀들이 부동산 브로커들이 점유하고 있는 사각광장을 지나쳐 원형광장의 변두리의 화단이나 벤치를 차지한다. 주목할 만한 것은 사각광장의 대부분은 부동산 브로커들이 지속적으로 점유하는 반면, 원형광장은 오전과 오후 그리고 평일과 주말에 따라 다양한 연령과 성별의 사람들이 점유하고 있다는 점이다. 브로커들과 마찬가지로 '박카스 아줌마'들은 역시 성역화 이전 자신들이 서 있던 장소에서 부동산 브로커들에게 접근하곤 한다. 사람들 앞에서 연설을 하고자 하는 사람, 공원에서 소주 한잔을 하고자 하는 사람들은 각각 예전의 장소에 대한 기억을 갖고 성역화 이전에 그러한 행위들이 지속되던 곳을 찾고 있다. 장소에 대한 기억은 공원이 변화된 이후에도 여전히 그 장소에서 예전의 행위를 지속하려는 사람들에 의해 환기된다고 할 수 있다. 이용자들에게는 그 기억들이 장소에 대한 애착과 그 장소에서의 습관으로 남아 있다.

[표 5] 공원이용인구

일시: 2004년 2월 18일 / 날씨: 맑음 / 온도: 0-10도 / 요일: 수요일

연령	0-12		13-19		20-29		30-49		50-64		65-		총 계	
성별	남	여	남	여	남	여	남	여	남	여	남	여	남	여
9:00 A.M.	0	0	0	0	0	0	3	0	8	0	0	1	11	0
10:00 A.M.	0	0	1	0	2	0	8	0	19	0	26	0	56	0
11:00 A.M.	0	0	0	0	0	0	4	1	22	0	30	0	56	1
12:00 A.M.	0	0	1	2	4	2	3	1	35	0	62	0	105	5
1:00 P.M.	0	0	1	0	3	3	5	1	52	0	41	2	102	6
2:00 P.M.	0	0	1	3	0	0	15	0	76	4	32	0	124	7
3:00 P.M.	0	0	1	0	6	0	4	1	47	0	30	0	88	1
4:00 P.M.	0	0	0	0	13	3	7	1	20	1	3	1	43	6
5:00 P.M.	0	0	0	0	0	0	0	0	0	0	0	0	0	0
계	0	0	5	5	28	8	49	5	279	5	224	4	585	26

남 : 585   여 : 26   총계: 601

[표 6] 공원이용인구

일시: 2004년 4월 20일 / 날씨: 맑음 / 온도 15-25도 / 요일: 화요일

연령	0-12		13-19		20-29		30-49		50-64		65-		총 계	
성별	남	여	남	여	남	여	남	여	남	여	남	여	남	여
9:00 A.M.	0	0	0	0	1	2	3	0	20	0	8	0	32	2
10:00 A.M.	0	0	0	0	1	1	9	1	60	2	35	1	105	5
11:00 A.M.	0	1	0	0	1	0	1	3	88	3	65	3	155	10
12:00 A.M.	0	1	0	0	1	5	12	5	67	3	87	9	167	23
1:00 P.M.	0	1	0	0	4	0	8	5	107	8	88	11	217	25
2:00 P.M.	0	0	0	0	3	6	3	5	115	7	84	12	205	30
3:00 P.M.	0	0	0	0	10	4	15	3	111	6	69	4	205	17
4:00 P.M.	1	0	1	0	11	11	12	3	55	8	51	2	131	24
5:00 P.M.	0	0	1	0	7	10	7	1	45	4	11	0	71	15
계	1	3	2	0	39	39	70	26	668	41	498	42	1288	151

남 : 1288   여 : 151   총계: 1439

[표 7] 공원이용인구

일시: 2004년 4월 17일 / 날씨: 맑음 / 온도: 15-25도 / 요일: 토요일

연령	0-12		13-19		20-39		30-49		50-64		65-		총 계	
성별	남	여	남	여	남	여	남	여	남	여	남	여	남	여
9:00 A.M.	0	0	8	0	3	1	6	1	10	0	9	2	36	4
10:00 A.M.	0	0	4	4	4	5	2	1	40	6	30	9	80	25
11:00 A.M.	2	0	0	0	3	1	3	1	58	5	66	4	132	11
12:00 A.M.	1	1	0	0	3	7	3	7	62	2	63	2	132	19
1:00 P.M.	4	2	2	1	16	26	6	10	51	8	93	2	172	49
2:00 P.M.	1	1	3	6	33	50	8	7	40	4	44	2	129	70
3:00 P.M.	3	3	0	2	38	39	18	13	49	4	25	5	133	66
4:00 P.M.	2	3	1	4	56	65	28	18	44	6	23	4	154	100
5:00 P.M.	5	1	1	2	49	52	15	23	28	2	12	1	118	81
계	18	11	19	19	205	246	89	81	382	37	365	31	1086	425
	남 : 1086			여 : 425				총계: 1511						

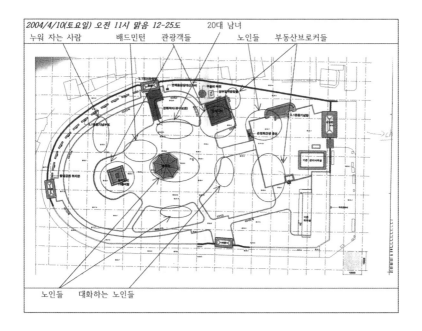

2004/4/10(토요일) 오전 11시 맑음 12-25도

누워 자는 사람   배드민턴   관광객들   20대 남녀   노인들   부동산브로커들

노인들   대화하는 노인들

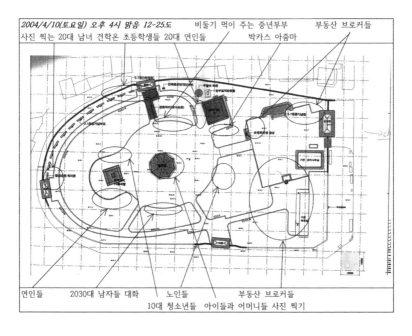

2004/4/10(토요일) 오후 4시 맑음 12-25도   비둘기 먹이 주는 중년부부   부동산 브로커들

사진 찍는 20대 남녀 견학온 초등학생들 20대 연인들   박카스 아줌마

연인들   2030대 남자들 대화   노인들   부동산 브로커들

10대 청소년들   아이들과 어머니들 사진 찍기

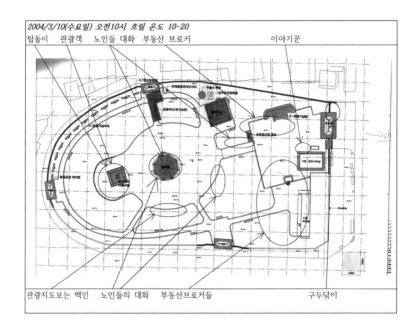

2004/3/10(수요일) 오전10시 흐림 온도 10-20

탑돌이 관광객 노인들 대화 부동산 브로커   이야기꾼

관광지도보는 백인 노인들의 대화 부동산브로커들   구두닦이

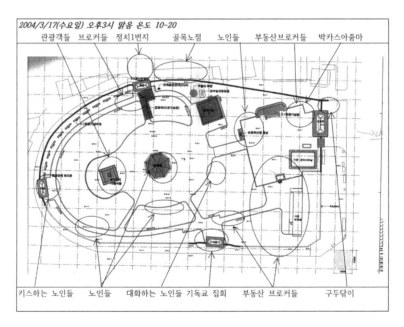

2004/3/17(수요일) 오후3시 맑음 온도 10-20

관광객들 브로커들 정치1번지   골목노점   노인들 부동산브로커들 박카스아줌마

키스하는 노인들   노인들   대화하는 노인들 기독교 집회   부동산 브로커들   구두닦이

(2) 종묘공원: '재미'를 찾아서

예전의 탑골공원을 생각하고 탑골공원을 찾아갔다가 실망하는 노인들이 많다. 한 노인은 "종묘공원에 가면 죄다 있다"는 소문을 듣고 종묘공원에 찾아왔다. 노인들이 모여서 시끄럽게 토론하고 이야기꾼 주변에 관객들이 모여 있고, 한쪽에서는 술판이 벌어진 것을 느릿한 동작으로 둘러보고 "이제 좀 재미탱이가 있구만" 하며 종묘공원에 입장했다. 종묘공원은 탑골공원에서 사라진 '재미'를 다시 차려 놓은 곳으로, 소문을 듣고 찾아오는 노인들로 '노인의 전당'의 계보를 잇고 있다. '재미'는 일종의 욕망이다. 개인적인 재미를 찾아다니는 노인들로 인해 종묘공원을 비롯해서 종로3가는 노인들의 '실버타운'이 되었다. 이들은 탑골공원의 성역화에 의도적으로나 비의도적으로나 저항하고 있다기보다는, 재미가 없어진 탑골공원을 회피하고 재미가 있는 종묘공원으로 옮겨온 것이라 할 수 있다. 하지만, 그 재미는 아무런 근거 없이 종묘공원에 나타난 것은 아니다. 예전에는 탑골공원에서, 현재는 종묘공원에서 지속되어온 장소들이 나름의 역사를 갖고 있다는 점에서 명백하게 노인들이 재미있어 할 만한 이유를 갖고 있었다는 점에서 이유 있는 선택이라 할 수 있다. 필자는 종묘공원과 탑골공원을 왕복하면서 같은 시간대에 두 공원의 분위기가 크게 대조되고 있음을 알 수 있었다. 특히, 탑골공원의 폐장시간이 다가오는 4시에서 6시 사이는 10명 남짓의 사람들만이 공원을 이용하고 있는 경우가 많았다. 종묘공원의 활기와는 대조되며 혼자 벤치에 앉아 신문을 읽는 사람이나 한두 명씩 서서 이야기를 하고 있는 브로커들만이 공원을 지키고 있었다. 종묘공원이 탑골공원의 대안으로서 노인들에게 선택된 과정은 단순히 탑골공원에서 노인들이 옮겨 왔다고 설명하기 전에 성역화와 노인복지센터의 건립에서부터 검토할 필요가 있다.

『서울노인복지센터』는 탑골공원을 이용하던 노인들을 흡수해서 "성역화의 여건"을 조성하기 위해 마련되었다. 하지만, '자유'가 없고, 노래를 부르더라도 "자유롭게 부를 수 없"는 곳이었으며, "맘대로 누울 수도 없고 잘 수 도 없는" 곳일 수밖에 없었다. 노인복지센터는 탑골공원의 노인들을 수용했다기보다는 탑골공원을 성역화 하는 데서 불거지는 노인들의 반발에 대한 무마책이었다고 할 수 있다. 노인들이 노인복지관을 단순히 급식소 정도로 이용하고, 그 곳에서 자신들의 일상을 보내지 않는 이유는 세 가지로 정리될 수 있다. 첫째, 탑골공원을 이용했던 노인들은 다양한 연령대의 사람들과 함께 있는 것을 좋아하며, 그들과 소통하는 것을 원하고 있다는 점이다. 탑골공원의 동문 밖에 있는 식당에서 다음과 같은 대화를 들을 수 있었다.

[사례 IV-5] 격리보다는 함께

(탑골공원의 동문 밖에 있는 콩비지된장국집에서의 관찰기록이다.)
"인천에서 온 사람이올시다"라고 자신을 소개한 노인이 "요 앞에 노인복지관이 있는데 거기 한번 가보시죠"라고 말을 걸며, 노인복지관에 가볼 것을 권유했다. 초면임에도 불구하고 식당 자리가 모자라서 함께 앉아 있던 노인은 이 말을 듣고 "난 그런데 별로 가고 싶지 않아요. 거 늙은 사람만 있는 데는 가서 뭘 해요"라고 반문했다.

몇몇 노인들은 면담 하는 도중에도, 젊은이들에게 자신의 젊은 시절이나 젊은이들이 잘 알지 못하고 있다고 생각되는 지식들을 알려 주려고 했고, 평소에 그에 대한 준비를 하고 있었다. 과거에 동양챔피언을 지냈다고 하는 한 노인은 챔피언 시절 선수복 차림을 하고 권투 폼을 잡고 있는 복사된 사진을 연구자에게 건네주기도 했다. '서울'이라는 지명의 유래를 수첩에 빽빽하게 적어서 공원을 찾아오는 젊은이들에게 조선 건국기의 서울 천도의 맥락과 그 지명의 유래에 대해 설명해

주는 노인도 있었다. 또한 일본인과 같은 외국인과 일본어나 영어로 이야기 하면서, 탑골공원의 역사나 주변 관광지에 대한 정보를 제공해 주기도 했다.

둘째, 남성 노인들이 탑골공원에 나오는 이유는 노인복지시설이 없어서가 아니라, 탑골공원이 도심에서 몇 안 되는, 야외에서 소일할 수 있었던 곳이라는 점이다. 때문에, 탑골공원을 격리된 노인복지회관으로 대체한다는 것은 한 노인의 말대로 "쓸 데 없는 돈 낭비"였다.

[사례 IV-6] 실내보다는 난장

(김기섭(80세, 남)씨와의 면담 중 일부이다.)
노인복지회관은 시설이 꽁짜라서 좋아. 그런데, 실내 들어가 놀 바에는 집에 있지 뭐 하러 나와. 매연이다 뭐다 해도 난장이 공기도 좋고 신선한데. 이런 데 와서 놀고, 고담이나 듣고 1시간 정도 주변 노인네들과 이야기 하다가 지루하면 종묘공원도 가고 그러는 거지.

셋째, 탑골공원에서 노인들 스스로 형성해온 놀이문화와 그 문화들이 펼쳐지는 장소들에 비해 '복지'라고 하는 인위적인 제도와 '복지관'이라고 하는 격리된 시설은 도심의 공간에서 자신의 문화를 표현하는 것을 불가능하게 한다는 점이었다. 탑골공원은 남성 노인들의 문화를 대표하는 공간이었으며 그 때문에 양로당이나 노인복지관과는 전혀 다른 의미를 갖고 있었다. "주위에서 술도 한잔 할 수 있고 큰소리로 떠들어도 좋은" 노인들의 문화가 주도하는 곳인 탑골공원이 노인복지관으로 대체되기는 어려웠다. 노인들은 종묘공원과 함께 노인복지관을 이용하는 경우가 많아서 노인복지관에서 잠시 지내다가 점심을 먹고 종묘공원으로 가기도 했다.

[사례 IV-7] 공원과 복지관의 관계

(한수형(70세, 남) 씨와 서울노인복지센터에서 한 면담 중 일부이다.)

한수형 - 월요일하고 수요일에 나와. 여긴 목욕이라고 안 그러고 샤워라고 해. 샤워도 표를 끊고 점심도 미리 표를 끊어야 돼. 샤워하고 점심 먹고, 아침에는 식권 타야해. 9시에 식권 주기 시작해서 10까지. 밥은 11시 되면 나오고. 나는 여기서 그냥 앉아 있다가 가. 절반 정도가 예전에 탑골에 있던 사람이야. 이발도 하고, 텔레비전 보고, 게이트볼 노래방도 있는데 난 아무것도 안 해. 오산 평택 안산에서 다 오는데, 거기서 오는 사람들은 버스타고 또 지하철 갈아타고 오는데, 저 시골에서도 와. 얼마나 먼데서 오는데.

연구자 - 공원은 안 가세요?

한수형 - 종묘공원은 가는데 탑골공원은 안 가. 종묘공원은 아무 때나 가면 사람이 많거든. 여기서 밥 먹을 때도 있지만. 식권 못 타고 그러면 종묘공원에도 가지. 아까도 종묘공원에 갔다 왔어.

위에서, 노인복지관을 이용하는 것이 노인들에는 상당히 어색한 것임을 알 수 있다. 자신들이 평소에 사용하는 어휘들이나 행위패턴을 대체하는 용어들과 규칙들로 인해 편안하게 하루를 모두 보낼 수 있을 만한 공간이라고는 할 수 없다. 또한, 단순히 '노인'이라는 연령집단을 가리키는 용어로 탑골공원의 노인들을 모두 수용하는 것이 불가능하다는 점이 아래의 면담 내용에서처럼 나타나고 있다.

[사례 IV-8] 복지관과 지하철1호선

(김진환(72세, 남)씨와의 면담 중 일부이다. 김진환씨는 사례 III-15에서 언급한 바 있다.)

복지관이라고 정부에서 잘해 놨어. 가면 노래방도 있고 온돌방도 있고 목욕도 하고 머리도 깎고, 또 당구도 치고. 거기도 노인들 하루 2000명 밥을 먹인데 친구하고 가봤어. 우리가 5번을 탔어. 각 번호 당 100명 200명 이렇게 밥을 타다 먹어. 5번이면 5번 표만 먹어야 돼. 우리나라에서 복지관이라고 해서 가보면은 전부 귀부인들 부자들이 많아. 옷 잘 입고 나와서 있지. 이렇게 독거노인들, 지팡이나 짚고 다니는 노인들은 못 와. 냄새나고 그러니 못 오고, 옷 입은 것도 초라해서 들어가기가 그렇지. 전부 있는 사람들이 와서 먹고 즐기는 거야. 전부 있는 사람들이. 야 이거 정부에서 잘못한 거다. 차라리, 각 동에서 혼자 사는 노인들을 알아내서 쌀을 주는 방식이어야지, 전부 있는 사람들 좀 놀고 돈 꽤나 있는 사람들이나 오지, 우리같이 어려운 사람들은 못 가. 복지관 같은 데가 노인들을 위해서 하는 것이라고 하는데, 자존심 상해서 못 가고, 끼리끼리 모여서 놀고. 실상 노인들 어렵고 불쌍하고 병들고 독거노인들은 못 가더라. 받아들이지를 못 하니까 가면 제대로 밥도 먹을 수 없고. 나라에서 도와주는 것도 아니더라고. 겨울이 돼서 추워도 복지관 안 가는 사람은 안 가고 지하철 역 1호선 역에서 미여터지게 있지.

노인복지관이 갖는 이와 같은 한계는 시 정부도 잘 인식하고 있었고, 탑골공원의 성역화 공사가 진행되는 중에 노인들이 주변의 다른 공공 공간을 점유할 것에 대한 우려를 보이고 있었다. 따라서 탑골공원이 재개장 된 이후에 다시 노인들에 의해 점유될 가능성을 차단하기 위해 다각적인 대책을 마련하고 있었다.

주변에 광장이 없어 (노인복지회관에서) 식사 후 상당수가 종묘공원, 운현궁, 탑골공원 주위로 이동함에 따라 탑골공원 조성공사가 완료되면 탑골공원에서 다시 종전과 같은 노인들의 놀이 문화가 재현될 것이라는 여론이 지배적이다. 따라서 성역화 된 공원으로서 경건한 분위기에서 외국인 및 일반 관광객들이 문화재 관람이 용이하도록 운현궁이나 종묘와 같이 관리인을 상주시켜 경내에 음식물(특히 주류)을 반입하지 못하게 하고 또, 고성방가를 할 수 없도록 계도하는 방안이 검토되어야 할 것이다.(「서울노인복지센터 개관에 따른 운영실태 및 여론사항 보고」(2001.4 서울시))

노인복지센터가 개관되기 전과 후의 무료급식 이용현황을 보면 탑골공원 주변에서 무료급식을 이용하던 노인들은 변화가 거의 없다는 점을 알 수 있다. 노인복지회관을 이용하는 노인들이 탑골공원의 노인들보다는 노인 일반을 끌어들이고 있음을 알 수 있다. 그리고 노인복지센터가 도심의 공공 공간에서 노인들을 격리시키는 목적에서 시작되었다는 점을 보여주는 것과 동시에 그 의도가 실패하고 있음을 보여주는 결과는 다음 표와 같다.[71]

[표 14] 복지센터 개관 전·후 무료급식 이용 현황   단위(명)

시 설 명	개관 전	개관 후	비 고
서울노인복지센터	0	1,700	
사 랑 채	750	300	개관 후 종묘시민공원에서 제공
원 각 사	350	350	
명 시 원(수녀회)	150	150	
계	1,250	2,500	이용인원이 2배로 증가함

[표 15] 복지센터 개관 전·후 주변시설 이용비교   단위(명)

시 설 명		개 관 전	개 관 후	비 고
서울노인복지센터	평 일	0	1,700	휴일은 선교단체에서 일부 모셔감
	주말(휴일)	0	1,500	
탑골공원	평 일	2,000	300	현저히 감소
	주말(휴일)	2,500	500	
종묘시민공원	평 일	3,000	4,000	증 가
	주말(휴일)	3,500	4,500	
종 묘	평 일	600	900	증 가
	주말(휴일)	1,000	1,500	
운 현 궁	평 일	50	350	증 가
	주말(휴일)	80	550	

탑골공원의 성역화 공사와 복지센터의 개관으로 탑골공원의 이용자가 급감했음을 알 수 있다. 과거 탑골공원을 일상적으로 이용했던

---

71) 「서울노인복지센터 개관에 따른 운영실태 및 여론사항 보고」(서울시 2001)

남성 노인들은 복지센터와 운현궁, 종묘시민공원, 종묘 등으로 분산되었고, 특히 종묘공원으로 1,000명 이상이 옮겨 갔다. 주목할 점은, 노인복지센터를 이용하는 인구만큼이나 도심의 다른 공간에서도 이용자가 비슷한 수로 증가했다는 것이다. 즉, 종묘시민공원과 종묘, 운현궁에서 늘어난 이용자들이 1,600명에 이르고 있는 동시에, 노인복지관의 새로운 이용인구도 1,700명에 이르고 있다는 점이다. 결국, 노인복지관이 도심의 공간 전체에서 노인인구를 흡수하는 데 성공하지는 못했다는 점을 알 수 있다. 반면, 탑골공원의 노인들이 대부분 종묘공원과 종묘와 같은 다른 공간으로 이동함으로써 새로운 공간을 점유하기 시작했음을 알 수 있다. 결국, 탑골공원의 노인이용자들을 모두 수용하는 것을 목적으로 마련된 노인복지회관은 종묘공원과 같은 도심의 대안적인 공간을 이용하는 노인들에 의해 하나의 세트로서 전용되고 있다. 노인복지관은 도심공간에서 노인들을 보이지 않게 하는데 실패했으며, 종묘공원이 과거의 탑골공원의 대안이 되고 있다.

광복회는 탑골공원을 이용하고 있는 노인들을 종묘시민공원을 이용하도록 하고 그 이후에 탑골공원을 성역화 할 것을 제안한 바 있다.[72] 시 정부는 주변주민들과 상인들의 반발로 종묘공원으로 노인들을 이동시키는 것이 불가능하다는 점을 들어 노인복지관을 마련하는 것으로 결론을 내렸다. 하지만, 성역화 이후 종묘공원이 궁극적으로 탑골공원을 대체하는 공원이 되었고, 종묘공원은 노인복지시설에 수용되지 않은 노인들이 탑골공원의 대안으로 선택한 곳이었으며, 자신들의 문화적 자원을 재생산하는 공간이었다. 시 정부의 입장에서 노인들이 종묘공원으로 옮겨간 것은 성역화 사업의 전체적인 틀을 벗어난 결과이다. 하지만, 탑골공원에서 노인 이용자들의 수를 줄이는 데에는

---

72) 「파고다공원 문화 공간 조성 사업(안)」(광복회 1999. 3.)

성공했다. 여기서 성역화 프로그램이 궁극적으로 목표하는 것이 무엇인지 분명해진다. 노인들을 탑골공원으로부터 배제하는 것이 우선순위였고, 이들의 여가활동을 근대화하고 복지의 혜택을 위해 복지관에 수용하는 것은 이미 성역화의 중심에 서있지는 못한 것이다. 시정부는 노인들이 종묘공원으로 이동하는 것과 동시에 탑골공원에서 떼어낸 벤치들을 종묘공원으로 옮겼다. 시 정부는 노인들이 종묘공원으로 모이는 것을 허용할 수밖에 없었고 노인들의 발걸음과 타협할 수밖에 없었다. 종묘공원의 한 노인은 노인들이 종묘공원으로 오게 된 사연을 다음과 같이 설명해 주었다.

[사례 IV-9] 노인들의 대이동

(이기선(78세, 남)씨와의 면담 중 일부이다.)
이 장소들이 처음에는 탑골공원에서 생겨났지만, 소문이 나고 교통도 편리하고 말동무도 많고, 재미도 있어 인구가 증가한거야. 그런데 좁은 공원에 이 집단 저 집단간의 접촉이 생기고 갈등하고 싸움하면서, 그 모습 때문에 여론도 악화되고. 성지화, 노인복지회관과 같은 사업이후에 종묘공원으로 노인들이 대이동 했지. 게르만족의 대이동처럼 인류가 인구밀도가 높아지면 대이동 하듯이. 여기 종묘공원은 넓이가 충분해. 평화로운 공존이 가능하고, 선택의 여지가 더 커진 거지.

"탑골공원에 있던 게 죄다 이리로 왔지"라고 말하는 노인의 말은 단순히 노인들이 종묘공원으로 이동해왔다는 사실에만 그치지는 않는다. 탑골공원에서 오랫동안 지속되었던 장소들이 함께 종묘공원으로 옮겨온 것에 대한 설명이기도 하다. 이렇게 옮겨온 장소들은 과거의 탑골공원에서의 반복적인 행위들을 다시 종묘공원에 나타나게 했다. 예전의 장소들은 탑골공원에서의 위치에 상당하는 곳에 자리 잡고 있었다. "한문강습소"는 손병희 동상에서 이상재 동상 밑으로 옮겨왔으며, 관리사무소 앞에 있던 장기와 바둑을 두는 장소는 역시 종묘공원

관리사무소 주변으로 옮겨왔다. 정문으로 들어 와서 바로 앞에 있었던 정치 토론장은 비록 그 정치 파벌에 따라 여러 곳으로 분산되기는 했지만, 역시 종묘공원의 앞문에 해당하는 곳에 위치하고 있었다. 이야기꾼만이 앞의 장소들과 관계를 맺으면서 과거의 등나무와 벤치를 대체할 만한 곳을 찾지 못한 채, 종묘공원의 정자 뒤의 통로에서 자리를 잡고 이야기를 시작했다.

예전에 등나무벤치가 명확한 이야기터로서의 경계 구실을 했던 반면, 현재는 이렇다할 경계가 없다. 하지만, 여전히 종묘공원에서 이야기 터는 흥성하게 유지되고 있었다. 과거와 같은 '관객석'은 없었지만, 종묘공원으로 출입하는 길목에서 지나다니는 사람들이 흥미를 보이고 멈추어 설 수 있는 곳에 자리 잡고 예전의 명성을 지속하고 있었다. 단, 과거 여러 명에 이르던 이야기꾼들은 이미 사라지고 한 사람의 이야기꾼이 그 장소를 이어가고 있었다. 탑골공원에서의 '고초'와는 달리 종묘공원은 그의 육담에 화를 내는 사람들로부터 이야기꾼을 변호하고 보호해줄 열성적인 관중들이 모이는 곳이었다. 이야기꾼을 알아본 한 노인이 끼어들어 "좋은 얘기하니 잘 들어보시오" 하고 군중들에게 주의를 환기시키기도 하고 이야기 중에 슬며시 음료수를 건네주는 모습은 반복되고 있었다. 탑골공원에서 겪었던 '고초'와 비슷한 상황이 연출된 상황에서 관중들의 역할은 이야기터를 어떻게 보호하고 있는지를 보여주고 있다.

[사례 IV-10] 이야기꾼과 관객들의 공모
(종묘공원의 이야기꾼과 관중들에 대한 관찰기록이다.)
종묘공원에는 그래도 이야기를 들어줄 관객들이 있었다. 무심한 표정으로 지켜보던 최초의 관객은 웃음이 얼굴에 가득해 있다. 지나가던 한 사람은 '만날 그 얘기야' 하며 야유하고 지나간다. 그 야유에도 불구하고 야한 이야기에 웃는 관객들은 공범자가 되어 이야기꾼을 둘러 싼 채 그 야유로부터 이야기꾼을 보호한다. 종묘공원에서도 야한 이야기에 대해 탑골공원과 같이 나무라는 사람이 있지만, 주변 사람들이 그냥 이야기일 뿐이라고 말하고 더 크게 웃으면서, 그 나무라는 사람을 웃음거리로 만든다. 그러면 이야기꾼은 "저 선생은 아직 정화가 덜 돼서 이상한 상상을 하는가 본데, 이건 그냥 웃으라고 하는 건전한 이야기예요"라고 말했다. 옆에 있던 관중은 "맞아요 맞아. 공원에서 웃기는 것이 쉽지 않은데, 이게 다 건강을 주는 거 아니에요?" 하면서 성원을 보낸다.

관중이 200명 이상까지 증가한 이야기판은 하나의 굳건한 영역을 구축해서 공원의 한 자리를 차지하게 된다. 사람들의 웃음소리가 커지면, "웃으시라고 하는 얘기예요"라고 이야기꾼은 받아치거나, 주위가 산만해지는 관객이 있으면 이야기를 하면서 눈을 맞추고 손가락으로 가리키기도 한다. 이야기꾼은 종묘공원은 워낙 사람들이 많으니까 몇 번 같은 이야기를 또 해도 되지만, 탑골공원은 벌써 사람이 별로 없으니까 이야기가 더 힘들다고 한다.

탑골공원의 '정치판'은 공원의 성역화 작업 이후로, 여러 군데로 분산되었다는 점을 확인할 수 있었다. 탑골공원의 동문 밖에 있는 상점가 골목과 종묘 내부, 그리고 종묘공원의 국악정 주변으로 분산되어 있다. 이 장소들은 여당과 야당의 지지여부, 혹은 보수와 진보의 스펙트럼에 따라 나뉘어졌다. 각 장소들에서 정치토론을 하는 노인들이나 40대 50대의 남성들은 저마다 자신들의 장소가 '정치 1번지'임을 주장한다. 자신들의 정치적 노선과 선명하게 차이가 나는 주장을 하는 사람이 토론에 끼어들면, 상당한 양의 지식과 증거로 집중 공격을 한다. 집중 공격을 받은 한 노인은 "여기가 정치1번지구면"하고 자리를 뜨거나, 어설피 끼어든 30대 젊은이는 "부족한 인식으로 함부로 말하지 말라"고 호통을 치는 남성 노인들에게 쫓겨나기도 했다. 각 '정치 1번지'

[그림 33] 종묘공원의 "한문학습장소"
공원의 서북쪽 이상재 동상 아래에 위치하고 있다.(저자 촬영)

들은 명확한 정치적 논조들을 가지고 유지되고 있다.

'한문학습장소'는 탑골공원의 손병희 동상에 해당되는 이상재 동상 주변에서 좌판을 벌이고 있다. 탑골공원보다 주변 공간이 훨씬 넓어져서, 많을 때는 다섯 군데까지 동상 주변에 붓글씨판이 벌어진다. 한쪽은 붓글씨를 이제 막 공부하기 시작한 노인들이 종이상자를 길게 펴서 그 위에 붓글씨 연습을 하는 말 그대로 '한문학습장소'가 되고, 다른 한쪽은 전문적으로 글을 쓰는 사람이 작품을 팔기위해 종묘에 드나드는 관광객들이 볼 수 있도록 유리문진으로 작품들을 진열하고 있다.

장기와 바둑을 두는 곳은 '한문학습장소'가 있는 이상재 동상과 '정치판'이 있는 국악정 사이에 벤치가 몇 줄로 나열된 곳에 자리 잡고 있다. 장기바둑을 두는 곳의 벤치는 등받이가 없어서 가운데 장기판을 두고 말을 타는 모습처럼 두 사람이 마주보고 앉아서 두고 있다. 지나가던 사람들은 고개를 쑥 드밀면서 팔짱을 끼고 옆으로 기울이고 훈수를 두기도 한다. 장기 두는 사람들은 5천원에서 만원 사이 내깃돈을 건다. 장기판과 바둑판을 빌려주는 곳은 깔고 앉을 신문지도 빌려주어서 많은 신문을 싸놓고 있다. 장기 바둑판은 나무들로 둘러싸여 있는 정사각형의 공터에서 바둑판의 배열처럼 놓여진 벤치 위에서 행해진다. 벤치 하나하나에서 대국이 열리고, 지나가는 행인들은 이곳저곳 들르며 흥미 있는 판을 구경한다.

신문을 깔고 술을 마시면서 음악을 틀어놓고 춤을 추는 '음주가무'의 장소는 탑골공원의 성역화 전부터 질서유지를 위해 종묘공원으로 밀려나고 있었다. 현재의 종묘공원에서 동쪽은 오르간을 연주하면서 노래를 부르는 노인들과 중년여성 중심으로 신문을 깔고 둘러앉은 노인들이 춤을 추는 곳이다.

[사례 IV-11] 리듬만 남는 곳

(종묘공원의 '음주가무지역'의 관찰기록이다. 2003.10.25)

5시 31분 종묘공원. 강강술래 대형으로 남녀 노인들이 동반해서 춤을 춘다. 흥겨운 트로트 음악 속에, 추임새들이 여기저기서 터져 나온다. 웃음 소리와 '뽕짝'의 리듬의 틈새에 함께 섞여 나온다. 음질도 좋지 않아 음이 도르르 말리는 카세트를 크게 틀고, 한복을 차려 입은 아주머니가 신문지를 깔고 음식을 펼치고 있다. 아주머니와 술을 마시던 아저씨 한분이 벌떡 일어나 화단을 나가려다 난간에 발이 거려 고꾸라지고 담배, 라이터, 지갑이 쏟아져 나온다. 그 옆을 걷는 노인은 걸으면서도 춤을 춘다. 남는 것은 리듬뿐이다. 주변 멀찌감치 구경하는 노인이 흥겨운 듯 지켜보고 있다. 루이뷔통 쇼핑백을 든 한 노년의 신사는 주변을 어슬렁거리며 가까이 갔다, 뒤로 갔다 하며 구경할 뿐 떠나지 못하고 있다. 널브러진 신문지 위에 술상이 차려지고, 할머니 한분이 이를 쑤시며 앉아 있다. 술 취해 흥에 겨운 중절모를 쓴 검은 양복의 할아버지가 남편과 함께 온 부인에게 춤출 것을 권하다가 "너 뭐하는 놈야"하며 남편이 달려들어 싸움이 벌어질 듯하다. "아리랑 목동", "순이 찾아 떠나야지", 끝이 없이 이어지는 멜로디들 속에, 즐기는 사람과 지켜보는 사람의 너무도 대조적인 표정의 차이가 두드러진다. 하지만, 굳은 표정으로 앉아 있던 사람들의 발은 가만히 있지 못하고 리듬을 탄다. 춤추는 사람들은 어깨가 들썩이고, 제자리 뛰기를 하는가 하면, 도리도리, 트위스트가 뒤섞인다. 전통 어깨춤과 70년대 트위스트 최근의 테크노가 그로테스크하게 뒤얽힌 뒤죽박죽의 춤을 선보이고들 있다.

종묘공원의 '음주가무 지역'은 탑골공원에서보다 훨씬 넓은 지역을 차지하며 흥성하게 유지되고 있었다. 탑골공원의 장소들은 종묘공원으로 옮겨 오면서 오히려 더 흥성하게 유지되고 있기도 하고 과거와 같은 분위기와 무대를 얻을 수 없는 행위들은 소멸의 위기에 놓여 있기도 하다. 이와 같은 장소들의 지속은 새로운 공간 환경과의 협상을 통해 노인들이 자신들의 행위의 영역들을 다시 확보할 수 있었고, 탑골공원에서의 소소한 기억들을 새로운 맥락에서 공간화 함으로써 종묘공원을 자신들에게 의미 있는 공간으로 만드는 데 성공했다는 점을 보여 준다. 사람들의 기억이 공공 공간으로부터 지워지는 것은 상당한 상실감을 안겨줄 수밖에 없다. 기억을 환기시키는 물리적 공간들은 장소에 대한 애착과 그 계속성 그리고 연계감을 갖게 해 준다. 장소와 정체성의 관계 그리고 문화 정체성은 물리적 공간과 기억의 연계에 의해 지속되고 변화된다고 할 수 있다. 종묘공원에서 다시 나타나고 있는 이 장소들은 그 곳에서 습관적인 행위를 지속해 왔던 노인들의 장소에 대한 애착을 보여주는 동시에, 그 장소에서의 행위들이 자신들의 정체성과 뗄 수 없는 관계를 갖고 있다는 점을 보여주는 것이다.

노인들의 문화가 종묘공원으로 옮겨 왔지만, 종묘공원은 새로운 환경일 수밖에 없었고, 노인들만의 공원일 수도 없었다. 종묘공원은 40

대에서 50대의 노숙자와 부랑자들도 함께 이용하고 있으며 종묘공원이 어떤 사람들이 이용해야 하는 공원인가에 대한 경합이 지속되고 있다. 새로운 '노인의 공원'으로 인식되고 있는 종묘공원은 노인들과 '젊은' 노숙자들 간 벤치에 대한 실랑이가 자주 일어나고 있다. 그에 대한 이야기 속에서 노인들이 종묘공원에 대해 암묵적으로 주장하고 있는 권리를 볼 수 있다.

[사례 IV-12] 영토 싸움

(강용준(73세, 남)씨와의 면담 중 일부이다. 2003.10.16)

젊은이들이 왜 와서 그러는지. 종묘공원 바둑·장기는 다 40-50대고, 농촌엔 일손이 딸려서 날린데, 젊은 나이에 왜 놀아. 열심히 해야지. 중소기업은 사람이 없어 날린데. 젊은이들이 일을 해야지 중소기업들이 다 중국으로 가니. 노인들이 와서 이용해야 하는데, 젊은이들이 술 먹고 잔단 말이야. 젊은이들이 밤에 못 자니까 술 먹고 의자에서 자는데 그거 깨우면 싸움하자고 그러고 이 나이에 싸움할 기력이 있어? 우린 젊잖게 얘기하지. '여보게 여기 드러눕는 데가 아니고 앉는 덴데 그렇게 자면 어쩌나?' 그러면 당신이 뭔데 그러냐고 덤벼서, 경찰에게 이 사람들 좀 어떻게 하라고 건의하면, 순사도 와서 말리지도 않아. 경찰관들이 뭐하는 거냐 단속 안하냐고 물으면, 또 이유가 있어. 경찰이 '우리가 인력도 없거니와 우리가 잡아가면 죄가 없어 석방하는 데' 그럴 필요가 있느냐 이거지. 괜히, 경찰 욕해봤자 경찰하고 등만 지는 거야. 우리가 안 가는 수밖에 없지. 그런 걸 어떻게 정부에서 고쳐야 하는데, 그놈들이 판을 치니까. 자기만 하나? 술 먹고, 여기도 쪼끔 있으면 파고다공원처럼 될 꺼야. 밤에 사람 있는지 풀밭에 어떻게 알아? 그런 걸 좀 정부에서 단속을 해야 되요. 한다고 해도 이 노인네들 권익은 아랑 곳 없을 걸.

한편, 종묘공원은 새로운 맥락에서 다시 문제시되고 있다. 종묘공원이 종묘로 들어가는 입구에 있다는 점에서, 무료급식을 하는 줄이 늘어서 있고 언성을 높이며 싸우는 사람들과 술 취해서 비틀거리는 사람들의 모습은 일본인과 같은 관광객의 눈에 띄게 된다는 점을 부각시키고, 그러한 행위들을 금지해야 한다는 주장을 하는 사람들이 나타나고 있다. 종묘공원보다는 종묘가 더 조용하고 깨끗해서 매일 나온다는 한 노인은 종묘공원의 사람들을 "시골에서 올라온 잡탕들이어서 수준이 안 맞는 사람들"로 표현했다.

[사례 IV-13] 관광, 외국인, 월드컵 vs. 밥, 줄서는 노인, 매음녀
(윤정식(75세, 남)씨와의 면담 중 일부이다. 2003.10.6)
여기 왜 식사제공하면 안 돼냐 하면, 여기 일본사람들 관광객 많은데 딱 밥 주는 데 관광버스가 서. 일본사람들이 오면 그것부터 촬영하는 거야. 그거 국가적 망신이지. 맨 노인들 줄만 서있는 걸 볼 꺼 아냐. 그런 걸 왜 보여줘야 하느냐 이 말이야. 월드컵도 치룬 나라가. 그래서 관리소에 몇 번 건의했어. 문화재 관리국에 좀 얘기 하라고. 아마 하긴 했는데 안 듣는가봐 대책이 없는가 봐. 노인회관에서 먹으면 되는데 거기서 식사가 충분치가 못 하나 봐. 늦는 사람들은 못 먹으니까. 과천 같은 데 멀리서 오는 사람은 여기 와서 맨 날 빵 받을 라고 신문지 쫙 깔아놓고 기다리고 말이에요. 완전히 개판 오분 전이에요. 그 안보이게 해야지 그거 거기다 쫙 깔아 놓고......
내가 (종묘로) 들어오다 보니 (종묘공원에서) 어떤 여자가 '할아버지 저랑 놀다가지 않을래요?' 하는데, 아 그게 뭐하자는 거겠어? 그래서 거기 있을 데가 못 되는 거지. 옛날에는 거기가 다 술집이었어. 김두환이가 그 술집들을 잘 구슬려 당선이 됐지.

특히, 종묘 안에 있는 노인들이 종묘공원을 이용하는 노인들에 대해 부정적인 시각을 갖고 있다. 이들은 자신들이 대부분 공직 은퇴자들이고 점잖은 반면, 종묘공원은 창녀들과 시골사람들이나 가는 난잡한 곳이고 잡탕이라고 말했다. 이들은 종묘공원의 정치판과는 다른 정치적 논조를 갖고 있었으며, 그 이유 때문에 현재 종묘공원을 이용하고 있는 노인들과 탑골공원을 함께 이용하고 있을 때, 말싸움이 끊이지 않았다고 한다.

(최국성(83세, 남)씨와 종묘에서의 면담 중 일부이다. 2003.10.16)
종묘공원은 좀 앉아 있다 보니 정치판 이야기 하는 데 못 앉아 있겠더라고.
여기 온 사람들은 다들 공직생활에서 은퇴하거나 점잖은 분들이지. 저리
더 들어가면(창경궁) 수준 있는 분들이 더 계시니 가봐.

(3) 종로3가: 흐르는 저항

종로3가는 탑골공원과 종묘공원을 잇고 있는 거리이다. 하지만, 단
순히 행정적인 경계는 그리 중요하지 않다. 탑골공원과 종로3가와 종
묘공원은 이 공간들을 이용하는 노인들의 발걸음에 의해 서로 꿰매어
졌다. 종묘공원에서 종로3가를 지나 탑골공원과 동문 밖의 골목에 이
르는 길은 '실버타운'이라는 이름으로 불리기 시작했다. 노인들의 발걸
음에 의해 점유된 이 공간은 깨끗한 관광지인 탑골공원을 고립된 문화
의 섬으로 만드는 동시에, 탑골공원을 다시 전유할 가능성이 있는 다
양한 행위들이 지속되는 곳이기도 하다.

오전에는 출근하는 샐러리맨들을 대상으로 토스트를 파는 노점들
이 주를 이루다가, 오후가 되면 오고가는 노인들이 늘어나면서, 이들
을 대상으로 하는 노점들이 줄지어 서게 된다. 노점상의 품목을 종묘
공원에서 탑골공원에 이르는 순서대로 나열하면 다음과 같다.

[사례 IV-15]

(종로3가 행상품목에 대한 관찰기록이다. 2003.10.23)
1. 트로트 카세트테이프, 구식 사진기 (종묘공원에서 탑골공원으로 가는 첫
   번째 행상)
2. 모자, 우산꼭지, 지팡이 고무, 구두징(플라스틱). 일회용면도기
3. 손톱 깎기, 계산기, 건전지, 안경집, 열쇠고리, 성인용품(고무링)
4. 구두약, 시계

5. 중고전화카드, 구두, 붓
6. 신발깔창, 구두굽
7. 손목시계
8. 구두수선
9. 운동화(3천원)
10. 가방
11. 와이셔츠 (3천원)
12. 망원경, 허리띠(2천원)
13. 편지봉투, 돋보기, 돋보기안경(3천원)
14. 머플러.
15. 구두, 겨울잠바-중고
16. 신발, 바지-중고
17. 모자
18. 달력, 일본 포르노 비디오, 성기능향상보조용구, 구두끈, 당사주, 관상, 김두환소설(탑골공원에서 종묘공원 쪽으로가는 첫 번째 행상)

주로 삼천원대의 저가의 물건들이 팔리고 있음을 알 수 있다. 노인들은 종묘공원에서 모여 탑골공원 동문 밖에 있는 식당가로 점심을 함께 하러 가거나, 탑골공원에서 오전을 보낸 후 오후에는 종묘공원에서 보내기 위해 두 공원을 왕복하고 있다. 그 왕복의 길목에 있는 행상들에 잠시 들러서 몇 천 원짜리 물건들을 사거나 곳곳에서 구경하며 느릿느릿 걷고 있다. 종로3가를 지나가는 젊은 여성들은 이와 같은 물품들에 당혹스러움을 느낄 수밖에 없다. 주변의 보석상들은 이러한 변화에 대해 불만을 표했다.

[사례 IV-16] 야릇해서 못살겠어요.
(종로3가에 면하고 있는 보석상주인과의 면담 중 일부이다. 2003.11.21)
1년 전부터 할아버지들 오시고 나서부터 주변 상권이 안 좋아진 거 같아요. 저 쪽 가보면 야릇해서 못 살겠어요. 이것 좀 어떻게 했으면 좋겠는데, 할아버지들 술 마시고 분수에서 목욕까지 하고, 앞에서는 이상한거 팔고 저쪽

가기가 두려울 정도예요. 술 많이 드시는 할아버지는 비틀거리다 넘어지고. 이거 얘기해주면 뭔가 개선이 되나요?

노인들이 많이 지나다니는 오후가 되면, 종로3가는 일종의 노상 카페가 되기도 한다. 커피 파는 중년여성이 빌딩 턱을 자신의 커피숍으로 이용하면서, 줄줄이 앉아 있는 남성 노인들에게 커피를 건네준다. 빌딩이 있는 쪽은 노상카페가 되는 동시에 도로가 있는 쪽은 좌판이 벌어져 구경하는 사람이며 흥정하는 사람들로 가득 하게 된다.

종로3가의 광경은 탑골공원의 성역화로 인해 나타난 도심의 전유로서 시 정부로서는 전혀 예측하지 못한 결과라고 할 수 있다. 노인복지회관에서 탑골공원 주변, 종로3가, 종묘공원까지 이르는 거대한 노인들의 벨트는 탑골공원을 비켜 흐르면서 탑골공원이라는 고립된 문화의 섬을 포위하고 있다. 종로3가와 그 동서 양 끝의 탑골공원과 종묘공원은 권력의 도달 범위 밖에 있는 수많은 걷기의 궤적들로 얽혀 있으며 이 공간은 더 이상 프로그램 되거나 규제된 장에 놓여있지 않다. 이곳을 걷고 있는 노인들은 자신들이 '있어야 할' 곳으로 주어진 곳에 머물기 보다는, 성역화와 노인복지 프로그램의 내용을 전도시키면서, 재미를 찾아서 흐르는 또 다른 경로를 걷고 있다. 도심에서 시 정부와 엘리트 집단이 나누어 놓았던 공간들을 가로지르면서 자신들의 발걸음을 통해 "실버타운"이라는 새로운 공간을 구성해내고 있는 것이다.

2. 공공 공간의 기로(岐路)

탑골공원의 의미에 대한 경합은 100년 남짓의 기간 동안 복잡한 궤적을 그리며 현재까지 전개되어 왔다. 2001년에 시작된 성역화 사업은, 계속되고 있는 경합의 흐름 속에서 또 하나의 커다란 파동을 만들어 낸 사건이었다. 공원의 이용자들의 성격을 완전히 변화시키고 이용자의 수를 급감시켰다. 경합의 역사라는 축에 더해, 2000년대 서울의 도시사회질서가 공원이라는 구체적인 공간에서 실천되는 또 다른 축이 진행되고 있음을 살펴보았다. 이제, 성역화 사업 역시 공공 공간의 의미에 대한 경합이라는 커다란 축 위에 있는 또 다른 국면이라는 전제 하에서, 성역화 이후 계속되는 경합의 가능성들을 검토하고자 한다. 그럼으로써, 탑골공원의 의미는 또 다시 의미의 조작 혹은 전유를 통해 경합하고 있음을 제시한다.

(1) 재진입의 시도

장소에 대해 갖는 애착으로 인해 공원에서 과거의 행위를 지속하기 위한 시도들은 계속되고 있다. 앞 절에서 언급한 이야기꾼의 경우가 가장 대표적인 사례라고 할 수 있다. 1910년대부터 탑골공원에서 이야기판을 벌여온 이야기꾼의 전통은 공원의 잦은 폐쇄와 일본 순사의 취조에도 불구하고 현대까지 지속되어 왔다. 하지만, 성역화 작업을 통해서 변화된 공원의 물리적 환경과 분위기 때문에 더 이상 확고한 이야기터를 형성할 수 없었고 종묘공원을 주무대로 삼을 수밖에 없었다. 그럼에도 불구하고 종묘공원을 가기 전에 탑골공원에서 이야기판을 펼쳐보려는 시도를 계속하고 있다.

성역화 이전, 탑골공원은 노인들에 대한 봉사활동 또한 활기차게 이루어졌는데, 현재는 봉사활동을 통해 공원의 변화에 대해 항의하는 일이 종종 벌어지고 있다. 이들은 탑골공원의 변화된 분위기에 대해 이미 알고 있으면서도 공원에서의 봉사활동을 통해 공원관리사무소와 실랑이를 벌이기도 한다.

[사례 Ⅳ-17]

(관찰기록 2003.10.9)

11시 40분. 세 명의 남녀 노인들이 떡 상자를 들고 사각광장에 들어와 떡을 나누어 주기 시작했다. 공원에서의 봉사활동이 금지되었기 때문에 공원 관리소에서 곧바로 제지하기 시작했다. "여기서 떡 나눠주면 안돼요"라며 노인들의 앞길을 막자, 한 할머니가 "여기 운동하는 것도 시위하는 것도 아닌데 안 돼요?" 하며 반문했다. 관리소 직원은 "여기서, 떡 나눠주고 하는 거, 물론 좋은 일이죠. 근데, 제 말 좀 들어보세요. 음식물 반입하는 거 정비하면서 금지됐어요. 그러니까 떡 같은 거 반입은 안돼요."하며 제지하자, 한 노인은 "불쌍한 사람들 배고픈 사람들 위해서 가져온 건데 이러면 안돼지"라고 대꾸했다. 관리사무소 직원은 이들을 설득하기 위해 이들 중 한 명을 관리사무소로 데리고 들어갔다. 공원의 분위기는 들뜨기 시작한다. "이게 웬 떡이냐"고 외치는 검은 양복의 부동산 브로커들이 있는가 하면, 웃으며, 떡 바구니 뒤를 쫓아다니는 사람들로 공원 안의 목소리들이 커지기 시작했다. 한번의 소동이 지나간 지금, 공원의 사람들은 다들 하얀 떡을 하나씩 들고 쩝쩝거리고 있다.

탑골공원에서 봉사활동을 하려는 시도는 계속되고 있다. 공원에서의 봉사활동이 금지된 것을 알고 있음에도 불구하고, 떡을 나누어준 위의 사례는 일종의 의례를 통해 공원의 변화에 대해 항의하고 있음을 알 수 있다.

탑골공원의 노인들을 문제화 하는 시각에서 빠지지 않았던 '박카스 아줌마'들도 다시 공원을 찾고 있다. 노인들이 종묘공원으로 대거 옮겨 가면서 함께 옮겨간 사람들이 대부분이지만, 여전히 탑골공원을 일터로 사용하는 다섯 명 정도가 원각사비 앞의 두 돌벤치에 앉아 있다. 이들의 고객은 노인들이라기보다는 공원에서 다수를 차지하게 된 부동산 브로커들이다. "사장님 하나만 드셔보세요"라고 지나가는 브로

[그림 34] 3·1운동 기념탑 난간에 앉아 있는 사람들.
의례만을 위한 "기념공간"인 사각광장에는 애초에 벤치가 배치되지 않았고, 기념탑은 일상에서
벤치로 이용될 수밖에 없다.(저자 촬영)

커들을 부르는가 하면, "경과보고를 해야 할 꺼 아녀. 일이 잘 되는겨?"
라며 안부를 묻기도 한다. 개인적 취향의 노인들 대신, 공원에서 다수
를 차지하는 50대의 부동산 브로커들로 영업의 대상을 바꾸고 있다.
　성역화 직후 강력한 도덕적 캠페인을 벌였던 단체들의 계약기간이
끝나고 난 이후, 공원의 질서에 대한 통제는 누그러진 상태이다. 화단
의 난간이나 기념탑 주위와 같이 벤치가 아닌 어느 곳에도 앉지 못하
게 제지했던 과거와는 달리, 그러한 벤치 대용의 장소들은 전유되고
있다. 성역화 이전에 음주가무 지역이었던 서문에서 북문에 이르는
구간은 점심시간이 가까워오면서 음식을 벤치에서 먹는 노인들이 늘
어난다. 특히 이들이 점심을 먹는 곳은 가장 후미진 곳으로 기념비나

유적도 없는, 즉 공식적 의미가 적은 곳이라고 할 수 있다. 화단에서 자는 사람들도 이쪽을 찾고, 벤치에 둘이 앉아 소주 한잔하던 노인들도 이쪽을 이용했다. 신문을 깔고 몰래 갖고 들어온 술과 고기를 먹으며, 야유회를 했던 중년의 남녀들도 서문 쪽에 자리 잡고 있었다. 키스를 하는 노인 남녀와 데이트를 하는 20대 연인들도 이 곳에서 보인다. 과거부터 공식적 기념비성에 문제되지 않고 음주가무를 즐길 수 있던 곳이었고, 그 기억은 다시 고개를 들고 있다.

이처럼, 과거 탑골공원에서의 행위와 사람들이 다시 나타나고 있다는 점을 알 수 있다. 하지만, 공원을 전유하는 행위들에 의해 공원의 지배적 의미를 또 어떤 방향으로 변화시킬 지는 예측할 수 없다. 전혀 다른 사람들이 과거와는 다른 방식으로 공원을 전유할 수도 있으며, 상당히 오랜 기간, 현재와 같은 '조용하고' '깨끗한' 분위기가 지속될 수도 있다.

(2) 위상의 변주

[사례 IV-18] 우리의 '현실'

(관찰기록 2003.9.10)
노인계층이 이처럼 방치되는 요즘. 이것이 바로 우리의 현실입니다. 하지만, 정부의 노인복지 정책은 미약하기 그지없습니다.

한 방송국에서 기자가 위의 짧은 코멘트를 말하는 장면을 탑골공원에서 찍어갔다. 정부의 노인복지정책에 대해 문제를 제기하는 기사에서 빠지지 않고 등장했던 탑골공원은 여전히 그 위상을 잃지 않고 있다. '오갈 데 없는' 노인들이 '멍하니 하늘만 쳐다보고 있는' 모습으로 탑골공원의 노인들에 대한 이미지는 미디어를 통해 반복되고 있다.

'노인의 공원'이라는 위상은 노인들의 여론을 취재하기 위한 미디어의 방문을 여전히 끌어들이고 있었고, 사람들의 기억에서 탑골공원은 '노인'을 떠올리게 하는 장소로 지속되고 있다. 하지만, '노인의 전당'이라는 잔영이 깔려 있는 동안에도, 탑골공원의 의미를 새롭게 조작하려는 움직임들은 여전히 지속되고 있다.

제실공원으로서 황제의 위엄과 근대화의 업적을 보여주던 탑골공원은 경성의 조선인 거주지와 3·1운동의 발상지라는 위상을 얻기도 했고, '민의의 성지'라는 위상으로 민주주의 혁명의 무대가 되는가 하면, 국가와 경제발전과 민족을 재현하는 공간으로 탈바꿈하기도 했다. 탑골공원에 대해 사람들이 생각하는 의미는 오랜 기간에 걸쳐 축적되는 동시에 그 주된 의미가 변경되기도 했다. 특히, 3·1만세운동이후, '민족의 성지'라는 위상과, 4·19혁명으로 인해 형성된 '민의의 성지', 그리고, 1990년대 후반에서 2000년대 초반에 걸쳐 형성된 '노인의 전당'이라는 위상들은 탑골공원의 역사에 축적되어 있는 쓰임새의 변화를 반영하는 것이라 하겠다.

위상의 변주는 여전히 계속되고 있다. 3·1만세운동의 발원지라는 점에서 공원의 이름을 "삼일공원"으로 변경해야 한다는 주장이 있는 한편, 국제연맹의 정신을 이어받은 3·1운동의 발원지라는 점에서 "국제평화공원"으로 공원의 이름을 바꾸고 그와 관련된 기념물들을 세워야 한다는 주장이 제시되고 있다. 탑골공원을 '3·1공원'으로 개칭하자는 주장은 '민족의 성지'라는 위상의 통일성을 더욱 강화하려는 의도에서 나왔다. 불교유적이나 최초의 근대 공원이라는 다양한 역사적 의미와는 상관없이, '민족의 성지'라는 위상에 따라 공원의 공간과 시간을 동질화하려는 시도이다. 그리고 공원을 '국제평화공원'으로 개칭하고 새로운 상징물을 세울 것이 주장되기도 했다. 민족과 세계를 연계하고 있다는 점에서 과거 제국주의에 저항하는 민족주의의 이미지가 아닌 세계화의 이미지로서의 민족주의를 전개하고 있다는 점에 주목할 수 있다. 두 주장은 중국과 일본의 공원의 사례를 증거로 들고 있다는 점이 공통된다. 탑골공원의 위상의 변주는 국경을 넘나드는 이미지의 영향을 받고 있다. 단지 탑골공원의 역사적 맥락과 국내의 민족주의라는 맥락에서만 진행되고 있는 것이 아니라는 점이 중요하다. 민족주의마저도 세계화 되었으며, 공원의 위상에 대한 변주도 주변 국가들의 사례에서 자유로울 수 없다. 다음은 탑골공원의 이름을 "삼일공원"으로 바꾸는 캠페인 전단지 내용의 일부이다.

> 초 종교적인 구국의 함성이 터져 지금도 그 때 그 함성이 메아리치고 있는 민족공원이요 구국공원이요 애국애족의 공원임이 분명하니 "3·1공원"이라는 이름을 써서 불러야만 마땅하다고 보는 것이다. 중국도 홍구공원을 민족의 선구자인 노신공원으로 그 이름을 바꾸어 놓고 있다. 이미 공원의 정문에는 "단기 4천3백년12월 대통령 박정희"(1967)라는 친필로 된 "3·1문"이라는 대형 편액이 걸려 있다. 또 그 3·1문 상양에는 "미리 단기 사천삼백년 개천절 상양 거북"이라고 단기와 개천절을 밝혀 민족의 뿌리를 분명히 하고 있다. 우리는 우리 5천년 민족사에 최대 구국사건인 기미 3·1운동을 영원히 기리기 위하여 "3·1공원"으로 늦었지만 개칭함이 아래와 같은 뜻에서 백번 마땅하다고 본다.(조선건국 4331년 3·1운동 80년 개천학회 철학박사 한터 송호수)

박정희 정권부터 시작된 '민족의 성지'로서의 의미는 현대에도 새로운 주장의 당위성을 인정하는 근거로서 제시되고 있다. 이에 더해, 공원의 의미를 새롭게 조작하고자 하는 사람들의 시도 역시 지속되고 있다. 탑골공원이 3·1운동의 발상지라는 점에서 "비폭력 세계평화운동 최초의 발상지"라는 점을 들어 "세계 평화공원 및 세계문화유산의 잠정목록에 추가"해야 한다는 주장도 진행되고 있다. 구체적인 방안으로 다음과 같은 계획을 추진하고 있다.

[사례 IV-19] 세계평화의 어머니

(박영록(81세, 남)씨와의 면담 중 일부이다. 박영록씨는 범민족화합통일운동본부의 총재로 전 국회의원이다.)

3·1운동의 역사적 의의는 우리 민족의 독립뿐 아니라 항구적 세계평화 인류 공동 생존 조건의 보장과 실천에 있다는 것을 전 세계에 처음으로 제창한 것이지요. 오늘날의 국제연합을 탄생시킨 역할을 했다고 할 수도 있어요. 오늘날의 국제연합을 탄생시킨 어머니가 대한민국이고 우리가 국제연합에 대해 어머니 역할을 해야 하는 것입니다. 국제연합은 우리 조상의 품으로 맞아 세계 평화를 우리가 주도해 나가야 해요......[중략]탑골공원이 60억 세계인의 성전이 되도록 똑같은 공원을 191개국에 만들어서 세계가 세계평화의 어머니가 한국임을 떨쳐야합니다.

비폭력 세계평화운동인 3·1운동의 최초 발상지이자 유엔(UN) 탄생의 산실 역할을 하였던 탑골공원을 세계평화공원으로 성역화하고, 세계유산 잠정목록에 추가를 시켜 세계적인 유산으로 만들자.
1. 191 유엔 가입국 국기를 탑골공원에 게양함.
2. 유엔헌장 기념비를 독립선언문 맞은편에 세우기
3. 현재 화장실을 지하 등으로 이전
4. 평화의 분수대를 추가 건립
5. 세계 유산 잠정목록에 추가
6. 기타.
(팜플렛: 「탑골공원을 세계평화공원 및 세계유산 잠정목록에 추가하자」)

이러한 아이디어는 중국의 노신공원과 일본의 히로시마 원폭 돔을 그 모델로 하고 있다. 공간을 통해 자신들의 이데올로기를 관철하고자 하는 주변국들의 시도는 현대 한국의 탑골공원의 의미변화를 추진하는 시도에 영향을 끼치고 있다.

탑골공원은 현재 기로에 서있다고 할 수 있다. 공원에서 애착을 갖고 있던 장소들을 상실한 사람들이 다시 공원에서 예전의 행위들을 지속하려고 시도를 하는 동시에, 과거에는 볼 수 없었던 새로운 행위들의 영역도 나타나고 있다. 동시에, 탑골공원에 새로운 의미를 부여하거나, 그 의미를 더욱 좁혀 '민족의 성지'라는 일관성을 획득하려는 시도로 공원의 위상은 변주되고 있다. 공원의 의미에 대한 경합은 현재도 계속되고 있다.

V

결론

The Park of Walls: The Meaning of Urban Public Space

이 책은 탑골공원의 의미가 무엇인가가 아니라 어떻게 변화되어 왔는가에 대해 초점을 두었다. 특정한 표상이 확립되어 온 과정이나, 공원이 환기시키는 사건의 기억에 대한 설명에 머물지 않고, 불안정한 표상들과 소소한 기억들이 출몰하는 역동적인 곳으로 다루어 왔다. 이를 통해, 이 책은 다음과 같은 결과들을 얻을 수 있었다. 공공 공간은 이질적인 사회 집단들과 개인들이 다양하고 풍부한 의미들을 경험하고 부여하는 대상인 동시에, 국가 혹은 지배집단이 동질적인 의미를 부여함으로써 사회와 개인을 통제하는 수단으로도 이용되었다는 점이다.

공공 공간의 의미를 제한하고 그 곳에서의 행위를 통제하는 지배 방식은 탑골공원의 사례에서 근대화, 식민통치, 민족주의, 국가 만들기, 계급적 취향과 노인 복지문제의 장 속에서 변주되어 왔다. 즉, 의미의 제한과 행위의 통제라는 동일한 주제가 각 시대의 담론들과 사회의 변동 속에서 황제, 식민 통치자, 독재정권, 시정부, 조경 및 복지전문가, 언론과 같은 주체들의 전략에 따라 다양한 모습으로 변주되었다고 할 수 있다. 그리고 이 변주가 단 하나의 선율에 의해 주재되기보다는, 서로 다른 역사적 궤적을 갖고 진행되어온 제도 및 담론들과 교차하면서 이중주, 혹은 삼중주로 확장되었음을 보았다. 고종황제의 탑골공원 조성은 전통적인 도시의 바다에 '제실공원'이라는 새로운 문물을 도입하는 작업이었다. 고종이 만들어낸 '황성'의 다른 근대적 공간들은 '탑골공원'과 함께 '근대도시'라는 화음을 만들어 내기 시작했다(II장-1). 일제 강점기의 식민 통치자들은 민족적인 저항의 시발점이라는 의미와 조선인 거주지의 대표적 공원이라는 의미를 가리고 자신들의 위세를 반영하면서 조선인들의 침체된 환경을 재현하는 곳으로 탑골공원의 의미를 조작하고자 했다(II장-2). 하지만, 누구보다도 현란하게 도시 공간들을 연주했던 것은 박정희였다. 전국에 걸쳐 구국의 인물들을 재현하는 '민족의 성지'들을 배치하고, 개발 이데올로기의 출발점으로 서울도심에 거대한 건축물들을 지으면서, 이 두 선율은 탑골공원에서 교차했다. 그리고 성지를 순례하고 참배하는 학생들과 국민들의 발걸음 역시 탑골공원을 지나가도록 하면서 민족, 개발, 국가의 삼중주가 완성되었다(II장-3). 우리는 이러한 전략들의 분석을 통해 공공 공간이 단순히 담론의 대상이나 결과에만 머무는 것이 아니라 주체를 생산하고 변형하는 조건으로 적극적으로 이용되어 왔다는 점을 알 수 있었다.

현대에는 공공 공간의 의미를 동질화하기 위해 '바람직하지 않은'행위를 공간으로부터 배제하는 전략이 부각된다. 탑골공원은 배제논리가 구체적으로 힘을 발휘하는 첨단이라 할 수 있다. 공원의 지배적인 의미에 부합되지 않는 노인들의 행위에 도덕적인 문제를 제기하고 구역설정을 통해 공원의 통제를 강화하는 과정을 볼 수 있었다. 노인복지전문가, 민족주의 성향의 단체들의 문제제기와 시정부와 조경전문가의 공원계획을 통해 이러한 전략이 구체화되고 탑골공원은 관광과 참배를 위한 조용하고 깨끗한 공간으로 일변했다(III장). 이와 같은 배제의 전략은 탑골공원에만 국한되지 않는다는 점에서 탑골공원의 사례는 더 광범위한 주제와 연계될 수 있다. 건물 내의 '금연구역', 도심의 '성매매 금지구역'(prostitution free zones)(Papayanis 2000), '청소년통행금지구역', '차 없는 거리'(낙원동, 인사동, 대학로) '기초질서문란사범단속지역'(종묘공원, 대학로 등), '시민보행권보호구역'(종로2가), '학교주변정화구역', 그리고 폭력적인 남편에 대한 '접근금지명령'(Merry 2001), '부촌의 배타적공동체'(gated community)(Caldeira 2000, Low 2001) 등, 처벌과 규율에 의한 정상화보다는, 공간의 지배와 통제를 통해 '바람직하지 않은' 행위들을 배제하는 '공간화 된 전략들'(spatialized strategies)이 도시 곳곳에 포진하고 있다는 점에서 탑골공원의 사례는 현대 도시사회질서의 전반적인 흐름과 합류하고 있다. 여기서, 지배적 의미에 '부적절한' 행위를 하는 자들을 배제하는 전략은 공공 공간의 이상이라고 할 수 있는 개방성 및 접근성과는 모순적인 관계에 있다는 점을 지적할 수 있다. 그리고 이 모순적인 관계가 근·현대 도시사회 질서를 지탱하고 있는 하나의 중요한 기둥이라는 점이 드러난다.

이와는 다른 방향에서, 필자는 다양한 사회적 배경을 갖고 있는 개인들이 일상의 필요에 따라 공공 공간을 이용해 왔고, 국가나 지배집단의 통제 속에서도 자신들의 문화에 근거해서 창조적이고 능동적으로 공간을 전유해 왔다는 점에 주목하게 된다. 탑골공원의 사례에서 공원의 의미를 이질화 하는 힘은 끊임 없이 반복되어 왔음을 확인할 수 있었다. 특히, 공원에 부여된 지배적인 의미와는 전혀 다른 방식으로 공간을 이용하는 전유는 동질적인 의미를 조각내고 풍부하고 다양한 의미들의 경합을 다시 가능하게 했다. 국가가 부여한 의미를 전도시키면서 자신들을 공원의 '주인'으로 주장했던 탑골공원의 남성 노인들은 박정희의 민족, 국가, 개발의 이데올로기로 인해 고착되었던 공원의 의미를 움직이게 하고 다양한 방향으로 갈라지게 했다(III장-1). 이들의 문화적 힘은 현대 도시사회 질서에서 비중 있는 담론으로 힘을 발휘하고 있던 노인복지의 논리에도 질식되지 않고 자신들의 문화를 또 다른 공공 공간에 펼쳐 놓을 만큼 강했다(IV장-2). 현재도 이들이 걷고 있는 도심의 공간들은 무수한 발걸음의 궤적들의 다발로 묶여서 재구성되고 있다(IV-3). 노인뿐만 아니라 정치적·경제적인 사회의 변화에 반응하며 탑골공원의 장소들에 새로운 기억들을 만들어 가는 사람들로 탑골공원에 부여된 의미는 더욱 다양할 수 있었다(III장-1, IV-1). 현대에 보이는 이러한 전유가 결코 일시적인 것이 아니라는 사실은 탑골공원의 탄생부터 공원을 전유해 왔던 수많은 옛 시민들의 발걸음을 통해서 확인할 수 있었다. 탑골공원이 황제의 공원에서 민족의 공원으로 혹은 시민의 공원으로 의미가 변화할 수 있었던 것은 단순히 공원 관리자가 문을 열어 놓았기 때문이 아니다. 이 공원이 만민공동회, 3·1운동, 4·19혁명과 같은 정치적 격변의 무대였다는 점에 더해서 일상에서 자신들의 문화에 따라 공원의 한자리를 차지하고 놀고 토론하고 자고 먹던 사람들이 실질적인 문을 개방해 왔다고 할 수 있다(II장).

이러한 사례를 통해서, 전유의 과정은 개방성과 접근성이라는 공공 공간의 이상으로의 접근이며 도시에서 시민의 문화적·정치적인 권리의 확대를 의미한다는 점을 알 수 있다. 일제에 저항했던 민족적 봉기와 민주주의를 수호하고자 하는 혁명의 군중은 비즈니스 빌딩이나 쇼핑몰, 혹은 감옥, 병원, 수용소 같은 곳에서 모이지는 않았다. 사람들로 붐비고 이들의 삶이 서로에게 보이는 거리와 광장과 공원은 일상적 삶과 시민의 권리가 구체적으로 연계되는 곳으로, 개인적인 어려움이 집단적이고 보편적인 가치에 대한 소통과 투쟁으로 확장되는 곳이었다. 때문에, 근대도시에 대한 연구들은 특히 공공공간의 이용에 관심을 가져 왔다(Benjamin 1986, Berman 1982, Holston 1989, Jabobs 1961, Sennett 1999, Young 1990). 이 연구들은 공공 공간의 이상이 1) 배제되지 않는 사회적 차이 2) 공간의 이용방식의 차이 3) 자신의 안전한 일상에서 벗어나 새롭고 신기하고 놀라운 것들과 우연히 마주치는 기회 4)쾌락과 흥분을 일으키는 타자에 대한 매력 5)누구에게나 열려 있고 접근 가능한 장소라는 점을 밝히고 있다. 이러한 연구들은 공공 공간이 불확실성과 개방성에 기초한 민주주의 정체(政體)의 물리적 구현임을 암시한다. 의미에 대해 협상의 여지를 열어 놓는 점에서 둘은 유사성을 갖고 있다. '차이의 공존'이라는 민주주의의 이상은 우리가 다루어 온 공공 공간에서의 문화적 다양성으로 나타난다. 그리고 그 차이들 간의 의사소통이 직접적으로 이루어지는 공공 공간은 사적인 공간과는 달리 차이에 대한 관용과 관심에 토대를 두고 있다. 하지만, 탑골공원의 사례에서도 보이듯이, 실제의 근대 도시에서 사회적 불평등과 공간으로부터의 배제가 반복되어 왔다는 점에서 이러한 이상이 완벽하게 실현된 적은 없다고 할 수 있다. 결국, 공공 공간의 전유는 배제와는 대립되는 위치에 있으면서도 공공 공간의 이상과 현실의 격차가 만들어 내는 근대 도시의 모순의 또 다른 축을 이룬다. 따라서 공공 공간의 의미에 대한 경합은 근대도시의 타고난 요소라고 할 수 있으며, 그 경합의 과정이 문화적·정치적 권리를 확대하거나 축소하는 결과를 낳아 왔다.

이상의 성과를 통해서 우리는 몇 가지 암시를 얻을 수 있다. 국가나 지배집단 혹은 제도에서 나타나는 통치전략의 변화와 그에 대한 비판에 초점을 맞추어 온 많은 연구들이 현상적 세계가 능동적인 개인과 사회집단들의 성취물이라는 점을 빠뜨려 왔다는 점을 지적할 수 있다. 도시를 거대한 '감옥'으로 비유하는 연구들은, 감옥으로의 '감금'에 초점을 두면서 그와 대비되는 '탈주'의 양상들을 간과해 왔을 뿐만 아니라, '감옥'과는 전혀 다른 논리에 의해 근·현대 도시사회를 지탱해온 '공공 공간'에서의 현상들에 대해서도 관심을 두지 않았다. 이 책을 통해서 필자가 부각시킨 공공 공간의 문화적·정치적 중요성은 '감옥'이라는 이미지만큼이나 '공공 공간'이라는 이미지가 근·현대 도시사회의 문화를 연구하는 데 필수적인 항목이라는 점을 제시한다. 감옥으로의 감금과 감옥으로부터의 탈주는 곧바로 공공 공간의 전유와 공공 공간으로부터의 배제와 연결되어 도시사회에서 '바람직하지 않은' 행위를 하는 사람들을 순환시킨다는 것을 암시한다. 탑골공원의 사례는 이러한 순환이 상당히 짧은 기간 내에 이루어진 경우를 보여준다. 공원을 전유하던 노인들은 공원으로부터의 '배제'되는 동시에, 노인복지제도로 '수용'될 것을 권유받았다. 하지만, 이들은 노인복지의 논리에 순응하기보다는 그곳으로부터 '나와서', 다른 공원들을 자신들의 문화에 근거해서 '전유'하고 있다. 전유→배제→감금→탈주→전유로 이어지는 일련의 과정은 '감옥체계'(Foucault 1994:434-441)와 함께 공공 공간의 체계라는 두 축이 현대 도시사회질서를 지탱하고 있음을 보여준다. 도시를 '감옥'이 아닌 '공공 공간'으로 비유하는 것은 개인들과 사회집단들이 만들어 내는 전유의 영역들 즉, 행위의 조건에 대해 끊임없이 성찰하고 협상하면서 특수한 상황에 비추어 그 조건들을 재구성하는 모습을 발견할 수 있는 장을 제공해 준다. 특히, 능동적이고 창조적인 전유의 과정은 세계를 이해하는 사회 집단과 개인들의 고유한 방식들을 드러내는 것으로서 자신들의 문화, 즉 차이가 사회의 공적인 장에서 소통되기를 바라는 시도라는 것을 알 수 있다. 이러한 문화를 격리, 수용, 혹은 감금할 대상으로서만이 아니라, 발견되고 이해되고 소통되는 대상으로서 논의하는 것은 도시의 문화에 대한 더욱 풍부한 연구 성과를 제공할 것이다.

따라서 필자는 위의 순환 고리를 끊는 지점으로서 공공 공간을 창조적이고 능동적으로 전유하는 사람들에 주목한다. 이들을 문제시하기보다는 공공 공간의 문화 만들기에 관여토록 하고 이들에게 문화적인 시민권을 인정하는 것이 더 많은 시민들이 창조적이고 존귀한 삶을 살 수 있는 길이 될 수 있다. 이를 위해서는 배제되기 전, 혹은 감금되기 전에 '공공 공간'을 전유하고 있는 사람들의 차이에 대해 이해하는 것과 자신의 사회에 대한 성찰이 선행되어야 함은 물론이다. 이는 이미 배제되거나 감금된 자들에 대해서 문화적 권리를 주장하는 것보다 공공 공간을 전유하고 있는 자들의 권리를 인정하는 것이 더 용이한 방법이기 때문이다. 탑골공원의 사례에서 보았듯이, 공공 공간을 전유하는 자들은 이미 사회의 공적 영역의 의미에 대한 경합에 참여하고 있음을 의미한다. 전유의 과정은 적어도 이러한 경합의 장에서 목소리를 내고 장소들에 발을 딛고 있다는 점에서 유리한 위치에 있다고 할 수 있다.

이 책의 제목은 '담'과 '공원'이라는 어울리지 않는 두 요소들을 결합시킴으로써 '공원'의 개방성과 그 개방성을 위협할 수 있는 '담'과의 긴장관계에 대해 환기시키고자 했다. '담'과 '공원'이라는 환유적인 결합이 익숙하게 눈에 들어오지 않는 이유는, 공원이 근대 도시의 자유로운 순환을 대표하는 공공 공간이라는 것이 너무도 당연하게 여겨진다는 점에 기인한다. 쇼핑몰과 비즈니스 빌딩들과 같이 사적인 영역들과 소비만을 위한 공간들로 메워진 도심에서, '공공'성을 그 이상으로 삼고 있는 공원이 사유재산과 배제를 대표하는 '담'과 어울릴 수 없다는 점이 흔한 지식이라고 할 수 있다. 하지만, 현실에서 가장 대표적인 공공 공간마저도 물리적이든 상징적이든 담을 두르고 있다는 점, 즉 차이들을 배제하는 '담'이 공적인 영역에 둘러쳐짐으로써 너무나 당연하게 여겨지는 개방성과 접근성이 알게 모르게 제한당하고 있다는 것이 이 책의 출발점이었다. 담을 두른 공원, 탑골공원은 여전히 담을 두르고 있다. 기와를 얹고 2미터 넘게 서 있는 담은 '누구에게나 열려 있어야 할' 공원을 두르고 있다. 필자는 개방성과 접근성이라는 공공 공간의 이상을 확보하기 위해 물리적인 담을 허물어야 한다고 주장하는 것은 아니다. 담은 이미 오래전에 새워졌다. 이젠 그 안에 들어갈 사람들과 문화의 다양성을 넓혀 가는 일이 남아 있다. 이때 '담' 자체는 아무런 의미를 갖고 있지 않으며 '공원' 역시 사람들의 이용이 없이는 아무런 의미를 갖지 못한다. 문제는 담과 공원을 조합시키는 '두르다'라는 동사의 맥락이 차이의 소통과 공존이라는 근대 도시와 민주주의의 이상에 어떻게 부합될 수 있는가에 있다. 다양한 사회적 배경의 집단과 개인들이 만들어 내는 차이를 인정하면서 한꺼번에 그 다양한 문화들을 '두르는가' 아니면, 제한된 의미와 쓰임새에 한정하거나 '친밀한' 사람들만을 '두르고' 나머지는 배제하는가에 문제의 초점이 모아진다. 서로 다른 사회적 배경을 가진 사람들이 우연히 마주치고 차이를 인정하면서 소통할 수 있는 공공 공간에 대해 관심을 갖는 것은 그 '두르다'의 맥락을 형성하는데 참여하는 것이며, 담 안에서 더 많은 사람들이 '포근함'을 느낄 수 있도록 돕는 것이다. 나아가 '담'과 '공원'의 관계는 더욱 심층적인 논의에 이를 수 있게 한다. '공원'의 자리는 국가, 도시, 민주주의, 행정제도, 전문영역, 문화 등으로 대체될 수 있다. '담'의 자리는 계급, 성별, 연령과 같은 사회적 배경에 따라 포함과 배제를 나누는 가지각색의 차별의 수단으로 바꿔 넣을 수 있다. 이처럼 은유의 축을 확장하면 할수록 '담'과 '공원'의 관계를 일반화 해 나갈 수 있다. 이는 각 영역을 두르고 있는 담이 어떤 역할을 해야 하는 지에 대해 사회의 각 영역에서 협상의 범위를 넓혀가는 것이다. "평범한 소시민이 창조적이고 존엄한 삶을 누릴 수 있도록" 이들을 설계 전문가의 영역, 도시 행정의 영역, 공간의 '문화 만들기'의 영역의 담 안으로 끌어들여서 힘을 부여하고 그러한 영역들에 관여토록 해야 한다는 것이 공공 공간의 연구를 통해 필자가 찾아낸 결론이다.

1. 간행물 및 자료집

중앙일간지 및 잡지: 『개벽』, 『뉴스메이커』, 『대한매일신보』, 『독닙신문』, 『동아
　　일보』, 『문학사상』, 『별건곤』, 『새인간』, 『세대』, 『연합뉴스』, 『월간조선』,
　　『작은 것이 아름답다』, 『조선일보』, 『한겨레』, 『한국논단』, 『환경과 조경』
대통령비서실, 1968-1979, 『박정희대통령연설문집2-16』.
대통령비서실, 1973c, 『박정희대통령연설문집2: 제5내편』.
서울시정개발연구원, 2000, 『서울, 20세기 100년의 사진기록』, 서울학연구소
서울특별시, 1994, 『역사문화탐방로 조성계획 자료집 - 4대문 내 역사문화유적』.
서울특별시사편찬위원회, 2002, 『개항이후 서울의 근대화와 그 시련(1876-191
　　0)』, 서울특별시사편찬위원회.
서울특별시사편찬위원회, 2002, 『일제 침략 아래서의 서울(1910-1945)』, 서울
　　특별시사편찬위원회.
원각사복원추진위원회, 1994, 『원각사를 다시 일으키자』.
종로구, 1994, 『종로구지』.
한국정신문화연구원, 1991, 『한국민족문화대백과사전』.

2. 논문 및 단행본

강신용, 1995, 『한국근대 도시공원사』, 도서출판 조경.

권오만 외, 2002,『종로: 시간, 장소, 사람: 20세기 서울변천사 연구II』, 서울학연
　　구소.

김광우, 1991,「대한 제국 시대의 도시계획」,『향토서울』, 50 pp.95-125.

김기수, 1974(1877),『修信使記錄』, 國史編纂委員會.

김영근, 1999,『일제하 일상생활의 변화와 그 성격에 관한 연구: 경성의 도시공
　　간을 중심으로』, 연세대학교 사회학과 박사학위논문.

김혜란, 1994,「서울의 전통 도시양식에 관한 연구: 조선후기의 도시평면을
　　중심으로」,『서울학연구』, 3 pp.163-195.

김희경, 2003,「무료노인병원 환자 되기」, 서울대학교 인류학과 석사학위논문.

박승진, 2003,「탑골공원의 문화적 해석」,『한국조경학회지』, 30(6) pp.1-16.

박인재, 2002,「서울시 도시공원의 변천에 관한 연구」, 상명대학교 박사학위
　　논문.

박정희, 1971,『민족의 저력』, 광명출판사.

박지환, 2003,「분당신도시의 사회적 생산과 구성: 공간과 계급의 관계에
　　관한 연구」, 서울대학교 인류학과 석사학위논문.

손세관, 2000,『도시주거 형성의 역사: 이집트에서 오늘에 이르는 도시주택의
　　변천』, 열화당미술책방.

손정목, 2003,『서울도시계획이야기 1: 서울 격동의 50년과 나의 증언』, 한울.

송도영, 1998,「서울 지하철 공간문화의 영역과 소비행태에 관한 연구」,『도시
　　과학논총』, 24 pp.203-219.

송도영, 2001,「식민지화와 도시공간의 근대적 재편성: 이슬람 전통도시 페스의
　　경험」,『한국문화인류학』, 34(1) pp.59-87.

송도영, 2002,「상징공간의 정치: 프랑스의 북아프리카 식민 도시정책」,『한국
　　문화인류학』, 35(2) pp.127-155.

신동흔, 1998,「이야기꾼의 작가적 특성에 관한 연구-탑골공원 이야기꾼들의
　　사례를 중심으로」,『구비문학연구』, 6 pp.169-212.

오기노, 치히로, 1999,「탑골公園과 韓國할아버지 : 場所形成에 나타난 韓國的

特性」, 서울대학교 석사학위논문.

유길준, 2000, 『西遊見聞』, 이한섭 편저, 박이정.

윤치호, 1973-76(1885), 『尹致昊日記』, 國史編纂委員會.

이광호, 2002, 『오규원 깊이 읽기』, 문학과 지성사.

이규목, 2001, 「서울 근대도시경관 읽기」, 『서울 20세기 공간변천사』, 서울시정 개발연구원.

이기석, 2001, 「20세기 서울의 도시성장: 전 근대도시에서 글로발 도시로」, 『서울 20세기 공간변천사』, 서울시정개발연구원.

이소영, 2000, 「탑골공원의 노인이용행태에 관한 해석」, 한양대학교 도시대학 원 석사학위논문.

이인수, 김인종, 1999, 「탑골공원 방문노인의 활동양상에 관한 연구-동절기 관찰을 중심으로」, 『노인복지연구』, 5(1) pp.195-219.

이태진, 2000, 『고종시대의 재조명』, 태학사.

장규식, 2002, 「일제하 종로의 문화공간」, 『종로: 시간, 장소, 사람: 20세기 서울변천사 연구II』, 서울학연구소.

전인권, 2001, 「박정희 정치사상과 행동에 관한 전기적 연구」, 서울대학교 정치학과 박사학위논문.

전재호, 1999, 「박정희 체제의 민족주의: 담론의 변화와 그 원인」, 『한국정치학 회보』, 32(4) pp.89-109.

정승모, 1992, 『시장의 사회사』, 웅진출판.

한정훈, 2004, 「탑골공원 조성과 이용의 변천과정에 관한 연구」, 서울시립대학 교 도시과학대학원 석사학위논문.

한국역사사연구회, 1997, 『한국역사』, 역사비평사.

Anderson, Benedict, 1991, Imagined Communities: Reflections of the Origin and Spread of Nationalism, 『상상의 공동체: 민족주의의 기원과 전파』, 윤형숙 옮김, 2002, 나남.

Appadurai, Arjun, 1988, 「Introduction: Place and Voice in Anthropological Theory」, Cultural Anthropology 3 pp.16-20.

Benjamin, Walter, 1978, 「On some Motifs in Baudelaire」 in Reflections: Essays, Aphorisms, Autobiographical Writings, New York: Schocken Book.

Berman, Marshall, 1982, All that is Solid Melts into Air: The Experience of Modernity, 『현대성의 경험: 견고한 모든 것은 대기 속에 녹아버린다』, 윤호병, 이만식 옮김, 1998, 현대미학사.

Bergson, Henry, 2001, Essai sur les Donnédiates de la Conscience, 『의식에 직접 주어진 것들에 관한 시론』, 최화 옮김, 2001, 아카넷.

Bourdieu, Pierre, 1977, Outline f a Theoryo of Practice, Cambridge.

_____, 1990, The Logic of Practice(Translated by Richard Nice). Stanford Univ. Press, 『구별짓기: 문화와 취향의 사회학 上 ·下』, 최종철 옮김, 1995, 새물결.

Borges, Jorge Luis, 2003, Aleph, 『알렙』, 황병하 옮김, 1994, 민음사.

Caldeira, Teresa P. R., 2000, City of Walls: Crime, Segregation, and Citizenship in São Paulo, University of California Press.

Canclini, N.G., 1995, 「Mexico: cultural globalization in a disintegrating city」, American Ethnologist 22(4) pp.743-755.

Castells, Manuel, 1989, The Informational City: Economic Restructuring and Urban Development, 『정보도시: 정보기술의 정치경제학』, 최병두 옮김, 2001, 한울 아카데미.

Certeau, M. de, 1984, The Practice of Everyday Life(Translated by Steven Rendall), Californian Univ. Press.

Crang, Mike & Travlou, Penny S., 2001 「The City and Topologies of Memory」, Environment and Planning D: Society and Space 19 pp.161-177.

Carr, Stephan, Mark Francis, Leanne Rivlin, and Andrew Stone, 1992, Public Space, New York: Cambridge University Press.

Deleuze, Gilles, 1966, Le Bergsonisme PUF, 『베르그송주의』, 김재인 옮김, 1996, 문학과 지성사.

Douglas, Mary, 1979, Purity and Danger: An analysis of the concepts of pollution and taboo, 『순수와 위험』, 유제분·이훈상 옮김, 1997, 현대미학.

Duncan, James, S., 1990 The City as Text: the Politics of Landscape Interpretation in the Kandyan Kingdom, Cambridge Univ. Press.

Foucault, Michel, 1977, Discipline & Punish: The Birth of the Prison, Vintage Books, 『감시와 처벌: 감옥의 역사』, 오생근 옮김, 1994, 나남신서.

Foucault, Michel, 1980, 「Questions on Geography」 in Power/Knowledge: Selected Interviews and Other Writings 1972-1977, New York: Pantheon Books, pp.63-77.

Foucault, Michel, 1986, 「Of Other Spaces」 Diacritics 16(1) pp.22-27.

Gilmore George William, 1892, 『서울풍물지: 한말외국인 기록17』, 신복룡 옮김, 1999, 집문당.

Ghannam, Farha, 2002, Remaking the Modern: Space, Relocation, and the Politics of Identity, Berkeley: University of California Press.

Gupta, Akhil and Ferguson James, 2002, 「Discipline and Practice: 'The field' as Site, Method, and Location in Anthropology」 in Anthropological Locations: Boundaries and Grounds of a Field Science, Akhil Gupta and James Ferguson(eds), University of California Press.

Halbwachs, Maurice, 1992, On Collective Memory, Chicago and London : The University of Chicago Press.

Hall, Edward, T., 1966, The Hidden Dimension, 『숨겨진 차원: 공간의 인류학』, 최효선 역, 2002. 한길사.

Harris, C. M., 1999, 「Washington's Gamble, L'Enfant's Dream: Politics, Design, and the Founding of the National Capital」, The William and Mary Quarterly 56(3) pp.527-564.

Harvey, David, 1990, The Condition of Postmodernity, 『포스트모더니티의 조건』, 구동회, 박영민 옮김, 2003, 한울.

Hobsbaum, E. J, 1992, Nations and Nationalism since 1780, Cambridge University Press.

Holston, James, 1989, The Modernist City: An Anthropological Critique of Brasília, The University of Chicago Press.

Hulbert, Homer B., 1906, The Passing of Korea, London, William Hienemann Co., 『대한제국멸망사: 한말외국인 기록 1』, 신복룡 옮김, 1999, 집문당.

Hunt, Alan, 1999, Governing Morals: A Social History of Moral Regulation, Cambridge: Cambridge University Press.

Jacobs, Jane, 1989(1961), The Death and Life of Great American Cities, Vintage Books.

Kusno, Abidin, 2000, Behind the Postcolonial: Architecture, Urban Space and Political Cultures in Indonesia, Routledge.

Lefebvre, Henry, 1996, Writing on Cities(Translated and edited by Kofman Eleonore and Lebas, Elizabeth.), Blackwell.

Lefebvre, Henry, 1997, The Production of Space(Translated by Donald Nicholson-Smith.), Blackwell.

Low, Setha M., 1996, 「The Anthropology of Cities: Imagining and Theorizing the City」, Annual Review of Anthropology 25 pp.383-409.

Low, Setha M., 2000, On the Plaza: The Politics of Public Space and Culture, Austin: University of Texas Press.

Low, Setha M., 2001, 「The Edge and the Center: Gated Communities and the Discourse of Urban Fear」, American Anthropologist 103(1) pp.45-58.

Merleau-Ponty, Mourice, 1945, Phénoménologie de la Perception, 『지각의 현상학』 류의근 옮김, 2002, 문학과지성사.

Merry, Sally Engle, 2001, 「Spatial Governmentality and the New Urban Social

Order: Controlling Gender Violence Through Law」, American Anthro-
pologist 103(1) pp.16-29.

Miles, Malcolm, 1997, Art, Space and the City, 『미술, 공간, 도시: 공공미술과
도시의 미래』, 박삼철 옮김, 2000, 학고재신서.

Mitchell, Timothy, 1988, Colonizing Egypt, Cairo:American University in Cairo
Press.

Nora, Pierre, 1996, Realms of Memory : Rethinking the French Past, Columbia
University Press.

Norberg-Schulz, C., 1976, Existence Space and Architecture, 『실존·공간·
건축』, 김광현 옮김, 1997, 태림문화사.

Papayanis, Marilyn, Adler, 2000, 「Sex and the Revanchist city: Zoning out
Pornography in New York」, Environment and Planning D: Society and
space 18 pp.341-353.

Rabinow, Paul., 1989, French Modern: Norms and Forms of the Social
Environment, The University of Chicago Press.

Robson, Garry, 2000, 'No One Like Us, We Don't Care': The Myth and Reality
of Millwall Fandom, Berg Publishers.

Rodman, M.C., 1992, 「Empowering place: Multilocality and multivocality」,
American anthropologist, 94(3) pp.640-656.

Rosaldo, Renato, Culture and Truth: The Remaking of Social Analysis, 『문화와
진리: 사회분석의 새로운 지평을 위하여』, 권숙인 옮김, 2000, 아카넷.

Rose, Nikolas. and Valverde, Mariana, 1998, 「Governed by Law?」, Social
and Legal Studies 7(4) pp.541-555.

Sennett, Richard, 1994, Flesh and stone: The Body and the City in Western
Civilization, 『살과 돌: 서구문명에서 육체와 도시』, 임동근·박대영·
노권형 옮김, 1999, 문화과학사.

Shields, R., 1989, 「Social Spatialization and the Built Environment: the West

Edmonton Mall」, Environment and Planing D: Society and Space 7, pp.147-164.

Short John R., 1989, The Humane City: Cities as if People Matter, 『인간의 도시』, 백영기 옮김, 2000, 한울.

Simosnen, Kirsteen, 2000, 「육체적 도시: 시각주의적 도시성에서 육체적 실천의 도시성으로」, 『문화과학』, 22 pp.221-244.

Sjoberg, Gideon, 1960, The Preindustrial City: Past and Present. Free Press.

Smith, Neil, 1996, The New Urban Frontier: Gentrification and the Revanchist city, Routledge.

Soja, Edward, 1993, Postmodern Geographies, 『공간과 비판사회이론』, 이무용 외 옮김, 1997, 시각과 언어.

Steinhardt, 1986, 「Why were Chan'an and Beijing so Different?」, The Journal of Architectural Historians 45(4) pp.339-357.

Wirth, Louis, 2002(1938), 「Urbanism as a Way of Life」 in Urban Life: Readings in the Anthropology of the city, Gmelch, George and Zenner, Walther P. eds., Waveland Press.

Yoneyama, Lisa, 1999, Hiroshima Traces: Time, Space, and the Dialectics of Memory, University of California Press.

Young, Iris Marion, 1990, Justice and the Politics of Difference, Princeton: Princeton Univ. Press.

Zukin, Sharon, 1995, The Culture of Cities, Blackwell.

(가)

[지은이 소개]

이강원

고려대학교 일어일문학과를 졸업한 후, 서울대학교 인류학과에서 서울 도심 공원을 대상으로 3개월 간 민족지연구(ethnographic research)를 진행, 도시 공공 공간의 배제와 전유에 대한 연구로 석사학위를 받았다. 일본 교토대학교의 방재연구소(DPRI)에서 1년 3개월 간 민족지연구를 진행 한 후 〈공공의 지구: 일본 방재과학기술과 지진 재해의 집합적 실험〉이라는 논문으로 서울대학교 인류학과에서 박사학위를 받았다. 카이스트 과학기술정책대학원 박사 후 과정, 일본 관세이가쿠인대학 종합정책연구과 연구원, 그리고 카이스트 재난학연구소 연구교수를 거쳐서 현재는 인천대학교 일어일문학과 조교수로 재직 중이다. 저서로는 《재난과 살다: 대지진에 대비하는 일본 방재과학의 집합실험》, 《재난과 사회적 책임: 안심 사회를 향하여》(공저)가 있고, 도시인류학, 과학기술인류학, 재난연구, 일본지역학 분야에서 다수의 논문을 발표하고 있다.

담을 두른 공원

서울 도심공원 민족지연구를 통해 본 도시 공공 공간의 의미

초판 인쇄   2021년 4월 15일
초판 발행   2021년 4월 30일

지 은 이 | 이 강 원
펴 낸 이 | 하 운 근
펴 낸 곳 | 學古房

주   소 | 경기도 고양시 덕양구 통일로 140 삼송테크노밸리 A동 B224
전   화 | (02)353-9908 편집부(02)356-9903
팩   스 | (02)6959-8234
홈페이지 | http://hakgobang.co.kr/
전자우편 | hakgobang@naver.com, hakgobang@chol.com
등록번호 | 제311-1994-000001호

ISBN 979-11-6586-273-2   93330

값 : 16,000원

■ 파본은 교환해 드립니다.